Der Teufel ist in Mode. Wissenschaft und okkulte Zirkel interessieren sich für ihn, der Papst ohnehin – doch in der Literatur unseres Jahrhunderts hatte er nur spärliche Auftritte. Anders während der 900 Jahre zuvor – ohne den Teufel als prominente Hauptfigur hätte es in Visionen, Schwänken und Märchen aus Mittelalter und Neuzeit oft wenig zu erzählen gegeben: Er verlockt Mönche zur Sünde, narrt fromme Menschen in Gestalt von Mauleseln oder anmutigen Rittern, lehrt als bedrohlicher Höllenfürst arme Seelen das Fürchten, bietet sich Dr. Faustus und Konsorten als Bündnispartner an, fährt in kleine Kinder – und hat gar nicht so selten als »armer Teufel« selbst das Nachsehen.

Diese Anthologie versammelt die wirkungsvollsten Geschichten vom großen Widersacher – angefangen bei Exempeln und Mirakeln des frühen Mittelalters über die Tischreden Martin Luthers bis hin zu den Texten der großen Dichter, die die Lust am Bösen packte: Dante, Boccaccio und Chaucer, später dann E. T. A. Hoffmann, Heine und die Brüder Grimm.

Der Herausgeber Helmut Brall lehrt Germanistik an der Universität Düsseldorf. Er ist Spezialist für die Gestalten und Sinnbilder des Schreckens in der Kultur des Mittelalters.

Von Sünde, Leidenschaft und Laster

Teufelsgeschichten aus tausend Jahren

Mit einem Nachwort herausgegeben
von Helmut Brall

Mit 14 Abbildungen

Deutscher Taschenbuch Verlag

Originalausgabe
Januar 1998
Deutscher Taschenbuch Verlag GmbH & Co. KG,
München
© 1998 Deutscher Taschenbuch Verlag, München
Umschlagkonzept: Balk & Brumshagen
Umschlagbild: Ausschnitt aus ›Das Jüngste Gericht‹
von Hieronymus Bosch
Gesetzt aus der 10/11 Bembo (Linotron 202)
Satz: IBV Satz- und Datentechnik GmbH, Berlin
Druck und Bindung: C. H. Beck'sche Buchdruckerei,
Nördlingen
Gedruckt auf säurefreiem, chlorfrei gebleichtem Papier
Printed in Germany · ISBN 3-423-20068-5

INHALT

ANHANG

Erstes Kapitel

DER TEUFEL IM KLOSTER

Thietmar von Merseburg
Der Teufel im Dormitorium

Unser schlauer Bedränger, der Teufel, suchte meinen Bruder Husward häufig nachts heim, als er damals neben mir schlief, und bat ihn vergeblich um Raum, bei ihm zu liegen; zuletzt wünschte er demütig, er möge ihm um Lohn dienen. Doch der fromme Mann vergaß sein dem Herrn geleistetes Gelübde nicht und verlangte, er solle ihm vor einer Antwort zuerst den verheißenen Lohn zeigen. Da sagte der Teufel: »Wenn du einwilligst, werde ich dich ähnlich belohnen, wie ich jüngst meinen Diener im Westen beschenkt habe.« Nach diesem Angebot vertrieb ihn der hochwürdige Priester wie schon so oft mit dem Zeichen des heiligen Kreuzes und harten Scheltworten. Als er nun erfuhr, im Westen sei ein Geistlicher wegen schwerer Vergehen mit dem Strick gehängt worden, erzählte er uns allen sein ganzes Erlebnis. Erstaunlich ist dieses Wagnis des Bösen, obwohl doch an jedem Sonntage das wahre Kreuz Christi in unseren Schlafsaal getragen wurde.

Radulf Glaber
Dreimal erschien mir der Teufel

Als ich im Kloster St.-Léger in Champeaux lebte, erschien eines Nachts vor mir am Fußende des Bettes, gerade vor der Zeit der Frühmette, ein menschenähnliches Wesen von schrecklichem Aussehen. So weit ich erkennen konnte, war es von mittlerer Statur, mit einem dürren Hals, einem faltigen Gesicht, pechschwarzen Augen und einer zerfurchten Stirn; seine Nasenlöcher waren verkniffen und es hatte einen aufgerissenen Mund und ange-

schwollene Lippen; ein Bocksbart bedeckte sein zurück-
weichendes und spitzes Kinn, während seine Ohren struppig und spitz waren; sein Haar war abstehend und wirr,
seine Zähne glichen denen eines Hundes; es hatte einen
spitzen Kopf, eine geschwollene Brust, einen Buckel und
bewegliche Lenden. In schmutzigen Kleidern erschien
sein ganzer Körper vor Anstrengung zu beben, als es sich
vorbeugte, den Kopf des Bettes besetzte, ihm einen mächtigen Stoß versetzte und sprach: »Du wirst nicht länger an
diesem Ort verweilen.«

Daraufhin erwachte ich voller Schrecken, und, wie es
geschieht, wenn wir plötzlich erwachen, war die Erscheinung, so wie ich sie beschrieben habe, immer noch da.
Das menschenähnliche Wesen knirschte mit den Zähnen
und sagte immer wieder: »Du wirst nicht länger an diesem
Ort verweilen.« Ich sprang aus dem Bett, rannte in die
Kirche und warf mich vor dem Altar des hl. Vaters Bene-
dikt zu Boden, wo ich lange Zeit schreckerfüllt liegen
blieb und verzweifelt versuchte, mir all die schweren Sünden in Erinnerung zu rufen, derer ich mich fahrlässig oder
leichtfertig seit meiner Kindheit schuldig gemacht hatte.
Dann auch deshalb, weil ich Gott kaum jemals seither
Buße geleistet habe. Als ich dalag, unglücklich und verwirrt, konnte ich nichts anderes sagen als: »Herr Jesus, der
du gekommen bist, um die Sünder zu erlösen, habe um
deiner großen Barmherzigkeit willen Erbarmen mit mir.«

Ich schäme mich nicht zu gestehen, daß ich nicht nur
von meinen Eltern in Sünde gezeugt wurde, sondern daß
mein Charakter halsstarriger und mein Verhalten uner-
träglicher war, als Worte es sagen können. Ein Onkel von
mir, der Mönch war, entriß mich der verderblichen Eitelkeit des weltlichen Lebens, dem ich mehr als die meisten
ergeben war, und so kam es, daß ich, kaum zwölf Jahre
alt, das Mönchsgewand anlegte. Aber ach, es war ein
Wechsel des Kleides und nicht des Herzens! Was auch immer an mäßigenden und heiligen Ratschlägen meine Väter
und geistlichen Brüder mir nachsichtig entgegenbrachten,

ich blähte mich auf mit einem ungezügelten Geist, der wie ein Panzer über meinem Herzen war. Wie mir mein Stolz gebot, benutzte ich diesen Panzer, um die Berührung dessen, was mich gerettet hätte, zu vermeiden. Sodann gehorchte ich meinen älteren Mitbrüdern nicht, ich quälte meine Altersgenossen und unterdrückte diejenigen, die jünger waren als ich, so daß meine Gegenwart wirklich allen eine Last und meine Abwesenheit eine Erholung war. Am Ende schlossen mich die Brüder, von solchem Verhalten aufgebracht, aus ihrer Gemeinschaft aus, wohl wissend, daß ich irgendwo anders aufgrund meiner Schriftkenntnis unterkommen würde. Dies hatte sich schon mehrfach erwiesen.

Als ich mich danach im Kloster St.-Bénigne in Dijon aufhielt, begegnete mir im Schlafsaal der Mönche die gleiche Gestalt. Es war im Morgengrauen, als sie aus dem Latrinenhaus lief und schrie: »Wo ist mein junger Schüler? Wo ist mein junger Schüler?« Am nächsten Tag, um die selbe Zeit, warf ein junger Mönch von leichtfertigem Charakter mit Namen Theodericus das Mönchsgewand von sich und wandte sich eine Zeitlang dem weltlichen Leben zu. Dann kehrte er zerknirschten Herzens zu den Regeln des heiligen Ordens zurück.

Ich sah die Gestalt zum dritten Mal, als ich im Konvent der heiligen und ewigjungfräulichen Maria zu Moutiers weilte. Eines Nachts, als die Glocke zur Frühmette rief, stand ich nicht, wie ich sollte, unmittelbar auf; denn ich fühlte mich matt von all den Mühen. Auch andere Brüder blieben, zu dieser schlechten Gewohnheit verführt, im Bett zurück, doch alle übrigen hasteten zur Kirche.

Derselbe Dämon tauchte auf und kam schnaubend und schnaufend die Treppe herauf, nachdem der letzte der Brüder gegangen war. An die Wand gelehnt, die Hände hinter seinem Rücken, wiederholte er zwei- oder dreimal: »Ich bin derjenige, ich bin derjenige, der bei denen steht, die zurückbleiben.« Aufgerüttelt durch diese Stimme, erhob ich meinen Kopf und erkannte ihn als das Wesen wieder, das ich zuvor schon zweimal gesehen hatte.

Zwei Tage später verließ einer jener Mönche mit der Gewohnheit, heimlich im Bett zu bleiben, schändlich das Kloster, wozu ihn der Dämon angestachelt hatte; sechs Tage lang lebte er wild, außerhalb des Klosters, in weltlicher Gesellschaft. Am siebten Tag wurde er, genug bestraft, wieder aufgenommen. Es ist wahr, was der heilige Gregor bezeugt; solche Erscheinungen führen die einen zum Untergang, den anderen aber zeigen sie Wege zur Vervollkommnung. Durch Herrn Jesus unseren Erlöser bete ich, daß dieses zu meiner Errettung geschehen möge.

Ekkehard IV.

NOTKER DER STAMMLER VERPRÜGELT DEN TEUFEL

Notker, dürr an Leib, aber nicht an Seele, stammelnd in der Rede, aber nicht im Geiste, hochragend in göttlichen Dingen, geduldig in irdischem Ungemach, milde bei allem, drang bei den Unsrigen auf scharfe Zucht. Vor jähen und überraschenden Geschehnissen verzagte er leicht, nur nicht vor dem Angriff der Dämonen, denen er sich ja regelmäßig kühn entgegenstellte. Im Beten, Lesen, im Dichten war er unermüdlich. Und um all die Gaben seiner heiligen Persönlichkeit bündig zusammenzufassen: er war ein Gefäß des Heiligen Geistes so überquellend reich, wie es zu seiner Zeit kein anderes gab. [...]

Nun geschah es aber, daß er eines Nachts vor der Zeit in die Kirche kam und nach seiner Gewohnheit von Altar zu Altar ging, während er laut betete. Als er jedoch in die Krypta der zwölf Apostel und des heiligen Kolumban gelangte und nächst dem Altar noch heftiger in Tränen zerfloß, war ihm, als höre er einen Hund knurren. Und da er dazwischen die Stimme eines grunzenden Schweines unterschied, erkannte er den Versucher und sagte: »Bist du abermals da? Wie recht ist dir geschehen, Elender, wenn du jetzt knurren und grunzen mußt, nach jenen strahlenden Stimmen, die du im Himmel besessen!« Und er zündete ein Licht an und suchte, in welchem Winkel er stecke. Als er aber nahe an die linke Ecke kam, zerriß ihm jener wie ein toller Hund die Kleider. »Wohlan«, sprach Notker, »ich muß es dir außerhalb der Krypta besorgen. Jene Strafen, die du angeblich schon leidest, wirken offenbar nicht: ich will dir etwas Schärferes verpassen. Ich befehle dir aber im Namen dieser Heiligen und meines Herrn, daß du in der gleichen Hundegestalt, die du jetzt angenommen hast, auf mich wartest.« Und jener sagte: »Ich tu's, wenn ich mag.« Notker aber entfernte sich rasch mit den Worten: »Ich vertraue auf den Herrn; da wirst du mich erwarten, ob du magst oder nicht.« Er ging aber eilig zum Altar des Gallus und holte sich des Heiligen und seines Meisters Krummstab, den Vollstrecker vieler Wunder, mitsamt jener berühmten Kugel des heiligen Kreuzes; und nachdem er die Kugel am Eingang der Krypta zur Rechten hingelegt hatte, wandte er sich mit dem Stock nach links wider jenen Teufel in Hundegestalt. Als er aber anfing, ihn mit dem heiligen Stabe zu schlagen, steigerte er die früheren Töne zu noch lauterem Kläffen und Grunzen. Er versuchte aber zu entfliehen und kam schließlich im Zurückweichen vor dem Schlagenden zu der heiligen Kugel, und weil er nun nicht weitergehen konnte, stand er still, bis er so viele Hiebe und Prügel nicht mehr ertrug und auf deutsch herausschrie: »Au weh mir, weh!« Doch hatte unterdessen der Küster die Kirche betreten, und wie er die schrecklichen Stimmen hörte, nahm er rasch ein Licht in die Hände und eilte zur Krypta. Gerade aber hatte Notker dem Teufel den letzten Streich versetzt, als er den heiligen Stab auf der Stelle zerbrach. Und hätte nicht der Küster die Kugel bemerkt und aufgehoben und so den Hund entwischen lassen, hätte Notker ihn noch weiter schlagen können. Der Küster aber schaute auf den Stock und fragte betroffen: »Den heiligen Stab, mein Herr, hast du an einem Hunde entehrt?« Und als jener schwieg, setzte er hinzu: »Wer war denn jener, der ›Ach weh!‹ geschrien hat?« Und in der Meinung, daß Notker aus Güte nur irgendeinen Dieb decke, ging er Schritt um Schritt durch die ganze Kirche, begierig, den Dieb zu erwischen. Allein, er fand weder Dieb noch Hund, und während er dahinschritt, nahm es ihn wunder, was sich wohl zugetragen haben mochte, da er doch die Kirche beim Eintreten hinter sich abgesperrt hatte. Dennoch wollte er sich nicht erdreisten, den regelgetreuen Mann, der ihm schon einmal bloß mit Schweigen begegnet war, noch weiter anzureden. Und Notker, demütig und klug, wie er war, bedeutete dem Küster hinauszukommen, nahm ihn auf die Seite und sprach, nachdem er ihm zuvor den Segen erteilt: »Nun ich

14

den Stab zerbrochen habe, mein Sohn, müssen meine Geheimnisse zutage treten, wenn du mir nicht beistehst. Aber weil es nicht meine Art ist, in großen Dingen zu wandeln, die mir zu hoch sind, vertraue ich dir unter dem Siegel der Verschwiegenheit an, was geschehen ist!« Und so erläuterte er ihm die Sache und ihren Hergang bis ins einzelne. Während aber der Stock durch den Schmied insgeheim wiederhergestellt wurde, verschwieg der Küster zunächst, was sich zugetragen. Im Lauf der Zeit jedoch kam die Sache, so wie sie war, ans Licht.

Und damit du den frommen Geist unseres Klosters auch am Psalmodieren erkennest, so verfügte es über dreizehn Sitze mit Psalterien, die entweder mit Gold bemalt oder sonstwie edel gestaltet waren; auch besitzt jene Kirche des heiligen Gallus mehr Kapellen als andere Kirchen. Auf einem dieser Sitze war es, einem Eckplatz dicht an der Tür, wo Notker zu psallieren pflegte. Es geschah aber, daß er eines Tages zur Versammlung der Non nicht erschien und diese auch nicht für sich alleine sang. Als er nun nach der Schlußhore noch bei hellem Tageslicht auf jenem Sitz verharrte und betete, sah er über sich in den Balken der auseinandergerissenen Decke den Teufel sitzen und mit einem Griffel auf einer Tafel schreiben: »Die Non notiere ich, die du Bösewicht dir erspart hast.« Aber Notker rief ihm augenblicks zu: »O Gott, eile, mir zu helfen!« und da sah er, wie der Teufel mit flinker Hand austilgte, was er geschrieben hatte. Und als Notker zum Stundengebet zur Erde niederfiel, warf der Teufel die Tafel aus der geborstenen Decke auf ihn herab. Er aber bemerkte es und sprang rasch hoch, um dem Wurf auszuweichen. Da lachte jener höhnisch und sagte sodann: »Hab' ich doch wenigstens erreicht, daß du vor mir aufstehst!« »Fürwahr«, spottete auch Notker, »wenn du wie neulich in Hundegestalt erscheinst, werde ich mich abermals mit dir plagen müssen.«

Otloh von St. Emmeram

Gaukelspiele des Satans

Es lebte einmal ein Kleriker, der vielerlei Lastern frönte; nachdem er mehr als einmal von Gott dem Herrn ermahnt wurde, sein Leben zu bessern, bekehrte er sich zuletzt doch noch und legte die Mönchsgelübde ab, ohne daß auch nur einer seiner Freunde das wußte. Als er aber in dem Kloster, in das er eingetreten war, viele Männer mit ganz verschiedenen Begabungen antraf – die einen lasen die Bücher der Heiden, die anderen jedoch die Heilige Schrift –, ahmte er anfänglich nur die einen nach, die er beständig in die geistliche Lesung vertieft sah. Je stärker er sich aber mit diesen Lesungen beschäftigte, desto mehr fühlte er, wie die äußeren Bedrängnisse wegen der Versuchungen des Teufels zunahmen; aber er vertraute auf Gott und überantwortete sich völlig seiner Gnade, und so bemühte er sich, mit der anfänglichen Begeisterung in der Schriftlesung fortzufahren. Als er aber nach langer Zeit von diesen Anfeindungen erlöst wurde, erwog er bei sich, wie er mit all dem, was er durchlitten hatte, sich selbst und auch anderen zur Erbauung dienen könnte; und so schrieb er nicht nur die Beschwerlichkeiten der Versuchung nieder, sondern auch die Worte der Heiligen Schrift, die durch Gottes Mund zu ihm gelangt waren; mit diesen wollte er dem Trug des Teufels antworten, diese wollte er als Schild benützen. So beginnt er nun zu schreiben von dem Ärger und den Problemen, die seine Versuchungen ihm bereiteten.

Verschiedenste Gaukelspiele des Satans habe ich bei Tag und bei Nacht erduldet; zwar kann ich unmöglich alle hier vortragen, aber einige, die sich meinem Gedächtnis eingeprägt haben, will ich doch, so weit ich es vermag, berichten. Ich meine, als erstes muß ich zugeben, daß ich diesen Lug und Trug sowohl vor als auch nach dem Eintritt ins Kloster lange erduldet habe; dieser Eintritt ins Kloster ent-

sprang allerdings auch dem etwas unüberlegten und töl-
pelhaften Willen, mein Leben zu ändern. Denn entgegen
dem Wort aus der Heiligen Schrift »Tue alles mit Überle-
gung« habe ich, ohne den Rat von Eltern oder Freunden
einzuholen, mich als der denkbar größte jugendliche
Heißsporn ganz plötzlich zu diesem Schritt entschlossen,
und es ist wirklich äußerst unüberlegt, wenn ein Mensch
dieser Art ein so gefahrvolles Gelübde ablegt. Es wäre viel
besser gewesen, ich hätte gewartet bis zur Reife des höheren Alters, wo sich mir endlich das Gefühl für richtiges
Handeln einprägen würde; dann hätte ich aus freier Ent-
scheidung den Eintritt ins Kloster überdenken und darum
nachsuchen können. Diese und ähnliche Dinge brachte
mir das Gaukelspiel des Teufels vor Augen, und zwar so,
als litte er gemeinsam mit mir und gebe mir gleichzeitig einen Rat.

Da aber der böse Versucher auf Grund der Gnade Gottes, die ihm Widerstand leistete, nicht den vollen Erfolg

seiner Wünsche in mir hervorrufen konnte, ließ er sich zu einem noch größeren Kampf der Bosheit reizen. Denn mit seiner gewohnten Kunst suchte er mich zur Verzweiflung zu reizen, indem er mich – allerdings ohne Erfolg – dazu bringen wollte, das Kloster zu verlassen als ein Mann, der in so große Verbrechen verstrickt ist, daß er nicht nur bei den Herrschern, sondern auch bei der übrigen Menge, ja sogar bei Eltern und Verwandten verhaßt ist. »Glaubst du denn«, so sprach er zu mir, »daß ein derart mit Schande beladener Mensch noch Verzeihung erlangen kann bei Gott, der doch ein so strenger Richter ist? Schließlich heißt es doch in der Schrift: Kaum der Gerechte kann gerettet werden. So richte deine Wünsche nicht auf das, was du nicht wünschen sollst, sondern richte deine Bemühungen eher auf die Dinge, die du von jetzt an erlangen kannst. Wenn nämlich, wie du mit allem Eifer glaubst, allen Menschen diese Möglichkeit zugestanden würde, daß nämlich sowohl der Böse als auch der Gerechte zum Himmelreich gelangen könnte, dann hätte der große Apostel Paulus niemals gesagt: Der Glaube ist nicht für alle da. Und an einer anderen Stelle sagt er: Nicht alle gehorchen dem Evangelium. Ja, auch der Erlöser und wahre Schöpfer gab seinen Jüngern und der gesamten Welt diese Lehre: Wer es fassen kann, der fasse es. In diesem Satz brachte er zweifellos dies zum Ausdruck, daß nicht jeder Mensch das Gute tun könne.« Von solchen Spottreden wurde ich nun gequält, und wie war da wohl meine Gesinnung? Nichts anderes konnte ich damals tun, außer daß ich zu weinen begann; und so waren nach dem Wort des Psalmisten »Tag und Nacht Tränen mein Brot«. Ich verkünde hier meine innerste Überzeugung: solche Qualen kann ein Mensch ausschließlich mit der Gnade Gottes überwinden.

Nachdem aber der schlaueste aller Verführer mich nicht dazu bringen konnte, in die Verzweiflung, in die er mich hineinsteigern wollte, einzuwilligen, unternahm er den Versuch, durch andere Beweise seiner Betrügerei mich zur Leugnung der Gerechtigkeit Gottes zu bewegen; dabei aber hat er mich weder in Schrecken versetzt noch auch beschimpft, sondern er tat so, als leide er gemeinsam mit mir in meiner Bedrängnis, indem er nämlich meinem Inneren folgende Gedanken eingab: Wie bedauernswert bist du doch, du junger Mann, da kein Mensch auf deinen Schmerz zu merken gewillt ist. Welcher Mensch könnte je denken, daß du von so großem Gram heimgesucht bist? Daher darfst du das den Menschen gar nicht anrechnen; denn sie können ja nur da Hilfe leisten, wo sie von dem Wunsch nach Hilfe wissen. Einzig der Herr weiß alles. Daher steht es auch einzig ihm zu anzugeben, was unpassend und ungeordnet zu sein scheint. Wenn er nun schon allwissend und allmächtig ist, warum steht er dir dann nicht in deiner Bedrängnis bei? Schließlich hast du doch aus Liebe zu ihm die Welt, in der du früher lebtest, verlassen; schließlich hältst du doch für ihn die unglaubliche innere Pein aus. Was, so frage ich, ist denn der Grund für seine Strenge, mit der er jeden, der aufrichtig zu ihm fleht, auf alle nur mögliche Weise peinigt? Tue daher, was dein Auftrag ist; lege alle überflüssigen Gebete ab, höre auf mit allem Trauern, denn Gott wird bei der Strenge, die er bisher hatte, auch weiterhin verbleiben. Denn es ist doch recht töricht, wenn du im Gebet das erreichen willst, was du, wie du weißt, ohnehin nicht erreichen kannst. Aber fürchte dich nicht, denn niemals läßt das Unrecht, das von einem Machthaber ausgeht, alle zugrunde gehen. Wie könnte es geschehen, daß ein Mensch es verdienen würde, immerdar in Bedrängnis zu sein? Oder wer unter den Menschen kann vom Beginn bis zum Ende seines Lebens immer ohne Sünde sein? Oder wie kann man im Greisenalter die Unschuld eines Kindes erlangen? Christus lehrte doch dazu: »Wenn ihr nicht umkehrt und werdet wie die Kinder, könnt ihr nicht ins Himmelreich eingehen.« Rührt dich nicht auch das drohende Wort des Propheten Ezechiel: »Eine Seele, die gesündigt hat, wird zugrunde gehen?« Wenn nämlich jeder Sünder stirbt, dann kann gewiß kein Mensch am Leben bleiben; denn es läßt sich niemand finden, der ohne Sünde wäre. Hört dein inneres Ohr nicht auch in gleicher Weise jenen wunderbaren Satz, den derselbe Prophet etwas später sagt: »Wenn sich der Gerechte von seiner Gerechtigkeit abwendet und Böses tut, so werden alle seine gerechten Taten dem Vergessen anheimfallen?« Das ist auch der Grund dafür, daß Judas, der Verräter des Herrn, trotz vielfältiger Werke der Gerechtigkeit wegen dieses einen verbrecherischen Verrates verdammt wurde. [...]

Solche Gaukelspiele haben lange Zeit mein Denken verwirrt; daraus läßt sich genügend beweisen, in welch großen Gefahren mein Geist schwebte. Auf dieselben Gaukelspiele bezieht sich anscheinend das, was ich im folgenden berichten will. Es ist nämlich oft passiert, daß ich, wie die heilige Regel es vorschreibt, mich beim ersten Glockenzeichen zur Matutin* erheben wollte; aber schon lange vor der Zeit des Aufstehens wurde ich durch irgendein gespenstisches Gesicht aufgeschreckt und eilte in die Kirche. Das hielt ich so lange für ein Werk Gottes, wie ich mich am zeitlich passenden Schlaf gehindert und daher gezwungen fühlte, zur Unzeit zu schlafen.

Einige Jahre hindurch mußte ich aber auch folgendes in den Nachtstunden erdulden: auf dem Lager schlief ich noch einigermaßen gesund, als ich aber doch zum nächtlichen Lobgesang aufstehen mußte, fühlte ich mich wie durch eine Fessel durch eine Schwäche an allen Gliedmaßen festgehalten. Und so kam ich nur mit schwerem schleppendem Gang zur Kirche.

Nun muß ich berichten von einer Versuchung und einem Trugbild des Teufels, das ich deswegen so schwer mitteilen kann, weil ich niemals und von keinem Menschen etwas Derartiges gelesen oder gehört habe. Nachdem ich von den beschriebenen und auch von vielen anderen Versuchungen hin- und hergeschüttelt, aber durch die Gnade Gottes niemals aus dem Glauben und der Hoffnung

* Frühmette

auf die Hilfe des Himmels hinausgerissen wurde, hatte ich nun das Gefühl, ich würde länger von einer Anfechtung gepeinigt, die mich dazu brachte, an der Weisheit der Heiligen Schrift, ja sogar am Sein Gottes zu zweifeln. [...]

Bei den anderen Versuchungen, so sage ich, war der Anlaß der Anfechtung doch noch irgendwie tragbar und gemäßigt; diese Versuchung aber kam dermaßen heftig zum Ausbruch, daß nicht nur meine geistige Auffassungsgabe, sondern auch meine körperlichen Sinne ihre gewohnte Kraft verloren. Ich hatte nämlich zwischendurch den Eindruck, daß mein Gehör und mein Sehvermögen gewissermaßen verhüllt wären und ich daher mit den gewohnten Sinneskräften nichts hören und sehen könnte. Dazwischen war es so, als hörte ich jemanden mit mir reden, der seinen Mund an mein Ohr legte und mir zuflüsterte: »Warum mühst du dich so lange ganz vergebens ab? Wo ist denn deine Hoffnung geblieben, die du noch vor kurzem in der Heiligen Schrift fandest? Ja, kannst denn du, von allen Menschen der größte Tor, nicht mit dem Auf und Ab deines eigenen Lebens beweisen, daß das Zeugnis der Heiligen Schrift und die Ansichten aller Geschöpfe ohne Vernunft und ohne einen Lenker existieren? Gelangst du denn nicht auf Grund deiner eigenen Erfahrung zu der Überzeugung, daß der Bericht der heiligen Bücher eines ist, daß aber Leben und Treiben der Menschen ein anderes sind? Glaubst du wirklich, daß so viele Tausende von Menschen im Irrtum sind, die, wie du auch selbst bisher sehen konntest, sich gar nicht darum kümmern, die Aussagen der Heiligen Schrift zu beachten oder sie anzunehmen?«

Über diese Vorhaltungen dachte ich mit Trauer im Herzen oft und oft nach, und ich stellte mir Fragen und hielt dem Versucher entgegen: »Wenn das alles so ist, warum herrscht dann in nahezu allen von Gott inspirierten Schriften eine solche Übereinstimmung, daß sie mit gleichen Worten über Gott den Schöpfer und über die Beachtung seiner Vorschriften berichten?« Da schien mir, als werde mir mit etwa den folgenden Worten wieder geantwortet: »O du Tor, die Heilige Schrift, der du Vertrauen schenkst, berichtet von Gottes Person und von der vielfältigen Art der Religion deswegen auf dieselbe Art und Weise, weil die Verfasser dieser Heiligen Schrift damals ebenso gelebt haben, wie die Menschen der Gegenwart leben. Die Art des Lebens in der Gegenwart ist aber doch, wie du auch weißt, die, daß die Menschen zwar recht anständige und gottesfürchtige Worte sprechen, daß aber ihre Handlungen weit davon entfernt sind, je nachdem wie es gerade zuträglich ist und wie es die Hinfälligkeit des Menschen gestattet. Kannst du nicht Tag für Tag nachweisen, daß sich das so verhält? Aus diesen Gründen kannst du durchaus glauben, daß die Verfasser der alten Schriften gottesfürchtige und ehrbare Dinge gesagt haben, daß sie aber keineswegs ihr Leben nach ihren Aussagen ausgerichtet haben. Folglich mußt du dir darüber klar sein, daß alle Bücher des göttlichen Gesetzes nach dieser Art verfaßt worden sind, daß sie nämlich den äußeren oberflächlichen Anschein von Anstand und Gottesfurcht haben, daß sie aber im Inneren eine andere Begründung und ein anderes Verständnis erforderlich machen. So lassen sich bei den meisten Schriften, besonders aber in der Heiligen Schrift, leicht Sätze finden, die eine andere Bedeutung vom Buchstaben her haben, als sie sie dann im Verständnis erlangen. Daß das alles so sein muß, kann ich mit einem einzigen Zeugnis des heiligen Paulus beweisen: ›Der Buchstabe tötet, der Geist aber (das heißt der Sinn) ist es, der lebendig macht.‹ Erfährst du nicht aus diesen Worten des Apostels ziemlich klar, daß du dich in außerordentlich große Gefahr begibst, wenn du den Ansprüchen der Bücher Folge leistest? Dasselbe mußt du nun auch in bezug auf Gottes Sein begreifen. Wenn nämlich nur irgendeine Person oder irgendeine Fähigkeit des allmächtigen Gottes existierte, dann würde keineswegs eine solche Verwirrung und eine solche Verschiedenheit in allen Dingen offenbar. Ja, auch dir kämen keine solchen Entscheidungsfragen, und solche

Glaubenszweifel, wie du sie jetzt mitmachst, könnten dich nicht mehr bedrohen.«

Mit Vorspiegelungen solcher Art wurde ich, mehr als man überhaupt glauben mag, bedrängt; und da ich wegen der unerhörten Art der Anfechtung mich scheute, mit einem meiner Mitbrüder offen zu reden (ich meinte nämlich, keiner könne es glauben oder vermöge es nur anzuhören), warf ich mich auf den Boden, seufzte aus meiner inneren Bitterkeit lange Zeit, sammelte dann aber doch wieder meine Kräfte und entrang meinem Herzen und meinen Lippen folgendes Gebet: »Du Allmächtiger, wenn du bist, und wenn du überall gegenwärtig bist, wie ich es so häufig in vielen Büchern gelesen habe, so bitte ich dich: zeige, wer du bist und was du vermagst, und reiße mich schnell heraus aus den Gefahren, die mich bedrohen; denn solche Krisen kann ich nicht mehr ertragen.«

Darauf ging nun auch alles sehr schnell: Durch die Gnade Gottes wurde mir alle Finsternis des Zweifels genommen, mehr noch: das Licht der Erkenntnis leuchtete so stark in meinem Herzen, daß ich in der gesamten Folgezeit niemals mehr eine solche Finsternis des todbringenden Zweifels auszuhalten hatte, und daß ich nun allmählich zu begreifen begann, was ich vorher nur ganz wenig erkannt hatte. Die Gnade des Begreifens wurde in derselben Zeit für mich immer größer, und so konnte ich sie nicht leicht verborgen halten. Von einem unerklärlichen Antrieb und einem ungewohnten Eifer entflammt, fühlte ich die Verpflichtung, Gott für die verliehene Gnade zu loben. Da ich diese Gnade des Begreifens nicht völlig verschweigen konnte, andererseits auch nicht in der passenden Art darzustellen wußte, begann ich doch, mich mit ihr auseinanderzusetzen, da vielleicht durch Schreiben und Diktieren die innere Glut an die Öffentlichkeit getragen werden konnte. Auf diese Weise nahm ich die Gelegenheit zu schreiben wahr, und ich begann damit niederzulegen, was ich oben über das Gaukelspiel des Teufels vorgebracht habe.

Caesarius von Heisterbach

DER TEUFEL VERSUCHT EINE NONNE

Eine Nonne wurde bald nach ihrem Eintritt, wie sie mir selbst erzählt hat, so schwer versucht, daß sie bereute, das heilige Leben gewählt zu haben. Der Teufel stellte ihr vor die geistigen Augen die Genüsse des Weltlebens, die sie verlassen hatte, die Dürftigkeit des Klosters, worunter sie litt. Da sie die Versuchungen nicht länger ertragen konnte, erhob sie sich eines Nachts, ihres Gelübdes nicht eingedenk, aus dem Bett, um aus dem Kloster zu entfliehen, kam an eine Tür, die nach dem Kirchhof führte, und wollte die Mauer überspringen und ins Weltleben zurück. Durch Gottes Wink geschah es, daß sie mit dem Kopf so heftig gegen das obere Gebälk schlug, daß sie mit erschüttertem Gehirn rückwärts fiel und lange wie leblos dalag. Als sie endlich wieder zu sich kam, sagte sie: Wohin willst du, Unselige? Was du dem Teufel schuldig warst, hast du bezahlt. Kehre jetzt in dein Kloster zurück, denn es ist nicht Gottes Wille, daß du irgendwohin gehest. Du siehst, wie gnädig Gott die Seinen erhält, bald durch Träume, bald durch gewisse Vorzeichen, bald durch Plagen.

DER HERR DER TAUSEND LISTEN

Ein Priester war und ist noch heute sehr fromm und allgemein beliebt wegen seines verdienstlichen Lebens. Er leitete eine Pfarre in unsrer Gegend. Seine Tugend beneidete der Herr der tausend Listen, wollte ihn aber nicht offen durch Versuchungen bedrängen, sondern hoffte, ihn unter dem Schein des Guten wirksamer sich geneigt zu machen. In einen Engel des Lichts verstellt, zeigte jener Diener der Finsternis sich dem Priester und sprach: Freund Gottes, ich bin gesendet, um dir zu melden, was dir ge-

schehen wird. Bereite dich, denn du wirst in diesem Jahre
sterben. Der Priester, dem der böse Engel keinen Verdacht erweckte, sondern der glaubte, es werde so sein, wie
er verkündet hatte, begann sich sorgsam zum Tode vorzu-
bereiten, sein Gewissen durch Beichte zu reinigen, den
Leib durch Fasten, Nachtwachen und beständiges Gebet
zu kasteien, seine Ernte und seinen Haushalt an Bedürftige
zu verteilen. Und da viele ihn fragten, warum er so unbe-
sonnen sein Gut vergeude, eröffnete er nur einem in der
Beichte die Ursache und sagte: Ein Engel des Herrn hat
mir enthüllt, daß ich in diesem Jahre sterben werde. Jener
aber konnte dies nicht bei sich behalten, sondern sagte es
einem Freunde. Und so kam es durch ihn zur Kenntnis der
ganzen Gemeinde. Als das Jahr um war, starb der Priester
nicht, und der Teufel ward als falscher Prophet erfunden.
Weil aber den Erwählten alles zum Guten dienen muß, so
ward der heilige Mann durch den Trug des Teufels geför-
dert. Denn er schämte sich, daß er sich so habe täuschen
lassen, wegen der Menschen, zu denen das Wort gedrungen war, und da er auch nicht wußte, wovon er leben
sollte, so verließ er Weltlichkeit und Pfarre und ward
Mönch in einem Kloster unsres Ordens, dessen Name mir
entfallen ist. Als er Novize geworden war, erschien der
Teufel wiederum und suchte seine List mit solchen Worten zu beschönigen. Laß dich's nicht beirren, Mann Gottes, sagte er, daß du nicht, wie ich vorausgesagt, gestorben bist, denn Gott hat in seiner Weisheit dein Leben ver-
längert zur Erbauung vieler. Ich bin von ihm gesandt, um
dir beizustehen, dich zu belehren und zu behüten. Und jener glaubte ihm. Nun war der Teufel häufig um ihn, und
immer, wie ihm nachträglich auffiel, ermahnte er ihn, es
sich bequemer zu machen. Wenn ihn der Eifer manchmal
trieb, länger zu beten, zu wachen, Handarbeit zu tun, so
schalt ihn jener und sagte: Vorsicht ist die Mutter der
Tugenden. Du kannst noch lange leben, deshalb mußt du
dich schonen, auf daß du lange Gott dienen könnest.
Wenn er einen größern Stein aufheben wollte, sagte der

Teufel: Der ist zu groß, nimm diesen. Als er Mönch geworden war, sagte jener: Bitte den Prior um Erlaubnis, für dich allein zu arbeiten, damit du freier dich mit mir besprechen kannst und ich mit dir. Der Prior erlaubte es ihm, als er den Grund erfuhr. Eines Nachts wollte der Teufel die lange vorbereitete List zu Ende führen: er kam bei einem Unwetter an des Mönches Bett, weckte ihn und sagte: Steh auf, der Herr will deine großen Mühen belohnen. Geh auf den Abort, und dort an einem Balken hänge dich mit einem Gürtel auf, damit er dich als Märtyrer empfange. Bei diesem Worte erschrak der Mönch, und den Teufel wiederholt anspeiend, rief er: Weiche von mir, Schändlicher, weiche! Jetzt weiß ich, wer du bist. Und indem er sich bekreuzigte, verjagte er ihn. Sogleich stand er auf, ging an des Priors Bett, weckte den Schlafenden und machte ihm das Zeichen, daß er beichten wolle. Jener winkte, er möge bis morgen warten, da er aber sich nicht beruhigte, stand der Prior auf und betrat mit ihm das Kapitel. Hier warf sich der Mönch dem Prior zu Füßen, beichtete, wie er vom Teufel unter der Gestalt eines Engels lange getäuscht worden sei und wie er an dem Rat des Erhängens ihn erkannt habe. Er beichtete auch seine andern Sünden. Nachdem ihm der Prior eine Buße auferlegt und für die Zukunft zu größerer Vorsicht ermahnt hatte, ging er wieder zu Bett. Der Mönch aber ging hinauf, um ein Bedürfnis zu befriedigen, und als er saß, erblickte er den durch die Beichte erbitterten Dämon, der mit gespanntem Bogen und aufgelegtem Pfeil ihm gegenüberstand und mit lauter Stimme sagte: Zu deinem Unheil hast du mich beschämt, jetzt will ich dich töten. Jener aber erwiderte: Geh, Verfluchter, ich fürchte dich nicht mehr. Auf das Kreuzeszeichen verschwand er. So wurde der Mönch durch die Kraft der Beichte gerettet und sah den Dämon nicht wieder.

Bei uns war ein Mönch namens Theobald, der zuvor ein Spaßmacher gewesen war, dem Wein und den Würfeln ganz ergeben und wegen seiner Possen in der ganzen Stadt Köln bekannt. Oft habe ich ihn nackt durch die Straßen dieser Stadt einherschreiten sehen. Endlich bereute er seine Possen; auf die Fürbitte der Kölner Pröpste nahm ihn Herr Gevard, unser Abt, auf, und er wurde Novize in unserm Kloster. Während seiner Probezeit, da er hoffte, daß Gott nichts angenehmer sei als Werke der Demut, bat er, ihn die Lumpen waschen zu lassen, und es wurde ihm gewährt. Als er dies einige Tage getan hatte, erschien der Versucher, verwundete sein Herz mit dem Pfeil des Hochmuts und gab ihm solche Gedanken ein: Was tust du, o Tor? Wie kommt es dir zu, die Unreinigkeiten dieser Menschen zu waschen, die vielleicht von schlechterer Herkunft sind als du? Nachdem er diese Gedanken eine Zeitlang im Herzen gehegt hatte, merkte er, daß sie vom Teufel stammten, der König ist über alle Söhne des Hochmuts. Drum wusch er eines Tages die Lumpen sorgsamer als gewöhnlich, und um den Teufel noch mehr zu ärgern und die Hochmutseingebungen zunichte zu machen, trank er das Spülicht aus. Der Teufel sah dies und ergrimmte, und da er ihn durch den Geist des Hochmuts nicht niederwerfen konnte, so suchte er ihn in Schrecken zu versetzen. Dies Gesagte hat mir unser Abt Herr Heinrich erzählt, der versicherte, er habe es aus seinem eigenen Munde gehört unter dem Siegel der Beichte. Durch jenen unreinlichen und widerlichen Trunk nämlich empfand er so greuliche Qualen im Bauche, daß er meinte, alle seine Eingeweide würden bersten. Eines Nachts, als er ein Bedürfnis verspürt hatte, sah er zwei Menschen an einem Balken jener Kammer aufgehängt. Ihre Körper waren schwarz, ihre Gewänder zerrissen, ihre Gesichter verhüllt, so daß sie nichts anderes als Diebe schienen. Da diese der

Novize unversehens erblickte, kam er vor großem Schrecken fast von Sinnen, er lief nach dem Schlafsaal zurück, und neben dem Bette des Mönches Heinrich, des nachmaligen Oberhaushofmeisters, brach er keuchend zusammen. Und wie mir dieser Heinrich erzählt hat, zitterte er so, bebte seine Brust so sehr von häufigem Stöhnen, daß er sich sehr wunderte, was ihm fehle und was er gesehen habe. Er bedeutete ihm, schlafen zu gehen, weil es kalt war und jener im bloßen Hemd saß, aber er wollte nicht. Da warf er ihm einen Teil seiner Decke über die Schultern, und so erlaubte er ihm zu sitzen, bis das Zeichen zum Morgengebet ertönte.

N.* Merkwürdig, daß eine noch neue Wand bei so heftiger Erschütterung stehenbleiben konnte. M. Sie stand auch nicht lange, durch die wiederholten Stöße der Versuchungen wankend gemacht, wurde er endlich durch den Schein des Guten betrogen und gab nach. Als er Mönch geworden war, bat er um Erlaubnis, seine Verwandten in Frankreich zu besuchen, die er vor seinem Eintritt in zwanzig Jahren nicht gesehen und ihnen auch nicht nachgefragt hatte, und dort ein Jahr lang in einem Kloster unseres Ordens zu bleiben, und er setzte dem Abt so lange zu, bis dieser es gewährte. Er ging und kam wieder, dann wurde er abtrünnig, und er starb außerhalb des Ordens. Wie uns ein fahrender Kleriker erzählt hat, hat er einem Weltpriester gebeichtet, ist von ihm gesalbt und mit dem Abendmahl versehen worden, und so ist er in tiefer Reue gestorben.

* Die Erzählungen des Caesarius sind in der Form eines Lehrgesprächs gehalten. N. steht für Novize, M. für Magister.

Zweites Kapitel

DER SEELENFÄNGER UND VERFÜHRER

Caesarius von Heisterbach

DER GEIST DER UNZUCHT UND DIE KRAFT DER BEICHTE

Zur Zeit, da der Kölner Scholastikus Oliver in Brabant das Kreuz predigte, war dort, wie mir unser Mönch Bernhard erzählt hat, der damals mit ihm predigte, ein frommes Mädchen, ruhmreich durch das Gelübde der Jungfräulichkeit, gebürtig aus Nivelles. Der Teufel, neidisch auf solche Tugend, erschien ihr in Gestalt eines sehr schönen und prächtig gekleideten Mannes und fing an, sie mit verliebten Worten zu belästigen, ihr Kleinodien anzubieten, die Fruchtbarkeit der Ehe zu loben, die unfruchtbare Jungfrauenschaft zu tadeln. Ihm antwortete die Jungfrau, die nicht wußte, wer er war: Einen Mann zu heiraten bin ich nicht gesonnen, Christi Liebe ist mir mehr als die fleischliche Ehe, die ich verachte. Da aber jener lüsterne Geist ihr gar zu sehr zusetzte und an verschiedenen Orten zu ihr kam, so begann das Mädchen den gespenstischen Bewerber zu beargwohnen; denn sie wußte, daß viele Jungfrauen schöner, vornehmer und reicher waren als sie. Und sie sagte: Lieber Herr, wer und woher seid Ihr, daß Ihr so sehr nach der Ehe mit mir verlangt? Der Dämon wollte sich nicht gern zu erkennen geben, da aber die Jungfrau ernstlich in ihn drang, so gestand er endlich, in die Enge getrieben, und sagte: Ich bin der Teufel. Auf dies Wort erschrak sie und fragte: Wozu denn verlangst du nach fleischlicher Ehe, die deiner Natur entgegen ist? Darauf er: Stimme du mir nur zu, nichts weiter verlange ich von dir als die Einwilligung zum Bunde. Darauf das Mädchen: Jetzt will ich nichts mehr von dir wissen. Und sie verscheuchte ihn mit dem Zeichen des heiligen Kreuzes. Sie ging zu einem Priester und enthüllte ihm die Listen des Dämons. Von ihm wurde sie genau belehrt, wie sie den Bösen fernhielte, und kehrte nach Hause zurück. Der Dämon aber verschonte sie nach der Beichte keineswegs, sondern redete sie von ferne an, und quälte sie, indem er allerlei Unreinlichkeiten in ihre Schüssel warf, wenn sie aß. Daher umgab sie sich mit Frauen zur Wache. In welchem Hause sie auch sein mochte, da gab der Dämon Antworten. Alle hörten ihn, aber nur das Mädchen konnte ihn sehen. Dieser Geist war so boshaft, daß er die Sünden der Anwesenden aufdeckte, ihre Verbrechen ihnen vorwarf, und keine Sünde blieb ihm verborgen, wenn nicht echte Beichte sie verhüllte. Er gab auch andere Zeichen seiner Bosheit. Mit Kot, mit zerbrochenen Töpfen voll Mist bewarf er die Zusammenkommenden. Einige fragten ihn: Teufel, kennst du das Gebet des Herrn? Da er antwortete: Ich kenne es sehr wohl, hießen sie ihn es sagen. Und er sagte: Vater unser, der du bist in den Himmel, dein Name, dein Wille geschehe und auf Erden, unsern tägliche Brot gib uns heute, sondern befreie uns von dem Übel. Und als er in diesem Gebet mehr solche Schnitzer und Barbarismen gemacht hatte, fügte er kichernd hinzu: Seht, so pflegt ihr Laien euer Gebet zu sagen. Als er auch nach dem Symbolum gefragt wurde, sagte er, das wisse er ganz vortrefflich, und fing an: Ich glaube Gott, den allmächtigen Vater. Man sagte ihm: Du mußt sagen: Ich glaube *an* Gott; worauf er erwiderte: Ich glaube Gott. Es waren gerade Schriftkundige zugegen und hörten des Teufels Wort, und da sie die Bedeutung des Akkusativs kannten, so bestanden sie darauf, er solle sagen: Ich glaube an Gott. Aber dazu war er nicht zu bringen. N. Ich möchte auch wissen, was heißt: an Gott glauben. M. An Gott glauben heißt: Durch Liebe an Gott herankommen. Deshalb sagt der Heiland: Jeder, der lebt und an mich glaubt, hat das ewige Leben (Joh. 11, 26). Der Dämon, wie der Apostel Jakob sagt (Jac. 2, 19), glaubt und zittert, aber er liebt nicht. Er glaubt, daß Gott ist, er glaubt, daß seine Worte wahr sind, aber er glaubt nicht an ihn, weil er ihn nicht liebt. Den englischen Gruß aber konnte dieser Dämon nicht einmal anfangen, obgleich er vorgab, ihn zu wissen. N. Da doch das Gebet des Herrn würdiger ist als der englische Gruß,

Du solt deine Fremden und weib begern

so wundert es mich, daß er jenes sagen durfte und diesen nicht. M. Der Herr wollte es so, teils seiner Mutter zu Ehren, teils wegen der Herrlichkeit des Sakraments seiner Fleischwerdung. Wie kräftig dieser Gruß ist, mit dem die Erlösung des Menschengeschlechts ihren Anfang nahm, wirst du später noch besser erkennen. Als man diesen Dämon fragte, warum er eine so heisere Stimme habe, antwortete er: Weil ich immer glühe. Dasselbe Mädchen sagte auch: So oft er zu mir kam, hütete er sich, daß ich nicht seinen Rücken sähe. N. Warum denn das? M. Die Dämonen, wie ich aus einer andern Vision erfahren habe, haben keine Hinterseite. Ein Dämon, der einem Mädchen öfters erschien, ging, wenn er sie verließ, immer rückwärts, und als sie fragte, warum er das tue, antwortete er: Wenn wir auch einen menschlichen Körper annehmen, so haben wir doch keinen Rücken.

N. Ich erwarte ein Beispiel, woraus ich den Unterschied zwischen falscher und echter Beichte erkennen kann. M. Sogleich. Es war in der Nähe ein Mann, der jenen Dämon sehr gern gehört hätte, aber wegen schimpflicher Sünden, die er begangen hatte, ihm nicht zu nahen wagte, aus Furcht, sie könnten ihm in aller Gegenwart vorgehalten werden. Er ging zu einem Priester und beichtete alles, ließ aber den Willen zu sündigen nicht fahren. Im Vertrauen auf diese Beichte ging er nach dem Hause. Aber denke nur: kaum hatte er die Schwelle betreten und hineingeschaut, als der Dämon in der Luft schrie: Freund, komm her, komm, du hast dich ja trefflich weißgewaschen. Und sogleich vor aller Ohren verriet er alle seine schändlichen Sünden und beschämte ihn so, daß er zu dieser Stunde sich tausend Meilen weit weg gewünscht hätte. Darob betrübt, hielt er, vom Gewissen verklagt, bei sich Einkehr, ging wieder zum Priester, erneuerte die Beichte und gelobte Gott und dem Priester von Herzen, künftig ein besseres Leben zu führen. Drauf sagte der Priester: Jetzt kehre unbesorgt zurück, er wird dich nicht wieder beschämen. Er tat so. Als er ins Haus trat, sagten einige Umhersitzende zu dem Dämon: Da kommt dein Freund wieder. Wer ist es? fragte er. Der, sagten sie, dem du vor kurzem so schändliche Dinge vorgeworfen hast. Der Dämon antwortete: Ich habe ihm nichts vorgeworfen und weiß nichts Böses von ihm. Die von der Beichte des Mannes nichts wußten, wunderten sich nun, daß der Dämon gelogen habe. So entging jener durch die Kraft der Beichte der ärgsten Schande.

In demselben Hause saß bei den andern eine Frau und hielt ihre junge Tochter, wie Mütter pflegen, unter dem Mantel. Da diese Frau den Dämon, ich weiß nicht womit, beleidigt hatte, schrie er: Glaubst du, daß deine Tochter, die unter deinem Mantel sitzt, noch Jungfer sei? Weh dir, du hast sie schlecht behütet. Die Mutter sagte: Du lügst. Er erwiderte: Ich lüge nicht. Wenn du mir nicht glaubst, so frage Petronilla. Die wird dir gewiß die Wahrheit sagen. Diese Petronilla war nämliche eine Frau, die um die Schande des Mädchens wußte. Als die Mutter das hörte, stieß sie die Tochter unwillig von sich und sagte: Weiche von mir, Unreine, nie soll dir von mir etwas Gutes kommen. Jene, ihrer Schuld bewußt, ging mit erheuchelten Tränen jammernd hinaus und versicherte, der Dämon habe gelogen. Auf Gottes Eingebung lief sie zu einem nahen Priester, bekannte die Sünde und gelobte, sich nie wieder unerlaubterweise zu beflecken. Dann, von dem Priester beraten und genau belehrt, was sie sagen müsse, kehrte sie zur Mutter zurück, die den Ort noch nicht verlassen hatte. Sie sagte zu ihr: Wahrlich, Mutter, du hast schwer gesündigt, daß du ohne Grund mich so arg beschimpft und so grausam verstoßen hast, wegen der Worte dieses Dämons, der durch und durch lügnerisch und der Vater der Lüge ist. Und sie fing an zu weinen. Die Mutter, gerührt durch ihre Worte und Tränen, sagte zum Dämon: Sprich, Schändlicher, warum hast du meiner Tochter so etwas vorgeworfen? Er antwortete: Was habe ich denn Böses von deiner Tochter gesagt? Sie ist gut und rein. Nichts Schlechtes weiß ich von ihr noch habe ich geredet. So wurde das Mädchen, gleich jenem Manne, durch die Wohltat der Beichte vom Verdacht der Unzucht befreit und mit der Mutter wieder versöhnt.

DER TEUFEL ALS INKUBUS

Ein Weib in der Gegend von Nantes wurde durch die Wollust eines frechen Dämons, da sie eingewilligt hatte, sechs Jahre lang in unglaublicher Weise gequält. Dieser lüsterne Geist war ihr in Gestalt eines sehr schönen Ritters erschienen und mißbrauchte sie oft unsichtbar, während ihr Mann in demselben Bette lag. Im siebenten Jahre wurde sie von Furcht ergriffen, und da der heilige Bernhard von Clairvaux in jene Stadt kam, warf sich die Unglückliche ihm zu Füßen, beichtete unter Tränen das entsetzliche Leiden und den teuflischen Trug und flehte um Hilfe. Nachdem er sie getröstet und belehrt hatte, was sie tun müsse, konnte nach der Beichte der Teufel nicht an sie gelangen, schreckte sie aber doch mit Worten und drohte fürchterlich, er werde nach des Abtes Weggang zu ihrer Qual zurückkehren. Der vormalige Liebhaber wurde zum grausamsten Verfolger. Da sie dies dem Heiligen meldete, so verfluchte er am nächsten Sonntag den unzüchtigen Geist bei brennenden Kerzen, im Beisein zweier Bischöfe und unter Mitwirkung aller Gläubigen, die in der Kirche waren, und untersagte ihm im Namen Christi für die Zukunft sowohl zu jenem Weibe wie zu den Weibern überhaupt den Zutritt. Mit dem Erlöschen der heiligen Lichter war alle Kraft des Dämons erloschen, das Weib empfing, nachdem sie alle ihre Sünden gebeichtet, das Abendmahl und war völlig befreit.

Zu Bonn in der Pfarre des heiligen Remigius war vor wenigen Jahren ein Priester namens Arnold, der eine schöne Tochter hatte. Diese liebte er sehr, und wegen der Jünglinge, besonders der Bonner Domherren, hütete er

sie so streng, daß er sie, sooft er ausging, im Söller des
Hauses einschloß. Eines Tages erschien ihr der Teufel in
Gestalt eines Mannes, begann sie innerlich durch geheime
Eingebung und von außen durch schmeichelnde Rede zur
Sünde zu verlocken. Um es kurz zu sagen: Die Unglückliche ließ sich bereden, ward geschändet und gab sich nachher öfter zu ihrem Unheil dem Dämon preis. Einst ging
der Priester nach dem Söller hinauf, fand die Tochter weinend und seufzend und konnte kaum den Grund ihres
Kummers herausbringen. Sie gestand dem Vater, sie sei
von einem Dämon betrogen und vergewaltigt, und also

habe sie wohl Anlaß zur Trauer. Sie war so geistesverwirrt und von Sinnen, teils vor Kummer, teils durch die teuflische Einwirkung, daß sie Würmer, die sie von ihrem Busen sammelte, in den Mund steckte und kaute. Der betrübte Vater schickte sie über den Rhein, in der Hoffnung, sie werde durch die Luftveränderung genesen und durch das Hindernis des Flusses von dem Incubus befreit werden. Als das Mädchen weg war, erschien der Dämon dem Priester, drohte ihm und sagte: Böser Priester, warum hast du mir mein Weib geraubt? Das soll dir übel bekommen. Und sogleich stieß er ihn so heftig vor die Brust, daß er Blut spie und am dritten Tage starb. Zeuge dieser Geschichte ist unser Abt, desgleichen unser Mönch Gerhard, vormals Scholastikus in Bonn, die mit dem Vorfall wohl vertraut waren.

Das Gesetz des Kreises

Ein Ritter Heinrich, von der Burg Falkenstein, war Mundschenk unseres Mönches Cäsarius, der damals Abt von Prüm war. Da dieser Ritter (so habe ich aus des Cäsarius Munde erfahren) nicht an Dämonen glauben wollte und alles, was er über sie hörte, für eitel Geschwätz hielt, so ließ er einen Geistlichen namens Philipp kommen, der wegen seiner Kenntnis der schwarzen Kunst berüchtigt war, und bat ihn flehentlich, ihm Dämonen zu zeigen. Dieser erwiderte: Der Anblick der Dämonen ist grausig und gefährlich, und nicht allen tut es gut, sie zu sehen. Da aber der Ritter nicht abließ, so sagte er endlich: Willst du mir Sicherheit gewähren, daß mir durch deine Verwandten und Freunde kein Schaden daraus erwachse, wenn du etwa von den Dämonen getäuscht oder erschreckt oder verletzt werden solltest, so will ich deinen Wunsch erfüllen. Und jener gewährte ihm Sicherheit. Eines Tages zur Mittagszeit, weil dann der Mittagsdämon kräftiger ist, führte Philipp den Ritter an einen Kreuzweg, beschrieb mit dem Schwerte einen Kreis um ihn, sagte ihm, als er drin stand, das Gesetz des Kreises und sprach: Wenn du, ehe ich zurückkomme, eines deiner Glieder aus diesem Kreise herausstreckst, so bist du des Todes, denn die Dämonen werden dich sogleich herausziehen und umbringen. Er mahnte ihn auch, daß er, wenn sie bitten sollten, ihnen nichts gebe noch verspreche und sich nicht bekreuzige. Und er fügte hinzu: Auf mancherlei Weise werden sie dich versuchen und schrecken, doch können sie dir nicht schaden, wenn du meinen Rat beachtest. Und so verließ er ihn. Als jener allein in dem Kreise saß, siehe, da sah er Wasserfluten gegen sich heranwogen, dann hörte er Grunzen von Schweinen, Brausen von Winden und viel ähnlichen Spuk, womit ihn die Dämonen zu schrecken suchten. Weil aber Spieße, die man kommen sieht, nicht so leicht treffen, so konnte er gegen diese Dinge sich selbst schützen. Zuletzt aber erblickte er im nahen Walde etwas wie einen grauenhaften menschlichen Schatten, höher als die Gipfel der Bäume, und dieser näherte sich ihm. Und er merkte gleich, es sei der Teufel, wie er es denn auch war. Er war aber wie ein großer Mann, ja der allergrößte und allerschwärzeste, mit schwärzlichem Gewande bekleidet, und so häßlich, daß der Ritter ihn nicht anzublicken vermochte. Dieser sagte zu ihm: Du hast wohl getan zu kommen, denn ich wünschte dich zu sehen. Zu welchem Zweck? fragte der Teufel. Und jener drauf: Ich habe viel von dir gehört. Was hast du von mir gehört? fragte der Teufel, und der Ritter erwiderte: Wenig Gutes und viel Böses.

Als der Abt von Neuburg, einer reichen Abtei des schwarzen Ordens in Sachsen, kürzlich bei uns durchkam, erzählte er uns ein sehr ergötzliches Wunder von der Heilung einer Besessenen. Es ist, sagte er, bei uns ein frommer Ritter namens Albert, mit Beinamen Skothart. Dieser war, ehe er Mönch ward, so tapfer in Waffen, so berühmt im Kriegsdienste, daß fast alle Edlen unsres Landes ihm um die Wette ihre Geschenke, Reitpferde und kostbare Gewänder sandten, um ihn zum Freund zu gewinnen. Einst, als einer zwölfjährigen Besessenen, der Tochter eines Ritters, in der Kirche der Dämon ausgetrieben werden sollte, brach sie in Lachen aus und schrie: Da kommt mein Freund, da kommt mein Freund. Man fragte sie, wen sie meine, und sie erwiderte: Ihr werdet ihn schon sehen. Sie sprach aber von jenem Ritter, der um diese Zeit noch recht weit von der Kirche war. Je näher er kam, desto mehr jubelte sie. Als er in die Kirche trat, eilte sie ihm entgegen, klatschte in die Hände und begrüßte ihn mit den Worten: Seht ihr, da ist mein Freund, macht Platz, macht Platz, laßt ihn herankommen. Er war aber mit purpurnen und geschnitzten Gewändern bekleidet. Als er zu ihr trat und fragte: Bin ich dein Freund? antwortete durch den Mund des Mädchens der Teufel: Auch mein guter Freund, denn du tust allen meinen Willen. Ob dieses Wortes erschrak der Ritter sehr, wenn er es auch verbarg. Lächelnd sagte er: Du bist ein dummer und alberner Dämon. Wärest du klug, so würdest du mit uns zu den Turnieren gehen, wo Menschen gefangen und getötet werden. Wozu quälst du ohne Grund dies unschuldige Kind, das nicht gesündigt hat? Der Teufel sagte: Wenn ich mit dir gehen soll, so laß mich in deinen Körper eintreten. Drauf der Ritter: In mich sollst du nimmer hinein. Und der Teufel: Laß mich auf deinem Sattel sitzen. Da ihm dies verweigert ward, bat er um einen Ort an irgendeinem Teil des Pferdes oder des

Zügels. Aber alles ward ihm verweigert. Der Teufel
sprach nun: Ich kann nicht zu Fuß laufen. Soll ich mit dir
gehen, so gewähre mir wenigstens irgendeinen Ort in deiner Nähe. Der Ritter, der Mitleid mit dem Mädchen hatte,
sagte zu dem Dämon: Wenn du sie verlassen willst, so ge-
statte ich dir einen Zipfel meines Mantels, mit dem Be-
ding, daß du mir nichts zuleide tust und nur so lange
bleibst, wie ich Turniere besuche. Wenn ich es dich heiße,
sollst du gutwillig und ohne Widerrede entweichen. Und
der Teufel schwor es ihm und sagte: Ich werde dir kein
Leid tun, sondern Nutzen. Er fuhr aus dem Mädchen und
sprang auf den Zipfel des Mantels, wo er sich durch wun-
derbare Bewegung kundgab. Von Stund an erwarb der
Ritter solchen Ruhm in den Turnieren, daß er warf, wen
immer er mit der Lanze werfen wollte, fing, wen er fangen
wollte. Ging er, so ging der Teufel mit, und mit ihm
sprach er. Wenn er eifrig in der Kirche betete, sagte jener:

Jetzt murmelst du zuviel. Wenn er sich mit Weihwasser besprengte, sagte der Teufel: Daß du mich nicht benetzest! Und der Ritter drauf: Wenn ein Tropfen dich trifft, soll es mir leid tun. Als das Kreuz gepredigt ward und der Ritter in eine Kirche ging, um es zu empfangen, suchte der Teufel ihn zurückzuhalten und sagte: Was treibst du hier? Der Ritter sagte: Ich gedenke Gott zu dienen und dir abzusagen. Drum weiche von mir. Auf diese Worte erwiderte der Satan: Was hat dir an mir mißfallen? Nie habe ich dir geschadet, sondern dich bereichert. Durch mich hast du hohen Ruhm erlangt. Doch wenn du nicht willst, kann ich bei dir nicht verweilen, weil ich es so versprochen habe. Drauf der Ritter: Sieh, ich nehme jetzt das Kreuz, und daß du sogleich von mir weichest, um nie wiederzukehren, beschwöre ich dich im Namen des Gekreuzigten. Und der Teufel verließ ihn. Er ging als Kreuzfahrer übers Meer, wo er zwei Jahre für Christum stritt, und nach der Heimkehr baute er ein großes und reiches Hospital für Pilger und Kranke. Denn er hatte jährlich an Einkünften mehr als zweihundert Mark Silbers, wie jener Abt versicherte. In diesem Hospital dient er noch heute mit seiner Gattin im Ordenskleide den Gliedern Christi und nimmt alle Frommen, besonders die unsres Ordens, voll Andacht auf. Zu diesen pflegt er im Scherz zu sagen: Ihr Herren Äbte und ihr Mönche seid nicht heilig. Wir Ritter, die wir die Turniere pflegen, sind heilig, denn uns gehorchen die Dämonen, und wir treiben sie aus.

Étienne de Bourbon

MENSCHLICHE BOSHEIT
ÜBERTRIFFT DIE DES TEUFELS

Die schlechte Zunge des Menschen übertrifft an Bosheit
die schlechte Zunge des Teufels in der Kraft der Bosheit;
manchmal wird etwas, was der Teufel mit seiner Zunge
jahrelang vergeblich versucht hat, in einem kleinen Weilchen von der menschlichen Zunge bewirkt ... Ich habe
gehört, daß der Teufel durch lange Jahre, wohl dreißig
oder noch mehr, zwei Eheleute, nämlich Mann und Frau
versuchte und es nie dahinbringen konnte, daß sie einmal
uneins geworden wären und sich böse Worte gegeben hätten. Da verwandelte er sich in die Gestalt eines Jünglings
und saß traurig an einem Wege hin, wo ein gewisses altes
Weib, eine Wäscherin, vorbeikommen mußte, und er saß
unter einem Baume und hatte eine volle Geldkatze umge-
schnallt. Als das alte Weib vorüberging, fragte sie ihn, wer
er sei und um die Ursache seiner Traurigkeit; nun sagte er,
daß er es ihr sagen und sein Geld geben wolle, wenn sie
schwöre, ihn nach ihren besten Kräften zu unterstützen.
Sie schwor, und er sagte ihr, er sei ein Teufel, der von seinem Fürsten schwere Strafe fürchte, weil er dreißig Jahre
lang gegen dieunddie Eheleute gearbeitet habe, ohne daß
es ihm gelungen wäre, sie zu einer Sünde oder einer Unei-
nigkeit zu verleiten; dann gab er ihr das Geld und entwich.
Die Alte aber nahm eine junge Frau zu sich in ihr Haus,
ging dann zu der genannten Ehefrau und sagte ihr wie aus
großem Mitleide, ihr Mann sei zu einer jungen Nachbarin
von ihr in Liebe verstrickt und sie, die in demselben Hause
wohne, habe ihn durch eine Lücke in der Wand beobach-
tet; auch habe sie gehört, daß er sie um ihre Gunst ange-
gangen sei und ihr schon, weil er sich ihr eröffnet habe, ein
Kleid versprochen habe, von welchem Tuch sie wolle,
und sie solle selbst in seinen Laden kommen, um sich das
Tuch, welches sie wolle, auszuwählen. (Er war nämlich

Kaufmann). Als aber die Frau sagte, daß sie das niemals glauben würde, weil ihr Mann ein rechtschaffener Mensch sei, antwortete die Alte: »Ihr braucht es nicht zu glauben, bis Ihr nicht die Beweise sehet.« Ebenso ging die Alte zu dem genannten Manne und sagte ihm, daß derundder Geistliche, und zwar der von der Kirche, die seine Frau besuchte, diese liebe, und sie habe sie, als sie beim Gebete von einer Säule verborgen gewesen sei, bei ihrem Gespräche belauscht, und sie seien übereingekommen, daß sie ihren Mann berauben und mit dem Geistlichen entfliehen werde. Da dies der Mann nicht glauben wollte, sagte sie weiter: »Ihr braucht es nicht zu glauben, bis Ihr sie nicht morgen habt miteinander sprechen sehn an dem Orte, wo sie, wie ich gehört habe, zusammenkommen wollen.« Hierauf ging die Alte weg und versah die Junge mit Geld und schickte sie in den Laden des Mannes, damit sie sich ein Tuch ansehe, das ihr gefalle. Als nun die Gattin das junge Weib den Laden ihres Mannes betreten und verlassen sah, fing sie an Verdacht zu schöpfen, es könnte doch das alles wahr sein, was ihr die Alte erzählt hatte, und sie konnte vor Traurigkeit keinen Bissen essen. Am Abende merkte der Mann, daß seine Frau traurig war, verwunderte sich darob und argwöhnte, daß etwas vorgehe. Aber die Alte trug auch Sorge, daß der Geistliche, von dem sie dem Manne gesprochen hatte, zur bestimmten Stunde und am bestimmten Orte mit der Frau sprach und daß der Mann dies sah und bemerkte; dann ging sie wieder zu seiner Frau, die ebenfalls gesehn hatte, daß die Junge ein Stück Tuch, das vordem noch da war, als Kauf heimgetragen hatte, und sagte zu ihr: »Herrin, seid sicher, daß Euer Mann die Sünde schon vollbracht hat und geplagt wird von der Liebe zu dem jungen Weibe, was Ihr ja genugsam habt abnehmen können aus seinem traurigen Benehmen gegen Euch; das Tuch hat sie schon weggetragen, und Ihr habt Euern Gatten verloren, wenn Ihr nicht schleunigst etwas dawider tut.« Auf die Frage der Gattin, was sie da dawider tun könne, gab ihr die Alte den Bescheid: »Wenn es

Euch gelingt, ihm, wenn er eingeschlafen ist, mit dem Schermesser drei Haare aus dem Barte zu schneiden und ihm ihre Asche zu essen zu geben, dann wird sie ihm für alle Zukunft widerwärtig sein und er wird Euch lieben wie früher.« Die Frau versprach, dies in der folgenden Nacht ins Werk zu setzen. Und die Alte ging zum Manne und sagte ihm, sie habe gehört, wie der Geistliche und seine Frau seinen Tod besprochen hätten; und sie sagte weiter, wenn er ihr nicht glaube, so werde sie ihm den Beweis liefern, sodaß er dem Tode entrinnen werde. Und sie sagte ihm, nach der Verabredung mit dem genannten Geistlichen wolle ihn seine Frau in der kommenden Nacht mit dem Schermesser umbringen und sie werde ihn, wenn sie könne, trunken machen. Darum solle er auf der Hut sein vor übermäßigem Trunke und vor dem Schlafe, sich jedoch fest schlafend stellen; wenn er dann spüre, daß sie ihm an die Kehle greife, solle er ihre Faust samt dem Messer festhalten, sein Gesinde wachrufen und Licht anzünden lassen, auf daß alle den Verrat sähen. Und er tat so, wie sie ihn gelehrt hatte, und am Morgen rief er seine Freunde und seinen Priester und die Freunde der Gattin, klagte sie der Verräterei an und bewährte seine Anklage, indem er das Schermesser vorwies. Die Frau schwieg aus Scham, und der Priester rief sie und fragte sie, ob es wahr sei, und ebenso fragte er auch den Mann; dann aber ließ er die Alte rufen, und sie wurde gezwungen, die Wahrheit zu gestehn. Und so geht hervor, daß manchmal die menschliche Zunge in der Bosheit mehr vermag als die des Teufels ...

Drittes Kapitel

DER TEUFEL UND SEINE GESELLEN IN MENSCHENGESTALT

Notker der Stammler

Der Teufel narrt einen Bischof

Es war im neuen Francien ein Bischof von wunderbarer Heiligkeit und Enthaltsamkeit, auch von unvergleichlicher Mildtätigkeit und Barmherzigkeit. Höchst erbittert über seine Rechtschaffenheit erregte der neidische Erzfeind jeglicher Gerechtigkeit in ihm ein solches Verlangen nach Fleischspeise in der Fastenzeit, daß er meinte, unverzüglich sterben zu müssen, wenn er sich nicht an derartiger Speise stärke. Schließlich, ermutigt durch das Zureden vieler heiliger und ehrwürdiger Priester, zur Wiederherstellung seiner Gesundheit Fleisch zu genießen und sich nachher das ganze Jahr hindurch in der üblichen Weise zu kasteien, nahm er, um nicht ungehorsam gegen sie zu erscheinen und als Vernichter des eigenen Lebens, ihrem Rate folgend und in äußerster Not ein Stückchen Fleisch von einem Vierfüßler in den Mund. Aber als er anfing, es zu kauen und dessen Geschmack ganz leicht am Gaumen verspürte, faßte ihn sofort ein solcher Ekel, Widerwille und Haß nicht bloß gegen Fleisch und andere Speisen, sondern gegen das Licht selbst und das irdische Leben samt Verzweiflung an seinem Heil, daß er ferner weder essen oder trinken wollte noch sich getraute, seine Hoffnung auf den Heiland der Sünder zu setzen. Da dies in der ersten Fastenwoche geschah, legten ihm die erwähnten Väter nahe, weil er erkenne, daß er ein Opfer teuflischen Blendwerks geworden sei, möge er sich durch strengeres Fasten, durch Zerknirschung des Herzens und durch reichliche Almosen darum bemühen, jene augenblickliche Sünde zu überdecken, zu mindern oder abzuwaschen. Vortrefflich geschult, wie er war, folgte er ihrem Vorschlag und um des Teufels Bosheit zuschanden zu machen und bei dem Hersteller der Unschuld Verzeihung für sein Vergehen zu finden, quälte er sich in zwei- und dreitägigem Fasten, floh die Ruhe des Schlafes, diente täglich in eigener Person den Armen und Fremden, wusch ihnen die Füße, bot ihnen Kleidung und Geld nach Maßgabe seiner Mittel, und da er noch darüber hinausgehen wollte, verlangte er am Sabbat vor Ostern viele Badewannen aus der ganzen Stadt und ließ allen Bedürftigen von Morgen bis Abend warme Bäder reichen, nahm selbst den einzelnen die Bärte ab, zog mit den Nägeln ihre Eitergeschwüre an den Dornen ihrer ungepflegten Körper heraus, salbte sie und kleidete sie in Weiß, wie wenn sie eben getauft worden wären. Als sich aber die Sonne dem Untergang zuneigte und keiner mehr da war, der solcher Dienste bedurft hätte, ging er selbst ins Bad, und als er es mit gesäubertem Gewissen verließ, kleidete er sich in reinstes Linnen, um nach dem Urteil der ehrwürdigen Bischöfe das Hochamt vor den Leuten zu feiern. Schon war er auf dem Weg zur Kirche, da trat ihm der listige Widersacher, um sein Vorhaben zu hintertreiben, an der Schwelle der Kirche entgegen. Als ob der Bischof ungewollt einen Armen ohne Waschung gelassen hätte, nahm er die Gestalt eines überaus häßlichen und leichenblassen Aussätzigen an, von Eiter triefend, in schmutzstarrende Lumpen gehüllt, mit unsicherem Schritt einherwankend, Mitleid heischend durch das arge Krächzen seiner Stimme: so stand er vor ihm. Da kehrte der ehrwürdige Bischof, von göttlichem Eifer getrieben, um, auf daß er den Feind erkenne, dem er neulich unterlegen war. Er legte seine weißen Gewänder ab, ließ unverzüglich Wasser wärmen und den Elenden hineinsetzen. Dann nahm er das Messer, um seinen abscheulichen Bart zu scheren. Als er mit der einen Seite vom Ohr bis zur Mitte des Bartes fertig war, begann er auf der andern Seite, um so an dieselbe Stelle zu gelangen. Aber als er mit seinem Messer dorthin kam, fand er, man staune, die Haare wieder gewachsen noch länger als vor dem Scheren. Und als sich das mehrmals wiederholte und der Bischof mit Scheren nicht zu Ende kam, siehe, da begann unter den Händen des Bischofs, mich schaudert bei der Erzählung, ein Auge von wunderlicher Größe mitten auf dem Halse sichtbar zu werden. Entsetzt sprang der Bischof vor dieser Erscheinung zurück und bekreuzigte sich in Christi Namen mit lautem Schrei. Vor dessen Anrufung verschwand der tückische Feind, der sein Trugspiel nicht länger verheimlichen konnte, wie ein Rauch und sagte im Abgehen: Dieses Auge hat scharf darauf geachtet, als du in der Fastenzeit Fleisch zu dir nahmst.

Caesarius von Heisterbach

DIE ENTLARVUNG DER TEUFELSDIENER

Zwei Menschen, einfältig nicht im Geiste, aber im Gewande, nicht Schafe, sondern reißende Wölfe, kamen nach Besançon und heuchelten die größte Frömmigkeit. Sie waren bleich und mager, gingen barfuß und fasteten täglich. Bei der Frühmette der Hauptkirche fehlten sie nie, und von niemandem nahmen sie etwas an außer kärglicher Nahrung. Als sie durch solche Heuchelei sich die Zuneigung des ganzen Volkes erworben hatten, da begannen sie das verborgene Gift auszuspeien und neue und unerhörte Ketzereien den Unerfahrenen zu predigen. Damit aber das Volk an ihre Lehre glaube, ließen sie Mehl auf den Estrich sieben und gingen darüber weg, ohne eine Spur zu hinterlassen. Desgleichen gingen sie über Wasser, ohne unterzusinken. Sie ließen Hütten über sich anzünden, und wenn diese zu Asche verbrannt waren, gingen sie unversehrt hervor. Dann sagten sie zur Menge: Wenn ihr unsern Worten nicht glaubt, so glaubt unsern Wundern. Da der Bischof und die Geistlichen das hörten, erschraken sie sehr. Und da sie jenen entgegentraten und behaupteten, sie seien Ketzer und Betrüger und Teufelsdiener, so fehlte nicht viel, daß sie vom Volke gesteinigt worden wären. Es war aber der Bischof ein guter und gelehrter Mann und aus unserer Provinz gebürtig. Unser greiser Mönch Konrad, der mir dies erzählt hat und der damals in jener Stadt war, kannte ihn wohl. Da nun der Bischof sah, daß seine Worte umsonst waren und daß durch die Teufelsdiener das ihm vertraute Volk vom Glauben abgewandt wurde, so rief er einen ihm bekannten Geistlichen, der in der schwarzen Kunst erfahren war, und sagte zu ihm: So und so ist durch jene Menschen in meiner Stadt geschehen. Ich bitte dich, suche durch deine Kunst vom Teufel zu erfahren, wer sie sind, woher sie kommen, und durch welche Kraft sie so große und erstaunliche Wunder wirken. Denn unmöglich ist es, daß sie durch göttliche Kraft Zeichen tun, da ihre Lehre so gottlos ist. Als der Geistliche sagte: Herr, längst habe ich auf diese Kunst verzichtet, erwiderte der Bischof: Du siehst, in welcher Not ich bin. Entweder muß ich der Lehre jener Menschen zustimmen oder ich werde vom Volke gesteinigt. Ich befehle dir also zur Vergebung deiner Sünden, daß du mir hierin willfahrest. Der Kleriker gehorchte, rief den Teufel, und da dieser fragte, weshalb er rufe, so antwortete er: Es reut mich, von dir abgefallen zu sein. Und weil ich in Zukunft dir gehorsamer sein will, so sage mir bitte, wer diese Menschen sind, wie ihre Lehre ist und durch welche Kraft sie solche Wunder tun. Der Teufel sagte: Sie sind die Meinen, von mir sind sie gesandt, und was ich ihnen in den Mund lege, das predigen sie. Drauf der Kleriker: Wie kommt es, daß nichts sie verletzen kann, daß sie im Wasser nicht untergehen und das Feuer sie nicht sengt? Wiederum sprach der Dämon: Meine Handschrift, worauf der Treueid, den sie mir geleistet, geschrieben steht, bewahren sie unter den Achseln zwischen Haut und Fleisch eingenäht, durch diese wirken sie solches, und nichts kann ihnen schaden. Drauf der Kleriker: Wenn nun die ihnen genommen würde? Dann, sagte der Teufel, wären sie schwach wie andre Menschen. Da der Kleriker dies hörte, dankte er dem Dämon und sagte: Jetzt geh, und wenn ich dich rufe, so komm wieder. Er kehrte zum Bischof zurück und erzählte ihm alles. Der war voll Freude, rief alles Volk zusammen an einen geeigneten Ort und sagte: Ich bin euer Hirt, ihr meine Schafe. Wenn diese Menschen, wie ihr sagt, ihre Lehre durch Zeichen bekräftigen, so will ich mit euch ihnen folgen. Wo nicht, so gebührt es sich, daß jene bestraft werden und ihr mit mir zu dem Glauben eurer Väter reuig zurückkehret. Das Volk erwiderte: Wir haben viele Zeichen von ihnen gesehen. Aber ich habe sie nicht gesehen, sagte der Bischof. Kurz gesagt, dem Volk gefiel der Rat. Die Ketzer wurden gerufen. Der Bischof war da. Ein Feuer ward inmitten der Stadt angezündet. Ehe sie jedoch hineingingen, wurden sie insgeheim zum Bischof befohlen. Er sagte zu ihnen: Laßt sehen, ob ihr Zaubermittel an euch habt. Da entkleideten sie sich sogleich und sagten voll Zuversicht: Sucht aufs genaueste so an unserm Leibe wie an unsern Kleidern. Die Krieger aber, wie ihnen vom Bischof geheißen war, hoben ihnen die Arme empor, und da sie unter den Achseln die Narben entdeckten, brachen sie diese mit Messern auf und zogen die eingenähten Blättchen heraus. Als der Bischof die empfangen hatte, ging er mit den Ketzern zum Volke hinaus, und nachdem Stillschweigen geboten, rief er laut: Jetzt sollen eure Propheten ins Feuer gehen, und wenn sie unverletzt bleiben, will ich ihnen glauben. Die Elenden sagten zitternd: Jetzt können wir nicht hineingehen. Der Bischof aber tat ihre Bosheit dem Volke kund und wies die Handschrift vor. Da ergrimmten alle, und sie warfen des Teufels Diener in das bereitete Feuer, auf daß sie beim Teufel im ewigen Feuer gepeinigt würden. So ward durch Gottes Gnade und des Bischofs Eifer der Keim der Ketzerei erstickt und das verführte und mißleitete Volk durch Buße gereinigt.

Der treue teuflische Diener

Ein Dämon nahm die Gestalt eines anmutigen Jünglings an und kam zu einem Ritter, dem er seine Dienste anbot. Da diesem seine Gestalt wie seine Rede sehr gefiel, ward er gern von ihm angenommen. Sogleich trat er den Dienst an und war so eifrig und ergeben, so treu und so angenehm, daß jener sich nicht genug wundern konnte. Nie bestieg er sein Pferd, nie stieg er ab, ohne daß der Diener schon bereitgestanden und mit gebeugtem Knie den Steigbügel gehalten hätte. Stets erwies er sich bescheiden, umsichtig und heiter. Als sie einst zusammenritten und an einen gro- ßen Fluß kamen, sah der Ritter sich um und erblickte etli- che seiner Todfeinde im Rücken. Er sagte zu dem Knecht: Wir sind des Todes. Da eilen meine Feinde mir nach, vor uns ist der Fluß, keine Zuflucht ist zu finden. Sie werden mich töten oder gefangennehmen. Jener erwiderte: Fürchte nichts, Herr, ich weiß eine Furt im Flusse, folge mir nur, wir werden schon entrinnen. Der Ritter sagte: Nie hat ein Mensch diesen Fluß hier durchwatet. Doch folgte er in der Hoffnung auf Rettung dem Knecht und kam ungefährdet ans Ufer. Als sie hinüber waren, standen die Feinde am andern Ufer und sprachen erstaunt: Wer hat je von einer Furt in diesem Flusse gehört? Niemand als der Teufel hat ihn hinübergebracht. Also kehrten sie voll Furcht um. Im Verlaufe der Zeit geschah es, daß des Rit- ters Weib auf den Tod erkrankte. Da alle ärztliche Kunst versagte, sprach wiederum der Dämon zu seinem Herrn: Wenn meine Herrin mit Löwenmilch gesalbt würde, würde sie sogleich genesen. Und als der Ritter fragte: Wo- her solche Milch bekommen? sagte er: Ich werde sie ho- len. Er ging und kam nach weniger als einer Stunde mit ei- nem vollen Gefäß zurück. Als sie mit der Milch bestrichen war, fühlte sie sich alsbald besser und erhielt die Gesundheit wieder. Da der Ritter fragte: Wie hast du so schnell diese Milch bekommen? erwiderte er: Von den Bergen Arabiens habe ich sie geholt. Als ich dich verlassen, ging ich nach Arabien, trat in die Höhle einer Löwin, jagte die Jungen weg und melkte sie, und so bin ich zu dir zurückgekehrt. Der Ritter war starr vor Staunen und fragte: Wer bist du denn? Er sagte: Laß dich das nicht kümmern, dein Knecht bin ich. Da aber der Ritter nicht abließ, bekannte er endlich: Ich bin ein Dämon, von denen, die mit Luzifer gefallen sind. Der Ritter, noch mehr erstaunt, fragte: Wenn du von Natur ein Teufel bist, wie kommt es, daß du einem Menschen so treulich dienst? Er antwortete: Mir ist es ein großer Trost, bei den Söhnen der Menschen zu sein. Und als der Ritter sagte: Ich wage nicht, deine Dienste fürder zu gebrauchen, sagte er: Dessen sei gewiß, behältst du mich, so wird dir nie durch mich noch um meinetwillen ein Leid geschehen. Ich wage es nicht, sagte der Ritter. Aber was immer du als Lohn forderst, und wäre es mein halbes Gut, das will ich dir gern geben. Nie hat ein Mensch einem Menschen so treu und nützlich gedient. Durch deine Fürsorge bin ich am Fluß dem Tode entronnen, durch dich ist mein Weib genesen. Drauf sagte der Dämon: Da ich denn nicht bei dir bleiben kann, verlange ich nichts für meinen Dienst als fünf Schillinge. Als er diese erhielt, gab er sie dem Ritter zurück und sagte: Ich bitte dich, kaufe dafür ein Glöckchen und hänge es über das Dach jener alten, zerfallenen Kirche, damit wenigstens an den Sonntagen die Gläubigen zum Gottesdienst gerufen werden. Und damit verschwand er aus seinen Augen.

Jacques de Vitry

DIE HEILIGE JUNGFRAU VERTREIBT DEN TEUFEL

Manchmal, wenn die Teufel Kenntnis haben von den Sünden der Menschen, klagen sie sie an, damit sie dem Tode überliefert würden und die Zeit für die Reue zu kurz sei. So habe ich erzählen hören, daß in der Stadt Rom eine sehr fromme Witwe lebte, die ihren kleinen Sohn des Nachts bei sich im Bette behielt; und so tat sie, bis er herangewachsen war. Da geschah es eines Nachts durch die Anstiftung des Teufels, daß die Mutter von ihrem eigenen Sohn empfing. Weil sie aber reiche Almosen verteilte und die heilige Jungfrau oft begrüßte, fürchtete der Teufel, sie könnte Reue erwecken. Er nahm die Gestalt eines Scholaren an, ging zum römischen Kaiser und sagte ihm: »Herr, ich bin ein kundiger Sterndeuter, sodaß ich mich nie täusche: ich verstehe das Künftige vorherzusagen und verborgenen Diebstahl aufzudecken und weiß noch viel andres, was Ihr alles durch den Versuch sicher ergründen könntet, wenn Ihr mich in Euerm Gesinde behalten wolltet.« Fröhlich nahm ihn der Kaiser auf, und er fing an, ihm viel vorherzusagen und heimliche Diebstähle zu enthüllen, sodaß ihm der Kaiser über alles glaubte und ihn vor allen seinen andern Dienern ehrte. Eines Tages sagte er nun zum Kaiser: »Herr, es ist wunderbar, daß diese Stadt nicht von der Erde vertilgt wird; in ihr ist nämlich eine verabscheuungswürdige Frau, die von dem eigenen Sohne empfangen und geboren hat.« Als dies der Kaiser vernahm, rief er die Frau zu sich, nicht ohne große Verwunderung, weil diese Dame unter den römischen Frauen als die frömmste galt; trotzdem aber glaubte er seinem Schreiber, da er sich's nicht denken konnte, daß er löge. Kaum hatte die Witwe vom Kaiser einen Verzug für ihre Rechtfertigung bewilligt erhalten, als sie mit Tränen in den Augen zur Beichte ging und Tag und Nacht die heilige Jungfrau anzuflehn begann, daß sie sie von der

Schande und vom Tode errette. An dem bestimmten Tage suchte sie vergeblich einen Freund, der es gewagt hätte, mit ihr zu gehn oder dem Schreiber des Kaisers entgegenzutreten, weil ihm alle glaubten wie einem Propheten. Als sie aber in den Palast des Kaisers trat, fing der Teufel an zu erschrecken und zu zittern. Der Kaiser fragte: »Was hast du denn?«, aber er blieb stumm. Wie dann das Weib nahe kam, erhob der Teufel ein Geheul und sagte: »Siehe, Maria kommt mit diesem Weibe und geleitet sie an der Hand.« Nach diesen Worten verschwand er mit Getöse und Gestank.

Der Stricker

DER RICHTER UND DER TEUFEL

In einer Stadt wohnte ein Mann, dessen Sündenschuld so groß war, daß ich sie nicht beschreiben kann und will. Er hatte so viele Sünden auf sich geladen, und die Menschen wunderten sich, daß die Erde ihn nicht verschlang. In zweierlei Hinsicht war er berüchtigt: An Sündhaftigkeit und an Macht kam ihm kein anderer gleich. In der Stadt hatte er das Amt des Richters inne; sein übler Lebenswandel war weit und breit bekannt.

Einmal an einem Markttag ritt er aus, um nach seinem besten Weingarten zu schauen. An diesem Morgen lauerte ihm sehr früh der Teufel auf. Er trat ihm auf dem Rückweg vom Weingarten entgegen. Der Teufel trug kostbare Kleider von erlesenem Schnitt. Der Richter kam des Weges und da er den Teufel für einen Menschen hielt, grüßte er und fragte nach seinem Namen und seiner Herkunft: »Ich verlange rechte Auskunft über Euch.« »Die brauche ich Euch nicht zu geben«, entgegnete ihm der Teufel sogleich. »Ich werde das schon herausfinden«, zürnte der Richter, »oder Ihr seid des Todes. Ich verfüge hier über unbeschränkte Macht; niemand kann mich daran hindern, mit Euch zu machen, was ich will.«

Wutentbrannt drohte er, dem Fremden Leben und Besitz zu nehmen, wenn er ihm nicht sage, wer er sei und woher er komme. »Bevor Ihr mich zugrunde richtet, erteile ich Euch lieber Auskunft über meinen Namen und meine Herkunft«, sprach der Verfluchte eilig: »Ich werde der Teufel genannt.«

Der Richter fragte ihn nach seinem Gewerbe. »Das will ich dich wissen lassen. Ich werde in die Stadt gehen. Heute ist der Tag, an dem ich all das in Besitz nehmen werde, was man mir im Ernst abtritt.« Der Richter sagte: »Mach das und laß mich zuschauen, was du an diesem Markttag einnimmst!« »Nein, das will ich nicht«, sprach der Teufel. Der Richter beharrte: »Dann befehle ich dir, daß du keinen Schritt von mir weichst und mich alles sehen läßt, was du heute hier unternimmst. Ich befehle es dir bei Gott und dem ewigen Gesetz, dem alle unterstehen, und bei der Allmacht Gottes und bei Gottes Zorn und bei allen Geboten, die jemals ergangen sind, denen auch ihr nicht widerstehen könnt – weder du selbst noch deine Genossen –, bei all diesen Geboten befehle ich es dir. Ich befehle es dir beim Jüngsten Gericht, nur unter meinen Augen anzunehmen, was man dir heute geben wird.« »Ach, daß ich überhaupt existiere!« klagte da der Teufel. »Du hast mich in Fesseln geschlagen und bezwungen; noch nie bin ich in so große Bedrängnis gekommen. Soviel ich auch nachdenke, ich verstehe nicht, wozu es dir dienen sollte. Und da es ohne Nutzen für dich ist, stell mich von dieser Sache frei!«

Der Richter ließ nicht ab: »Was auch immer mir geschieht, das soll geschehen; ich will heute deine Einnahmen sehen.«

Der Teufel sprach: »So soll es denn sein. Es bedrückt mich sehr, daß du mich nicht freigibst. Wärest du wirklich weise, würdest du keinen Zwang ausüben. Deine Genossen und meine hegen ja große Feindschaft gegeneinander und werden ihrer niemals überdrüssig. Darum sollst du mich freilassen, wenn du dein Recht bewahren willst.«

Der Richter gab ihm zur Antwort: »Es braucht dich nicht zu belasten, daß ich mit dir gehen will. Sei es viel oder wenig, was dir heute freiwillig und ohne Vorbehalt gegeben wird, das will ich dich in Empfang nehmen sehen, selbst wenn es mir mißliebig sein sollte. Das erlasse ich dir keineswegs. Einwände dagegen zu erheben, fruchtet rein gar nichts.« »Dann laß deinen Zorn fahren«, sagte der verfluchte Geist. »Deine Unnachgiebigkeit wirst du heute noch zu spüren bekommen.« Der Richter aber war entzückt, daß er an diesem wunderbaren Vorhaben teilnehmen konnte. Das wurde ihm jedoch zum Verhängnis.

Beide gingen sogleich in die Stadt. Auf dem Markt drängten sich die Menschen. Dem Richter reichte man dort so manches Getränk, aber seinen Gefährten kannte niemand. Dem bot der Richter selbst Getränke an, aber der Teufel lehnte ab. Da fügte es sich, daß einem Weib von einem Schwein ein Ärgernis widerfuhr; das trieb sie sofort vor ihre Tür: »Scher dich zum Teufel!« schrie das zornige Weib, »der Teufel soll dich heute holen!« Der Richter sprach: »Geselle, nun nimm dir rasch das Schwein! Ich höre doch, man gibt es dir.« »Leider ist das nicht ernstgemeint«, entgegnete der Teufel, »ich würde es bereitwillig mitnehmen, wenn sie es mir wirklich geben wollte. Nähme ich es ihr weg, so täte es ihr leid.« So gingen sie weiter über den Markt. Genau weiß ich nicht, was einem anderen Weib zustieß, daß sie ihr Rind anfuhr: »Zum Teufel mit dir, der soll dich heute holen!«

Der Richter sprach: »Hast du wohl gehört, daß dir das Rind gegeben wurde?« »Eine solch plumpe List bringt keinen Erfolg«, bemerkte der Teufel sogleich, »sie wäre ein Jahr lang unglücklich, wenn sie gewahr würde, daß ich es mitnähme. Um Redensarten kümmere ich mich nicht, es war nicht wirklich ernstgemeint. Ich habe kein Recht auf dieses Rind.« Da sprach ein Weib zu seinem Kind:

»Wenn du nicht tust, was ich dir sage, soll dich der schlimme Teufel holen!« »Nun nimm doch das Kind!« mahnte der Richter. »Ich habe kein Recht darauf«, erwiderte der Teufel. »Sie überließe es mir nicht einmal, wenn ich ihr zweitausend Pfund gäbe. Ich nähme es gerne, wenn ich könnte.« Da schritten sie weiter voran, bis sie mitten auf den gut besuchten Marktplatz kamen, auf dem die Menschen an diesem Tag zusammengeströmt waren. Sie verlangsamten ihren Schritt. Eine Witwe ging auf sie zu, die krank, alt, gebrechlich und hinfällig war. Nur mit Mühe konnte sie an einem Stock gehen. Als sie den Richter erblickte, brach sie in Tränen aus und sprach: »Wie konntest du nur glauben, Richter, der du so mächtig bist wie ich arm, nicht leben zu können, wenn du mir nicht gegen alles Recht und gegen Gottes Gebot das einzige Kühlein abnähmest, von dem ich Arme lebe? Ich bin zu schwach und zu gebrechlich, um für meinen Unterhalt noch betteln gehen zu können. Du hast nichts als Spott für mich übrig. Nun bitte ich Gott, um des Todes und um der grimmigen Pein Christi willen, die er in seiner Menschheit für uns Arme alle erlitten hat, daß der Teufel deine Seele und deinen Leib mit sich davonnähme.« Da sprach der Teufel zum Richter: »Diese Rede ist ernstgemeint. Paß auf!« Er packte ihn fest bei den Haaren und riß ihn mit sich in die Lüfte, so daß es alle sehen konnten, die auf dem Marktplatz standen. Diese Reise mochte ihm wohl beschwerlich werden. Es erging ihm schlimmer als einem Huhn mit dem Adler. Der Teufel hatte es eilig fortzukommen. Alle Leute sahen ihm nach. Was geschah, als man ihn in der Ferne schwinden sah, weiß ich nicht. Hier endet die Geschichte. Der Richter wurde mit seinen eigenen Waffen geschlagen. Er glaubte, etwas gewinnen zu können und verlor doch alles. Wer mit dem Teufel Umgang pflegt, ist immer schlecht beraten. Wer sich mit ihm einläßt, zieht den kürzeren. Denn er versteht sich auf so viele Ränke, daß es gut ist, ihn zu fürchten.

Geoffrey Chaucer

DER BÜTTEL UND DER TEUFEL

Und so geschah es denn an einem Tag,
Daß dieser Büttel auf der Lauer lag,
Um eine alte Witwe vorzuladen,
Sie zu erpressen auf Bestechungspfaden.
So ritt er aus und sah vor sich vom weiten
Am Wald hin einen schönen Lehnsmann reiten,
Der einen Überrock von grünem Tuch
Und Pfeil und Bogen, blank und schneidig, trug;
Mit schwarzen Fransen war besetzt sein Hut.
    ›Herr‹, rief der Büttel, ›Heil, das trifft sich gut!‹
›Willkommen‹, sprach der, ›jeder gute Mann!
Wohin des Wegs hier durch den grünen Tann?
Soll's heut noch weit gehn in die Welt hinein?‹
    Worauf der Büttel sagte: ›Nein, o nein;
Ich denke hier ganz nahebei nur eben
Zu reiten, eine Rente zu erheben,
Die meinem Herrn man lange schuldet da.‹
    ›Dann bist du wohl ein Amtmann?‹ – Er sagt': ›Ja.‹
Vor lauter Scham, das schmutzige Wort zu nennen,
Wollt er sich nicht als Büttel ihm bekennen.
    ›*Par dieu,* als lieben Bruder grüß ich dich,
Du bist ein Amtmann, und das bin auch ich.
Ich bin in dieser Gegend unbekannt;
Drum reiche mir in Freundschaft deine Hand,
Und laß uns Brüder sein, wenn dir's gefällt.
Ich hab im Kasten Gold- und Silbergeld;
Wenn du in unsre Grafschaft kommen solltest,
Gehört es dir, wieviel du auch nur wolltest.‹
    ›Wahrhaftig‹, sprach der Büttel, ›*grand merci!*‹
Und Hand in Hand gelobten treulich sie
Sich Brüderschaft bis an ihr Lebensziel.
So ritten weiter sie bei Scherz und Spiel.
    Der Büttel, der nur Schändliches ausheckte

Und wie ein Würger voller Bosheit steckte,
Forscht' alles, was er konnte, gierig aus.
›Mein Bruder‹, sprach er, ›wo ist denn dein Haus?
Ich suche dich vielleicht einmal dort auf.‹
Mit sanften Worten sprach der Lehnsmann drauf:
    ›Es liegt im Norden, Bruder, weit von hier,
Doch hoff ich, dich dereinst zu sehn bei mir.
Ich zeige dir den Weg, eh wir uns trennen,
Dann wirst du's sicher nicht verfehlen können.‹
    ›Ich habe‹, sprach der Büttel, ›eine Bitte,
Erzählt mir doch auf unserm Freundschaftsritte,
Da Ihr ein Amtmann seid so gut wie ich,
Aufrichtig diesen oder jenen Schlich,
Wie wir im Dienst die meiste Beute machen;
Nur plagt Euch nicht viel mit Gewissenssachen,
Und sagt mir als mein Bruder, wie Ihr's macht.‹
    ›Nun, meiner Treu‹, sprach jener, ›gib denn acht,
Ich will dir's sagen und ganz ehrlich sein,
Mein Lohn ist knapp bemessen und sehr klein.
Mein Herr ist hart und zahlt dazu sehr spärlich,
Daneben ist mein Dienst oft sehr beschwerlich,
Da muß ich also von Erpressung leben.
Ich nehme alles, was die Leute geben.
So schaff ich teils mit List, teils mit Gewalt
Von Jahr zu Jahr all meinen Unterhalt.
Dies, soll ich's ehrlich sagen, ist mein Brauch.‹
    ›Nun‹, sprach der Büttel, ›grad so mach ich's auch.
Ich nehme alles ohne Scheu, Gott weiß,
Wenn es zu schwer nicht ist und nicht zu heiß.
Was im geheimen ich bekomm heraus,
Da mach ich mir gar kein Gewissen draus.
Ohne Erpressung könnt ich gar nicht leben,
Von solcher List werd ich nicht Beichte geben.
Mich drückt nichts im Gewissen und im Magen;
Die Herrn Beichtväter mag der Teufel plagen.
Bei Gott und bei Sankt Jakob, es war fein,
Daß wir uns trafen; doch jetzt, Bruder mein,

Sag deinen Namen mir.‹ – Und derweil schlich
Ein Lächeln um des Lehnsmanns Züge sich.
   Er sprach: ›Soll ich ihn nennen dir, Geselle?
Ich bin ein Teufel, wohne in der Hölle,
Und auf Erwerb aus bin ich Tag für Tag,
Zu sehen, wer mir etwas geben mag.
Was ich erwerbe, das ist mein Gewinn.
Und sieh, du reitest in demselben Sinn;
Wie du's gewinnst, das ist dir völlig gleich,
So ist's auch mir; ich reit durch den Bereich
Ans Ende dieser Welt, bis ich's erjagt.‹
   ›Ei, *benedicite!* Was Ihr da sagt!
Ich dacht, Ihr wärt ein Amtmann, sicherlich.
Ihr seht ja wie ein Mensch aus, grad wie ich;
Habt Ihr in Eurem Höllenaufenthalt
Denn ganz bestimmte Formung und Gestalt?‹
   ›Gewißlich nicht, dort haben wir noch keine;
Doch wenn wir wollen, nehmen wir uns eine,
Zum wenigsten erscheinen wir geschaffen
Für euch wie Menschen bald und bald wie Affen,
Auch kann ich wie ein Engel gehn und schweben.
Dabei ist es kein großes Wunder eben;
Ein lausiger Gaukler weiß zu täuschen dich,
Und doch, *pardi,* was ist er gegen mich!‹
   ›Und weshalb‹, sprach der Büttel, ›geht Ihr bald
In dieser, bald in anderer Gestalt?‹
   ›Weil wir‹, sprach er, ›stets solche Formen tragen,
Die uns gestatten, Beute zu erjagen.‹
   ›Was treibt Euch denn zu all der Plackerei?‹
   ›Ach‹, sprach der Teufel, ›Gründe mancherlei
– Doch jedes Ding hat seine Zeit, mein Lieber –.
Der Tag ist kurz, und Primzeit ist vorüber,
Noch habe ich für heute nichts gewonnen.
Erwerb zu machen, bin ich jetzt gesonnen,
Und nicht, dir zu erörtern alles fein.
Dein Geist, mein Bruder, ist wohl doch zu klein,
Es zu verstehn, wollt ich es dir erzählen.

Doch da du fragst, warum wir uns so quälen:
Zuweilen werden wir in Gottes Hand
Als Werkzeug seines Willens wohl verwandt
Zu manchem Zweck, in mancherlei Gestalten
Will grad er so mit den Geschöpfen walten.
Wir haben ohne ihn in dieser Welt
Nicht Macht, wenn er sich uns entgegenstellt.
Manchmal erlaubt er uns, den Leib zu fassen,
Und heißt, die Seele ungestört zu lassen;
Hiob bezeugt's, den schwer wir ließen leiden.
Doch manchmal haben Anteil wir an beiden,
Das heißt sowohl an Leibern wie an Seelen.
Und manchmal dürfen wir nur seelisch quälen
Den Menschen, haben aber sonst nicht teil
Am Leib, und alles dient nur seinem Heil.
Denn wenn er der Versuchung widersteht,
Wird er zur ewigen Seligkeit erhöht,
Obwohl wir niemals darauf ausgegangen,
Ihn zu erretten, sondern ihn zu fangen.
Zuweilen dienen auch dem Menschen wir;
So ging es bei dem heiligen Dunstan mir,
So wie ich des Apostels Knecht auch war.‹
   ›Doch‹, sprach der Büttel, ›sagt mir wahr und klar,
Steigt stets ihr nur in neue Körper ein
Aus andrem Stoff?‹ Der Teufel sagte: ›Nein.
Zuweilen ist es Blendwerk; wir erheben
In toten Leibern uns zu neuem Leben
Und sprechen so vernünftig und voll Sinn
Wie Samuel einst zur Wahrsagerin.
(Doch einige behaupten, er war's nie;
Ich kümmre mich nicht um Theologie.)
Doch eines will ich dir jetzt warnend sagen:
Du fragst mich, was wir für Gestalten tragen;
Du kommst bald, lieber Bruder, selbst dahin,
Wo meine Lehre nicht verlangt dein Sinn.
Du kannst aus eigenem Erfahrungsschatz
Dann vom Katheder besser diesen Satz

Behandeln als Vergil zu Lebenszeiten
Und Dante gleichfalls. Laß uns weiterreiten,
Ich bliebe gern, bis es dir selbst gefällt,
Mich zu verlassen, noch mit dir gesellt.‹
    ›Nein‹, Sprach der Büttel drauf, ›nein, nimmermehr!
Ich bin bekannt als Amtmann weit umher;
Ich halt mein Ehrenwort stets, glaub mir das.
Und wärst du selbst der Teufel Satanas,
Ich halte dir mein Wort, so wie ich dir,
Mein Bruder, zugeschworen und du mir,
Als Brüder treu einander beizustehen,
Derweil wir beide dem Geschäft nachgehen.
Nimm du dein Teil, was dir die Leute geben,
Ich auch; so können wir dann beide leben.
Nimmt einer mehr wohl als der andre ein,
So teilt er's redlich mit dem Bruder fein.‹
    ›So sei's‹, versetzt' der Teufel, ›auf mein Wort.‹
Und damit ritten sie des Weges fort.
Und als sie waren nah der Stadt gekommen,
Die sich der Büttel heut zum Ziel genommen,
Sahn einen Wagen sie, mit Heu beladen,
Ein Fuhrmann trieb ihn an auf schlechten Pfaden.
Tief war die Spur, der Wagen festgerannt.
Der Fuhrmann hieb und schrie wie hirnverbrannt:
›Hü, Brok! Hü, Scot! Was fürchtet ihr die Steine?
Daß euch der Teufel hole, Fleisch und Beine,
Stracks wie die Stute euch zur Welt gebracht,
Da ihr nur ewige Schinderei mir macht!
Hol euch der Teufel, Heu und Pferd' und Wagen!‹
    Der Büttel sprach: ›Hier gibt's was zu erjagen.‹
Er rückt dem Teufel unauffälligerweise
Dicht auf den Leib und raunt ins Ohr ihm leise:
›Horch, lieber Bruder, horch! Hörst du denn nicht,
Bei meiner Treu, was da der Fuhrmann spricht?
Greif zu sogleich, denn er gibt es dir frei,
Heu, Wagen und die Gäule alle drei.‹
    ›Nein‹, sprach der Teufel dann, ›da irrst du dich!

Weiß Gott, so meint er's nicht, vertrau auf mich.
Traust du mir nicht, magst du ihn fragen gehen;
Doch wart ein Weilchen, gleich wirst du es sehen.‹
    Und auf der Pferde Kruppen peitschte dann
Der Fuhrmann, und sie zogen kräftig an.
›Hü! Nun mög Jesus Christ euch gnädig sein
Und jeglichem Geschöpfe groß und klein!
Hast gut gezogen, alter grauer Schimmel.
Eligius steh dir bei und Gott im Himmel!
Der Wagen ist wahrhaftig aus dem Loch!‹
    Der Teufel sprach: ›Sieh, Bruder, sagt ich's doch?
Hier, lieber Bruder, wirst du selbst gewahr,
Daß, was der Kerl sprach, nicht sein Wille war.
Wir ziehen besser unsres Wegs von hinnen;
An dieser Fuhre ist nichts zu gewinnen.‹
    Als sie kaum waren aus des Städtchens Tor,
Da raunt der Büttel seinem Freund ins Ohr:
›Hier, Bruder‹, sprach er, ›wohnt ein altes Weib,
Das eher Leben ließe und den Leib,
Als einen Groschen nur herauszurücken.
Doch denk ich zwölf ihr heute rauszudrücken,
Wenn nicht, wird sie auf unser Amt zitiert;
Zwar weiß ich nicht, was Böses sie vollführt.
Doch hierzulande kommt nicht anders man
Auf seine Kosten, nimm ein Beispiel dran.‹
    Der Büttel klopfte an der Witwe Haus.
›Du alte Vettel‹, rief er, ›komm heraus!
Du hast gewiß Mönch oder Pfaff bei dir.‹
    ›Hilf Himmel!‹ sprach das Weib, ›wer klopft bei mir?
Gott grüß Euch, Herr, was wünschen Euer Gnaden?‹
    ›Ich hab hier einen Schein, dich vorzuladen;
Der Bann steht drauf, verfügst du morgen nicht
Dich ins Archidiakonatsgericht.
Wo du gewißlich zu verhören bist.‹
    ›So wahr mein Herr und Heiland Jesus Christ
Mir helfe, seh ich keine Möglichkeit.
Ich bin doch krank, und schon geraume Zeit.

Ich kann so weit nicht fahren, gehn noch reiten,
Ich stürbe dran, so sticht's mir in den Seiten.
Darf ich wohl bitten, daß man's schriftlich fasse,
Damit ich's meinem Anwalt überlasse,
Für mich auf die Beschuldigung einzugehen?‹
    ›Hm!‹ sprach der Büttel, ›freilich, laß mal sehen,
Zahl mir zwölf Groschen, dann laß ich dich frei.
Klein ist für mich nur der Profit dabei;
Der Haupterwerb wird meinem Herrn zuteil.
Doch mach, denn ich muß ziehn und habe Eil;
Zwölf Groschen her, eh ich von dannen zieh.‹
    ›Zwölf Groschen! Bei der Heiligen Frau Marie,
Mag sie von Sünden mich und Not befrein,
Und würd die weite Welt dafür auch mein,
Stehn mir doch nicht zwölf Groschen zu Gebot.
Wohl wißt Ihr, ich bin arm und alt, halbtot;
Ach, gebt *mir* Armen eine kleine Gabe.‹
    ›Hol mich der Teufel, wenn ich Nachsicht habe,
Und stürbst du auch!‹ schrie er voll Ungeduld.
    ›Weiß Gott‹, sprach sie, ›ich habe keine Schuld.‹
    ›Bezahl‹, rief er, ›sonst, bei der heiligen Anne,
Nehm ich sogleich dir diese neue Pfanne
Für eine alte Schuld von dazumal.
Als du zum Hahnrei machtest den Gemahl,
Zahlt ich für dich das Bußgeld da zu Haus.‹
    ›Du lügst, bei meinem Heile!‹ rief sie aus,
›Als Witwe oder Frau kein einzigmal
Ward ich zitiert vor euer Tribunal,
Bin treu gewesen stets, solang ich lebe!
Dem rauhen, schwarzen Teufel übergebe
Ich meine Pfann und dazu deinen Leib!‹
    Und als der Teufel hört, wie so das Weib
Auf ihren Knieen flucht, spricht er zu ihr:
›Nun, liebe Mutter Mabely, sagt mir,
Ist das in vollem Ernst von Euch gemeint?‹
    ›Nehm ihn lebendigen Leibs der böse Feind,
Wenn's ihn nicht reut, mitsamt der Pfanne hin!‹

›Nein, alte Kuh, so steht mir nicht der Sinn‹,
Versetzt' der Büttel, ›daß ich Reue spürte
Um irgend etwas, das ich dir entführte.
Ich wollt, es wär dein Hemd und ganzer Kram!‹
    ›Nun‹, sprach der Teufel, ›Freund, sei mir nicht gram;
Dein Leib samt dieser Pfanne sind mein eigen.
Heut nacht wirst du mit mir zur Hölle steigen,
Dort lernst du mehr von unsrer Heimlichkeit
Als ein Magister eurer Geistlichkeit.‹
Und Leib und Seele packte bei dem Wort
Der Teufel und entführte sie zum Ort,
Der Bütteln ist als Erbsitz zugedacht.
Gott, der nach seinem Bilde uns gemacht,
Er rett und leit uns alle insgemein
Und laß den Bütteln Beßrung angedeihn!
    Ihr Herren, noch viel mehr könnt ich bekunden
Vom Büttel hier, hätt ich die Zeit gefunden,
Nach Christi Text und Paulus und Johannes
Und nach dem Wort manch schriftgelehrten Mannes
Von solcher Qual, daß es im Herzensgrund
Euch schauderte; doch könnte euch kein Mund
In tausend Jahren melden all den Graus,
Der die Verdammten quält im Höllenhaus.
Drum wacht und betet, damit Christi Güte
Vor dem verfluchten Ort uns stets behüte
Sowie vor dem Versucher Satanas.
Hört dieses Wort! Und gebt hier acht auf das:
›Der Löwe sitzt und lauert allerwegen,
Sofern er kann, die Unschuld zu erlegen.‹
Stärkt eure Herzen, um zu widerstehen
Dem Teufel, seiner Knechtschaft zu entgehen.
Die Stärke des Versuchers reicht nicht weiter
Als eure Kraft, denn Christ ist euer Streiter.
Und betet, daß die Büttel ihre Taten
Bereun, eh sie in Teufels Macht geraten!

E. T. A. Hoffmann

Aus dem Leben eines bekannten Mannes

Im Jahr Eintausend fünfhundert und einundfünfzig ließ
sich, zumal in der Abenddämmerung und des Nachts, auf
den Gassen von Berlin ein Mann blicken von feinem statt-
lichen Ansehen. Er trug ein schönes Wams mit Zobel ver-
brämt, weite Pluderhosen und geschlitzte Schuhe, auf
dem Kopf aber ein bauschichtes Samtbarett mit einer ro-
ten Feder. Seine Gebärden waren angenehm und sittig, er
grüßte höflich jedermann, vorzüglich aber die Frauen und
Mädchen, pflegte auch wohl diese mit verbindlichen
wohlgesetzten Reden auf anmutige Weise anzusprechen.
»Donna, gebietet doch nur über Euern untertänigen Diener, wenn Ihr in Euerm Herzen einen Wunsch traget, damit er seine geringen Kräfte dazu verwende, Euch ganz zu
Willen zu sein!« So sprach er zu den vornehmen Weibern.
Und dann zu den Jungfrauen: »Der Himmel möge Euch
doch einen Eheliebsten bescheren, der Eurer Schönheit
und Tugend ganz würdig!« Ebenso artig bezeigte er sich
gegen die Männer, und so war es kein Wunder, daß jeder
den Fremden liebgewann und ihm gern zu Hülfe kam,
wenn er verlegen an einer breiten Gosse stand und nicht
wußte, wie hinüberkommen. Denn unerachtet er sonst
groß und schön gewachsen, hatte er doch einen lahmen
Fuß und mußte sich auf einen Krückstock stützen. Reichte
ihm nun einer die Hand, so sprang er mit ihm wohl an die
sechs Ellen hoch in die Luft und kam über die Gosse hinweg zwölf Schritte davon auf die Erde nieder. Das verwunderte denn die Leute wohl ein wenig, und mancher
verstauchte sich hin und wieder auch wohl das Bein, der
Fremde entschuldigte sich aber damit, daß er sonst, als
noch sein Fuß nicht lahm, an dem Hofe des Königs von
Ungarn Vortänzer gewesen, daß ihm daher, verhelfe man
ihm nur zu einigem Springen, gleich die alte arge Lust an-
wandle, und daß er wider seinen Willen dann erklecklich

in die Luft fahren müsse, als tanze er noch zu selbiger Zeit. Dabei beruhigten sich die Leute und ergötzten sich zuletzt daran, wenn bald ein Ratsherr, bald ein Pfaff, bald ein anderer ehrenwerter Mann mit dem Fremden hopste. So lustig und guter Laune aber auch der Fremde schien, so änderte sich doch sein Betragen manchmal auf ganz verwunderliche Weise. Denn es begab sich, daß er nachts umherging auf den Gassen und an die Türen klopfte. Und öffneten die Leute, so stand er vor ihnen in weißen Totenkleidern und erhob ein jämmerliches Geheul und Geschrei, worüber sie sich gar sehr entsetzten. Andern Tages entschuldigte er sich aber und versicherte, er sei genötigt, das zu tun, um sich und die guten Bürger an den sterblichen Leib zu erinnern und an ihre unsterbliche Seele, zu deren Besten sie auf ihrer Hut sein müßten. Dabei pflegte er ein wenig zu weinen, welches die Leute ungemein rührte. Bei jedem Begräbnis fand sich der Fremde ein, folgte der Leiche mit ehrbaren Schritten und gebärdete sich gar traurig, so daß er vor lauter Wehklagen und Schluchzen nicht vermochte, in die geistlichen Lieder einzustimmen. So wie er sich aber bei solcher Gelegenheit ganz dem Mitleiden überließ und dem Gram, so war er auch ganz Vergnügen und Lust bei den Hochzeiten der Bürger, die damals gar stattlich auf dem Rathause ausgerichtet wurden. Da sang er mit lauter anmutiger Stimme die unterschiedlichsten Weisen, spielte auf der Zither, tanzte wohl stundenlang mit der Braut und den Jungfrauen auf dem gesunden Beine, das lahme geschickt an sich ziehend, und betrug sich ehrbar und sittig. Das beste und weshalb die Brautleute den Fremden gar gern sahen, war aber, daß er bei jeder Hochzeit dem Brautpaar die schönsten Verehrungen machte von güldenen Ketten und Spangen und anderm köstlichen Gerät. Es konnte nicht fehlen, daß die Frömmigkeit, Tugend, Freigebigkeit, Sittlichkeit des Fremden in der ganzen Stadt Berlin bekannt wurde und selbst dem Kurfürsten zu Ohren kam. Der meinte, ein solcher ehrenwerter Mann wie der Fremde müsse seinen Hof gar sehr schmücken, und ließ ihn fragen, ob er nicht eine Hofbedienung annehmen wolle. Der Fremde schrieb aber mit zinnoberroten Buchstaben auf einem Pergamentblättlein von anderthalb Ellen in der Breite und ebensoviel in der Länge zurück, er danke unterwürfig für die ihm angebotene Ehre, bitte aber den Hochwürdigen Durchlauchtigsten Herrn, ihn das ruhige Bürgerleben, welches seinem Gemüt ganz und gar zusage, in Frieden genießen zu lassen. Berlin habe er vor vielen andern Städten zu seinem Aufenthalt gewählt, weil er nirgends so liebe Menschen gefunden und soviel Treue und Aufrichtigkeit, soviel Sinn für feine anmutige Sitten, wie sie ganz in seiner eignen Art und Weise lägen. Der Kurfürst und mit ihm der ganze Hof bewunderte höchlich die schönen Redensarten, in denen das Schreiben des Fremden verfaßt, und dabei behielt es sein Bewenden.

Es begab sich, daß zur selben Zeit des Ratsherrn Walter Lütkens Ehefrau zum erstenmal gesegneten Leibes war. Die alte Wehmutter Barbara Roloffin prophezeite, daß die hübsche gesunde Frau gewiß eines holden Knäbleins genesen würde, und so war Herr Walter Lütkens ganz Freude und Hoffnung.

Der Fremde, der auf Herrn Lütkens Hochzeit gewesen, pflegte dann und wann bei ihm einzusprechen, und so kam es denn, daß er einmal in der Abenddämmerung unvermutet eintrat, als eben die Barbara Roloffin zugegen.

Sowie die alte Barbara den Fremden erblickte, erhob sie ein lautes helles Freudengeschrei, und es war, als wenn plötzlich die tiefen Runzeln ihres Angesichts sich ausglätteten, als wenn die weißen Lippen und Wangen sich röteten, kurz, als wenn Jugend und Schönheit, der sie längst Valet gegeben, noch einmal wiederkehren wolle. »Ach, ach, Herr Junker, seh' ich Euch denn wirklich hier zur Stelle? Ei! – seid mir doch schönstens gegrüßt!« – so rief die Barbara Roloffin und wäre beinahe dem Fremden zu Füßen gesunken. Der fuhr sie aber an mit zornigen Worten, indem Feuerflammen aus seinen Augen sprühten.

Doch niemand verstand, was er mit der Alten sprach, die bleich und runzlicht wie vorher, sich leise wimmernd in ein Winkelchen zurückzog.

»Lieber Herr Lütkens«, sprach nun der Fremde zu dem Ratsherrn, »seht Euch wohl vor, daß in Eurem Hause nichts Böses geschehe und daß zumal bei der Niederkunft Eurer lieben Hausfrau alles glücklich vonstatten gehe. Die alte Barbara Roloffin ist in ihrer Kunst gar nicht so geschickt, wie Ihr wohl vermeinen möget. Ich kenne sie schon lange und weiß es wohl, daß sie schon manchmal Wöchnerin und Kind verwahrloste.« Beiden, dem Herrn Lütkens und seiner Hausfrau, war bei dem ganzen Vorgange sehr ängstlich und unheimlich zumute geworden, und schöpften sie gegen die Barbara Roloffin, zumal wenn sie daran dachten, wie die Alte sich in Gegenwart des Fremden so seltsamlich verwandelt, nicht geringen Verdacht, daß sie wohl gar böse Künste treibe. Deshalb verboten sie ihr, wieder über die Schwelle des Hauses zu kommen und sahen sich nach einer anderen Wehmutter um.

Als dies geschah, wurde die alte Barbara Roloffin sehr zornig und rief: Herr Lütkens und seine Hausfrau sollten das Unrecht, das sie ihr antäten, noch schwer bereuen.

Alle Freude und Hoffnung des Herrn Lütkens wurde aber verwandelt in bittres Herzeleid und tiefen Gram, als seine Hausfrau statt des holden Knäbleins, das die Barbara Roloffin prophezeit, einen abscheulichen Wechselbalg zur Welt brachte. Das Ding war ganz kastanienbraun, hatte zwei Hörner, dicke große Augen, keine Nase, ein weites Maul, eine weiße verkehrte Zunge und keinen Hals. Der Kopf stand ihm zwischen den Schultern, der Leib war runzlicht und geschwollen, die Arme hingen an den Lenden, und es hatte lange dünne Schenkel.

Herr Lütkens klagte und lamentierte gar sehr. »O du gerechter Himmel«, rief er, »was soll denn daraus werden! Kann mein Kleines wohl jemals in des Vaters würdige Fußstapfen treten? Hat man jemals einen kastanienbraunen Ratsherrn gesehen mit zwei Hörnern auf dem Kopfe?«

Der Fremde tröstete den armen Herrn Lütkens, so gut es gehen wollte. Eine gute Erziehung, meinte er, vermöge viel. Unerachtet, was Form und Gestaltung beträfe, der neugeborne Knabe ein arger Schismatiker zu nennen, getraue er sich doch zu behaupten, daß er mit seinen dicken großen Augen gar verständig umherblicke, und auf der Stirn zwischen den Hörnern habe viel Weisheit geräumigen Platz. Wenn auch nicht Ratsherr, so könne doch der Junge ein großer Gelehrter werden, denen oft absonderliche Garstigkeit sehr wohl anstehe und ihnen tiefe Verehrung erwerbe.

Es konnte wohl nicht anders sein, Herr Lütkens mußte im Herzen sein Unglück der alten Barbara Roloffin zuschreiben, zumal als er vernahm, daß sie während der Niederkunft seiner Hausfrau vor der Türe auf der Schwelle gesessen, und Frau Lütkens unter vielen Tränen versicherte, daß sie während den Geburtsschmerzen das häßliche Gesicht der alten Barbara stets vor Augen gehabt und solches nicht loswerden können.

Zur gerichtlichen Anklage wollte zwar der Verdacht des Herrn Lütkens nicht hinreichen, der Himmel fügte es jedoch, daß bald darauf alle Schandtaten der alten Barbara Roloffin an das helle Tageslicht kamen.

Es begab sich nämlich, daß nach einiger Zeit sich um die Mittagsstunde ein grausames Wetter und ungestümer Wind erhob. Und die Leute auf den Straßen sahen, wie die Barbara Roloffin, die eben zu einer Kindbetterin gehen wollen, brausend durch die Lüfte über die Hausdächer und Türme hinweg geführt und auf einer Wiese vor Berlin unversehrt niedergesetzt wurde.

Nun war an den bösen Höllenkünsten der alten Barbara Roloffin nicht mehr zu zweifeln, Herr Lütkens trat mit seiner Anklage hervor, und die Alte wurde zur gefänglichen Haft gebracht.

Sie leugnete hartnäckig alles, bis man mit der scharfen

Frage wider sie verfuhr. Da vermochte sie nicht, die Schmerzen zu erdulden, und gestand, daß sie im Bündnis mit dem leidigen Satan schon seit langer Zeit allerlei heillose Zauberkünste treibe. Sie hätte allerdings die arme Frau Lütkens verhext und ihr die abscheuliche Mißgeburt untergeschoben, außerdem aber mit zwei andern Hexen aus Blumberg, denen vor einiger Zeit der teuflische Galan den Hals umgedreht, viele Christenkinder geschlachtet und gekocht, um Teurung im Lande zu erregen.

Nach dem Urteilsspruch, der bald erfolgte, sollte das alte Hexenweib auf dem Neumarkt lebendig verbrannt werden.

Als nun der Tag der Hinrichtung herangekommen, wurde die alte Barbara unter dem Zulauf einer unzähligen Menge Volks auf den Neumarkt und auf das daselbst erbaute Gerüst geführt. Man befahl ihr, den schönen Pelz, den sie angetan, abzulegen, das wollte sie aber durchaus nicht tun, sondern bestand darauf, daß die Henkersknechte sie gekleidet wie sie war an den Pfahl binden sollten, welches denn auch geschah.

Schon brannte der Scheiterhaufen an allen vier Ecken, da gewahrte man den Fremden, der riesengroß unter dem Volke hervorragte und mit funkelnden Blicken hinstarrte nach der Alten.

Hoch wirbelten die schwarzen Rauchwolken auf, die prasselnden Flammen ergriffen die Kleider des Weibes, da schrie sie mit gellender entsetzlicher Stimme: »Satan – Satan! hältst du so den Pakt, den du mit mir geschlossen! – Hilf, Satan, hilf! meine Zeit ist noch nicht aus!«

Und plötzlich war der Fremde verschwunden, und von dem Ort, wo er gestanden, rauschte eine große schwarze Fledermaus auf, fuhr in die Flammen hinein, erhob sich kreischend mit dem Pelz der Alten in die Lüfte, und krachend fiel der Scheiterhaufen in sich zusammen und verlöschte.

Grausen und Entsetzen hatte alles Volk erfaßt. Jeder wurde nun wohl inne, daß der stattliche Fremde kein anderer gewesen als der Teufel selbst, der Arges gegen die guten Berliner im Schilde geführt haben mußte, da er sich so lange Zeit hindurch fromm und freundlich gebärdet und mit höllischer Arglist den Ratsherrn Walter Lütkens und viele andere weise Männer und kluge Frauen betrogen.

So groß ist die Macht des Teufels, vor dessen Arglist uns alle der Himmel in Gnaden bewahren wolle!

Viertes Kapitel

DER HÖLLENFÜRST

Caesarius von Heisterbach

HÖLLENFAHRT EINES KLERIKERS

Was ich jetzt berichten will, hat mir unser Mönch Konrad öfter erzählt, der fast hundertjährig ist und dessen ich schon früher erwähnt habe. Da er aus Thüringen stammt und, ehe er Mönch wurde, das Kriegshandwerk pflegte, so hat er viel von den Taten des Landgrafen Ludwig gehört. Dieser hinterließ bei seinem Tode als Erben zwei Söhne, Ludwig, der auf dem ersten Kreuzzuge, der zu Kaiser Friedrichs Zeit stattfand, starb, und Hermann, der diesem in der Herrschaft folgte und kürzlich gestorben ist. Ludwig, der ziemlich sanft und menschlich, oder richtiger gesagt, weniger schlecht als die übrigen Tyrannen war, erließ folgende Bekanntmachung: Wenn jemand ist, der nach wahren Anzeichen mir die Wahrheit über die Seele meines Vaters sagen kann, soll er einen schönen Hof von mir erhalten. Dies hörte ein armer Ritter, dessen Bruder, ein Kleriker, einst in der schwarzen Kunst recht bewandert gewesen war. Als er diesem des Fürsten Worte mitteilte, sagte der Kleriker: Guter Bruder, einst pflegte ich den Teufel herbeizubeschwören; ich erfuhr von ihm, was ich wollte; aber längst habe ich auf seine Gespräche und Künste verzichtet. Da der Ritter aber nicht abließ, ihm die eigene Armut und die verheißene Ehre vorzustellen, gab er endlich den Bitten nach und beschwor einen Dämon. Dieser fragte, was er wolle. Der Kleriker sagte: Mich reut es, daß ich so lange mit dir nicht verkehrt habe. Teile mir um alles in der Welt mit, wo die Seele meines Herrn, des Landgrafen, ist. Der Dämon sprach: Willst du mitkommen, so will ich sie dir zeigen. Drauf jener: Gern möchte ich sie sehen, wenn es ohne Gefahr meines Lebens geschehen könnte. Und der Teufel: Ich schwöre dir bei dem Höchsten und bei seinem furchtbaren Gericht, daß, wenn du dich mir anvertraust, ich dich unversehrt dorthin und wieder zurückbringen werde. Der Kleriker gab um des

Bruders willen seine Seele in des Dämons Hände und stieg
ihm auf den Hals, worauf jener ihn alsbald vor dem Höl-
lentor niedersetzte. Hineinblickend, sah er fürchterliche
Orte, die verschiedensten Arten von Qualen und sah einen
Dämon von gräßlicher Gestalt, der auf einem verdeckten
Brunnen saß. Bei diesem Anblick zitterte er am ganzen

Leibe. Und der Dämon schrie seinem Gefährten zu: Wer ist es, den du auf dem Rücken trägst? Bring ihn her! Der andre erwiderte: Es ist unser Freund, und ich habe ihm bei deiner großen Macht geschworen, ihm kein Leid zu tun, sondern ihm die Seele seines Herrn, des Landgrafen, zu zeigen und ihn wohlbehalten zurückzubringen, damit er allen deine unermeßliche Stärke verkünde.

Sogleich schob jener den feurigen Deckel weg, worauf er saß, steckte eine eherne Posaune in den Brunnen und blies so gewaltig, daß der Kleriker die ganze Welt klingen zu hören meinte. Nach einer Stunde, die ihm recht lang vorkam, spie der Brunnen Schwefelflammen aus, und mit den aufsteigenden Funken stieg der Landgraf auf und zeigte sich dem Kleriker bis zum Halse. Er sagte zu ihm: Da bin ich, der unglückliche Landgraf, einst dein Herr, der jetzt wollte, er wäre nie geboren. Der Kleriker sagte: Mich schickt Euer Sohn, daß ich ihm von Euch berichte, und wenn Euch irgendwie geholfen werden kann, müßt Ihr es mir sagen. Jener antwortete: Meinen Zustand siehst du. Wisse jedoch, wenn meine Söhne die und die Besitzungen der und der Kirchen (er nannte sie mit Namen), die ich mir unrechtmäßig angeeignet und ihnen hinterlassen habe, zurückgeben wollten, so würden sie meiner Seele große Erleichterung verschaffen. Und da der Kleriker sagte: Herr, sie werden mir nicht glauben, antwortete er: Ich will dir ein Zeichen sagen, das niemand kennt als ich und meine Söhne. Nachdem er dieses erhalten und den Landgrafen wieder in den Brunnen hatte versinken sehen, ward er von dem Dämon zurückgeführt. Er behielt zwar das Leben, kehrte aber so blaß und schwach zurück, daß er kaum wiederzuerkennen war. Er berichtete den Söhnen die Worte ihres Vaters und nannte das Zeichen, aber jenem nützte es wenig; sie waren nicht zu bewegen, die Güter zurückzuerstatten. Landgraf Ludwig antwortete dem Kleriker: Das Zeichen erkenne ich; daß du meinen Vater gesehen hast, bezweifle ich nicht, den versprochenen Lohn will ich dir nicht verweigern. Jener aber sagte: Herr, behaltet Euren Hof; ich werde erwägen, was meiner Seele gut ist. Er gab alles hin und ward Mönch im Cistercienserorden, bereit, alle irdische Mühsal zu tragen, auf daß er nur den ewigen Strafen entginge.

Die Strafe des Landgrafen Ludwig

Landgraf Ludwig war ein arger Tyrann. Als sein Tod nahte, befahl er seinen Freunden und sagte: Sobald ich tot bin, zieht mir eine Cistercienserkapuze an, gebt aber wohl acht, daß es nicht geschehe, während ich noch lebe. Sie gehorchten; er starb und ward mit der Kapuze bekleidet. Als das ein Ritter sah, sprach er spottend zu den Gefährten: Wahrlich, mein Herr ist ohne gleichen in jeder Tugend. Solange er Ritter war, übertraf ihn niemand in Kriegstaten. Jetzt als Mönch kann er allen als Vorbild in der Strenge dienen. Seht nur, wie sorgsam er das Schweigen innehält, er spricht auch nicht ein Wort. Als aber die Seele dem Leibe entführt war, ward sie dem Oberhaupt der Dämonen vorgeführt, wie es einem deutlich offenbart worden ist. Dieser Höllenfürst, der auf einem Brunnen saß und einen Becher in der Hand hielt, begrüßte den Landgrafen mit diesen Worten: Willkommen, geliebter Freund! Zeigt ihm unsre Gastgelage, unsre Vorratshäuser, unsre Keller, und dann bringt ihn wieder her. Als sie den Elenden zu den Orten der Qual geführt hatten, wo nichts war als Jammern, Weinen und Zähneklappern, und ihn wieder zurückbrachten, redete der Fürst den Fürsten an: Trink, Freund, aus meinem Becher. Er sträubte sich heftig, da es ihm aber nichts half, er vielmehr trinken mußte, brachen ihm Schwefelflammen aus Augen, Ohren und Nase. Dann sprach der Teufel: Jetzt sollst du meinen Brunnen besehen, dessen Grund unergründlich ist. Er hob den Deckel auf, warf den Landgrafen hinein und deckte wieder zu. Das ist der Brunnen, worin ihn ein Kleriker sah, wie früher erzählt ist.

Im Dorfe Enthenich, gelegen im Bonner Gebiet, wohnte ein edler Ritter namens Walter, der unserm Kloster und dem Orden sehr ergeben war. Als er einst schwer krank war und allein lag, erschien ein Teufel ihm sichtbar zu Füßen des Bettes. Es war aber, wie er uns erzählt hat, sein Gesicht wie das eines Affen, und er hatte Hörner wie ein Ziegenbock. Über diesen Anblick erschrak der Ritter zuerst, dann faßte er sich und fragte: Wer oder was bist du, woher kommst du und was willst du? Das Ungetüm sagte: Ich bin ein Teufel und bin gekommen, deine Seele zu holen. Der Ritter sagte: Entweiche, Versucher, du erlangst meine Seele nicht, ich empfehle mich Christo. Drauf jener: Walter, wenn du dich mir ergibst und mir Huldigung erweisest, so will ich dich nicht nur wieder gesund machen, sondern auch reich vor deinem ganzen Geschlecht. Der Ritter sagte: Ich habe genug, an deinen trügerischen Reichtümern liegt mir nichts. Woher hast du denn die Schätze? Innerhalb der Grenzen deines Hofes, sagte er, sind unzählige verborgen. Da den Ritter dies Gespräch ergötzte, fragte er: Sage mir, wo ist die Seele meines jüngst verstorbenen Herrn, des Grafen Wilhelm von Jülich? Der Teufel antwortete: Kennst du die benachbarten Schlösser Wolkenburg und Drachenfels? Ja, sagte der Ritter. Drauf jener: Ich gebe dir mein Wort, wenn die Schlösser sowie ihre Berge von Eisen wären und sie kämen an den Ort, wo Wilhelms Seele ist: ehe noch das obere Augenlid sich mit dem untern begegnete, würden sie schmelzen. Und er fügte kichernd hinzu: Diese Hitze ist ihm noch ein Milchbad; künftig, wenn Leib und Seele sich wieder einen, wird er erst die rechte Strafe erhalten. Befragt nach der Seele des Grafen Heinrich von Seyn, sagte er: Die haben wir. Über dessen Strafe jedoch äußerte er nichts. Walter sagte auch, er habe ihn nach seinem Vater befragt. Drauf erwiderte er: Einundzwanzig Jahre lang hatten wir ihn. Aber jene Einäugige und jener Kahle und Lausige, der auf dem Söller liegt, haben ihn uns geraubt. Mit der Einäugigen meinte er jenes Gattin, die, da sie beständig um seine Seele weinte, ein Auge verloren hatte. Mit dem Kahlen meinte er jenes Sohn, unsern Mönch Dietrich, der, um seinen Bruder zu sehen, damals hingekommen war. Über jene Frau befragt, sagte er: Fürwahr, die war nie in unsrer Macht, weil sie eine gute und heilige Frau war. Deinen Bruder Lambert aber haben wir so in den Sattel gesetzt, daß er unserm Gericht nicht entgehen kann. Dieser ist vor wenigen Jahren gestorben, ein geiziger und geldgieriger Mann. Als der Ritter wieder fragte: Sag, von welchem Orte kommst du jetzt? erwiderte der Dämon: Ich und meine Genossen waren beim Begräbnis einer Äbtissin des schwarzen Ordens und erwarteten das Entweichen der Seele. Drauf der Ritter: Wie viele wart ihr? Der Dämon erwiderte: Kennst du den Wald in Kottenforst? Gewiß, sagte er. Und jener: Nicht sind soviel Blätter auf den Bäumen, wie wir dort versammelt waren. (Es ist aber kein Wald so groß in unsrer ganzen Gegend.) Und was, fragte er, habt ihr dort ausgerichtet? Leider nichts, sagte er, sie war eine fromme Frau. Der Erzengel Michael fiel über uns her mit eiserner Keule und hat uns so geprügelt und in die Flucht geschlagen, daß wir zerstreut wurden wie Staub vom Wirbelwind. – Er wurde auch befragt, ob er beim Tode unsres Abtes Gevard gewesen sei, der kürzlich gestorben war, und er sagte: Nicht ist soviel Sand am Meeresufer wie die Zahl der Unsern dort. Aber wir konnten dort wenig ausrichten, weil jene Lausigen, die wie Schweine am Boden liegen und grunzen, uns nicht herankommen ließen. Sie haben auch ein Haus zum Summen (er meinte das Kapitel), wo uns alles, was sündigt, entzogen wird. Der Ritter sagte: Wie konntest du so töricht sein und wagen, zum Tode eines so gerechten Mannes zu kommen? Wagen? sagte er. Ich war dabei, als Gottes Sohn starb, und saß auf einem Arm des Kreuzes. Da Walter fragte: Was ward euch zuteil bei Christi Tode? antwortete er: Nichts. Zu unserm Unheil kamen wir dorthin, denn durch des Sterbenden Tugend verwirrt und erschreckt, wurden wir in die Hölle hinabgestoßen. Noch vieles besprach er mit dem Dämon, sooft er allein war, was er nach der Genesung vielen erzählt hat. Willst du jetzt hören, wie des erwähnten Grafen Ende und Strafe war? N. Ja. M. Er erkrankte in seinem Schlosse Niethecke und kam wegen einer erlittenen Kränkung nach Köln. Bei der Rückkehr fühlte er unterwegs eine Schwäche und sagte: Weh, ich werde Köln nie wiedersehen. Er ward auf die Erde gelegt, und der Arzt sagte, der Tod stehe vor der Tür, hinzufügend: Ich rate dir, deine Gemahlin wieder aufzunehmen. Er erwiderte: Ich tue es nicht. Jener bat ihn für einen Ritter, den er seit langer Zeit im Kerker hielt. Er sagte: Der kommt nimmer heraus, solange ich lebe. So wird er also, sagte der Arzt, vor dem morgenden Tage herauskommen. Und so geschah es. Als er aber im Sterben war, lag er am Busen einer Buhlerin, die er dem eigenen Manne genommen hatte. Als die ihn fragte: Herr, was tue ich nach Eurem Tode? erwiderte er: Du mußt einen jungen Ritter freien. Das waren seine letzten Worte. In selbiger Nacht, so hat mir ein Abt unsres Ordens erzählt, ward eine Nonne des heiligen Mauritius in Köln an die Orte der Qual versetzt, wo sie zwischen Schwefelflammen einen schrecklichen Brunnen sah mit einem feurigen Deckel. Als sie darob ihren Führer befragte, antwortete er: Nur zwei Seelen sind darin, die des Kaisers Maxentius und die des Grafen Wilhelm von Jülich. Am Morgen erzählte sie das Gerücht, und da am nämlichen Tage in Köln das Gerücht vom Tode des Grafen verlautete, so erkannte sie, daß es wahr sei. N. Mich wundert, daß er in der Qual dem Maxentius gesellt ward, nachdem so viele Jahre dazwischen verflossen und so viele Tyrannen vor ihm gestorben waren. M. Wegen der ähnlichen Schuld. Die in der Schuld gleich waren, sollten auch in der Strafe übereinstimmen. Beider Leben kenne ich, das des Maxentius aus Büchern, das Wilhelms aus vieler Erzählung. Beide waren Tyrannen, beide über die Maßen wollüstig. Wie in den Chroniken zu lesen ist, war keine Frau, ob in der Stadt Rom oder außerhalb, so edel, so keusch, daß Maxentius nicht, wenn sie nur seinen Augen gefiel, sie aus des Gatten Hause raubte und vergewaltigte. Ähnlich verfuhr er mit Jungfrauen und Witwen. Dies sahen die Männer und seufzten, die Eltern und schwiegen. Seine Grausamkeit war so groß, daß, ob ihr Schmerz auch noch so groß war, sie doch die Trauer verbergen mußten. So furchtbar war seine Tyrannei, daß er Senatoren, Bürger, Soldaten in Menge mordete, auf die er nur irgend Verdacht hatte. Wilhelm aber tat Dinge, die nicht viel anders waren, und war er ihm auch nicht gleich an Macht, so doch an bösem Willen. Wie ich höre, war er so der Wollust und der Ausschweifung ergeben, daß er kaum einen Dienstmann hatte, dessen Gattin oder Tochter er nicht schändete, wobei er keinen Unterschied machte zwischen Mutter und Tochter, zwischen rechter Gattin und Kebse. Wie grausam er gegen Untertanen und Landsleute gewesen ist, weiß das ganze Kölner Bistum. Maxentius hat die eigene Gattin ermordet; dieser hat sie eingeschlossen. Jener hat die Kirche verfolgt, hat viele wegen ihres Glaubens getötet; dieser hat, als der Bürgerkrieg im Römischen Reich war, die verfolgt, die dem apostolischen Stuhl gehorchten, hat Priester aus ihren Sitzen verjagt, hat manche verstümmelt und die Kirchengüter geraubt. Als er noch am Leben war, zeigte Gott, der barmherzig ist, ihm etwas von seiner Herrlichkeit, um ihn von seinen Sünden abzubringen. An einem Weihnachtstage ließ er beim Kanon der ersten Messe ihn die lieblichsten Stimmen und holdesten Melodien hören, die aus dem Himmel zu kommen schienen. Als er nachher Herrn Engelbert, damals Präpositus der Hauptkirche in Köln und jetzt Erzbischof, fragte, ob er auch diese Stimmen gehört habe, und jener es verneinte, da staunte er noch mehr. Beim Kanon der zweiten Messe aber, und so auch der dritten, hörte er dieselben Stimmen, die verschiedenen Alters waren. Als dies Her-

mann, der Abt von Marienstatt, erfuhr, begab er sich zu
dem Grafen und hörte aus seinem Munde eben dasselbe.
Und der Graf rief Gott zum Zeugen an, er lüge nicht, und
schwur zugleich, wenn ihm noch einmal die Gnade
werde, solches zu hören, so sei er bereit, auf all das Seinige
zu verzichten. Doch nützte ihm jene himmlische Stärkung
nicht viel, da seine großen Sünden im Wege standen.

Dante Alighieri
VERGIL UND DANTE ERBLICKEN LUZIFER

Wir schritten eine solche Strecke vor,
Daß meinem Herrn gefiel, ich möchte sehen
Die Kreatur, die herrlich war zuvor.

Er wich vor mir und ließ mich stille stehen.
»Sieh Dis*«, sprach er, »und sieh dir an den Ort,
Wo's nötig ist, mit Kraft sich zu versehen.«

Wie ich erstarrte und verstummte dort,
O frage nicht! ich kann's nicht wiedergeben;
Ungenügend wiese sich ja jedes Wort.

Da starb ich nicht und konnte auch nicht leben;
Bedenk für dich, wenn du ein Gran Verstand,
Was aus mir wurde ohne Tod und Leben.

Den Kaiser, welcher lenkt dies wehe Land,
Sah ich dem Eis zur Hälfte sich entpressen;
Und eher paßt zu mir noch ein Gigant.

Als der zum Arm, den jener hat besessen;
Bedenk, wie muß da wohl das Ganze sein,

* Antike Bezeichnung für den Höllenherrscher.

Das einem solchen Teile angemessen!
Wenn er so schön war, wie er jetzt gemein,
Und gegen seinen Schöpfer hob die Brauen,
So muß von ihm entspringen jede Pein.

Ich wollte meinen Augen nicht mehr trauen!
Am Kopfe waren drei Gesichter dran;
Eins vorn, von Farbe rötlich anzuschauen,

Und zwei noch, die sich angeschlossen dann,
Ein jedes oberhalb der Schultermitte,
Und sich am Hinterkopfe rührten an;

Und zwischen weiß und gelb im Kolorite
War 's rechte, und das linke so, wie wer
Vom Nil kommt, wo er abwärts lenkt die Schritte.

Drei Flügelpaare kamen drunter her,
Die solchem Vogel sich entsprechend weisen:
Nie sah ich solche Segel auf dem Meer.

Sie waren, gleichwie bei den Fledermäusen,
Der Federn bar und flatterten voll Eifer,
So daß drei Winde sich davon entschleusen;

Davon ward der Cocytus steif und steifer;
Sechs Augen weinten, dreimal tropften Tränen
Von Kinnen nieder und ein blutiger Geifer,

Und jedes seiner Mäuler brach mit Zähnen
Je einen, wie die Breche Flachs zerbricht,
So daß ich hier vernahm ein dreifach Stöhnen.

Das Beißen schien so schlimm dem Vordern nicht
Wie das Zerkratzen; manchmal sah ich scheinen
Sein Rückgrat bloß von jeder Oberschicht.

»Die Seele, die den meisten Grund zum Weinen,
Ist Judas oben!« fuhr der Meister fort;
»Drin mit dem Kopf und zappelnd mit den Beinen.

Die andern zwei, kopfabwärts baumelnd dort,

Sind Brutus, der vom schwarzen Maul hängt nieder
– Sieh, wie er sich verdreht und spricht kein Wort –,

Und Cassius, Eigentümer mächtger Glieder.
Doch laßt uns weitergehn: 's ist an der Zeit;
Wir sahen alles und die Nacht kommt wieder!«

Den Hals umschlang ich ihm dann auf Bescheid,
Und Zeit und Örtlichkeit nahm er dann wahr,
Sich haltend, als die Flügel klafften weit,

An seinen Flanken, wo viel Haar dran war;
Von Busch zu Busch stieg ab er immer weiter
Durch Eiseskruste und das dichte Haar.

Als wir bis dort gelangt auf solcher Leiter,
Wo sich der Schenkel dreht, der Hüfte Schwelle,
Da wandte mühsam keuchend mein Begleiter

Sein Haupt herum an seiner Beine Stelle
Und hielt sich an dem Haar, als ob er stiege,
Und mir erschien's, als ging's zurück zur Hölle.

»Nun halt dich fest, auf einer solchen Stiege«,
So sprach der Meister, mühsam keuchend noch,
»Nimmt Abschied man von solcher Übel Wiege!«

Dann kroch hinaus er durch ein Felsenloch,
Mich setzend auf den Rand; als es geschehen,
Kam er mir nach, ganz sichern Schritts jedoch.

Ich hob die Augen, meinend da zu sehen
Den Luzifer, wie ich von ihm gekehrt,
Und sah ihn seine Beine aufwärts drehen;

Wenn dieser Anblick mich so sehr versehrt,
Bedenk der Pöbel, der nicht sehen kann,
Was mit dem Punkte los, den ich durchquert!

»Auf deine Füße!« sprach der Meister dann;
»Der Weg ist lang; die Straße eine Gosse;
Die Sonne zeigt die halbe Terze an.«

Martin Montanus

Teufel und Landsknecht

Eines Tages schickte der oberste Teufel einen Diener aus,
er solle ausschauen, wo denn die Landsknechte blieben,
von denen keiner in die Hölle komme, und er solle zuse-
hen, ob er nicht doch einen mit sich bringen könnte. Der
Diener zog aus und kam in Gestalt eines Hahnes in ein
Wirtshaus, wo er sich hinter den Ofen setzte und den
Landsknechten beim Zechen zusah. Als nun die Landsknechte voll waren, fingen sie an zu kanten und Gläser zu
zerbrechen und alles zu verwüsten, was auf dem Tisch
stand, und fingen einen solchen Radau an, daß dem Teufel
hinter dem Ofen angst und bange ward. Schließlich fing
einer hinter dem Tisch an: »Potz tausend Sack voll Enten!
Wohl auf, wir wollen den Hahn hinter dem Ofen rupfen
und die Federn auf die Hüte stecken, danach den Hahn
auffressen.« Als das der Teufel hörte, lief er zur Stube hinaus und in die Hölle hinein und zeigte seinem Meister an,
daß es kein böseres Tier auf Erden gäbe als einen Landsknecht.

Wenn danach ein Landsknecht vor die Hölle kam,
schloß man Tür und Tor vor ihm, sie möchten sonst alle
Teufel verjagen.

Bonaventura

Zweite Nachtwache

Die Stunde rief mich wieder zu meiner nächtlichen Han-
tierung; da lagen die öden Straßen, wie zugedeckt vor mir,
und nur dann und wann flog ein Wetterleuchten lustig und
rasch durch sie hin, und weit, weit in der Ferne murmelte
es drein wie unverständlicher Zauberspruch.

Mein Poet hatte das Licht ausgelöscht, weil der Himmel leuchtete und er dies letztere für wohlfeiler und poetischer zugleich hielt. Er schauete hoch droben in die Blitze hinein, im Fenster liegend, das weiße Nachthemd offen auf der Brust, und das schwarze Haar struppig und unordentlich um den Kopf. Ich erinnerte mich an ähnliche überpoetische Stunden, wo das Innere Sturm ist, der Mund im Donner reden, und die Hand statt der Feder den Blitz ergreifen möchte, um damit in feurigen Worten zu schreiben. Da fliegt der Geist von Pole zu Pole, glaubt das ganze Universum zu überflügeln, und wenn er zuletzt zur Sprache kommt – so ist es kindisch Wort, und die Hand zerreißt rasch das Papier.

Ich bannte diesen poetischen Teufel in mir, der am Ende immer nur schadenfroh über meine Schwäche aufzulachen pflegte, gewöhnlich durch das Beschwörungsmittel der Musik. Jetzt pflege ich nur ein paarmal gellend ins Horn zu stoßen, und da geht's auch vorüber.

Überall kann ich allen denen, die sich vor ähnlichen poetischen Überraschungen wie vor einem Fieber scheuen, den Ton meines Nachtwächterhorns als ein echtes *antipoeticum* empfehlen. Das Mittel ist wohlfeil und von großer Wichtigkeit zugleich, da man in jetziger Zeit mit Plato die Poesie für eine Wut zu halten pflegt, mit dem einzigen Unterschiede, daß jener diese Wut vom Himmel und nicht aus dem Narrenhause herleitete.

Mag dem indes sein, wie ihm wolle, so bleibt es doch heut zu Tage mit der Dichterei überall bedenklich, weil es so wenig Verrückte mehr gibt, und ein solcher Überfluß an Vernünftigen vorhanden ist, daß sie aus ihren eigenen Mitteln alle Fächer und sogar die Poesie besetzen können. Ein rein Toller, wie ich, findet unter solchen Umständen kein Unterkommen. Ich gehe deshalb auch nur jetzt bloß noch um die Poesie herum, das heißt, ich bin ein Humorist worden, wozu ich als Nachtwächter die meiste Muse habe. –

Meinen Beruf zum Humoristen müßte ich hier freilich

wohl zuvor erst dartun, allein ich lasse mich nicht darauf ein, weil man es überhaupt jetzt mit dem Berufe selbst so genau nicht nimmt, und sich dagegen mit dem Rufe allein begnügt. Gibt es doch auch Dichter ohne Beruf, durch den bloßen Ruf – und somit ziehe ich mich aus dem Handel.

Eben flammte ein Blitz durch die Luft, da schlichen drei an der Kirchhofsmauer hin wie Karnevalslarven. Ich rief sie an, doch war's schon wieder Nacht ringsum, und ich sah nichts, als einen glühenden Schweif und ein paar feurige Augen, und zu dem fernen Donner murmelte eine Stimme in der Nähe, wie zu einer Don Juans Begleitung: »Tu was deines Amtes ist, Nachtrabe; aber mische dich nicht ins Geisterwerk!«

Das war mir doch etwas zu arg, und ich warf meine Pike dahin, wo die Stimme herkam; eben blitzte es wieder – da waren die drei in Luft zerronnen, wie Macbeths Hexen.

»Erkennt ihr mich nicht für einen Geist an«, – rief ich noch zornig hinterdrein, in der Hoffnung, daß sie's vernähmen – »und doch war ich Poet, Bänkelsänger, Marionettendirektor und alles dergleichen Geistreiches nacheinander. Ich möchte doch eure Geister gekannt haben im Leben – wenn ihr anders wirklich bereits daraus seid! – ob sich der Meinige mit ihnen nicht hätte messen können; oder habt ihr einen Zusatz von Geist erhalten nach eurem Tode, wie wir das Beispiel bei manchen großen Männern erfuhren, die erst nach ihrem Tode berühmt wurden, und deren Schriften durch das lange Liegen an Geist gewannen; gleich dem Weine der mit dem zunehmenden Alter geistreicher wird.« –

Jetzt war ich der Wohnung des exkommunizierten Freigeistes bis auf einige Schritte nahe gekommen. Aus der offenen Tür legte sich ein matter Schein in die Nacht hinein, und floß oft seltsam in dem Wetterleuchten zusammen, auch murmelte es vernehmlicher von den fernen Bergen herüber, wie wenn das Geisterreich sich ernstlich ins Spiel zu mischen gedächte.

Auf der Hausflur war der Tote, der üblichen Sitte gemäß, offen ausgestellt, um ihn her brannten wenige ungeweihte Kerzen, weil der Pfaff, teuflischen Andenkens, die Weihe verweigert hatte. Der Verstorbene lächelte in seinem festen Schlafe darüber, oder über seinen eignen törichten Wahn, den das Jenseits widerlegt hatte, und sein Lächeln glänzte wie ein ferner Wiederschein vom Leben über die starren vom Tode verfestigten Züge.

Durch eine lange, wenig erleuchtete Halle, schaute man in eine schwarz behängte Nische; dort knieten unbeweglich die drei Knaben und die blasse Mutter vor einem Altare – die Gruppe der Niobe mit ihren Kindern – in stummes angstvolles Gebet versunken, um Leib und Seele des Verstorbenen dem Teufel, dem der Pfaff sie zugesprochen, zu entreißen.

Der Bruder des Abgeschiedenen allein, ein Soldat, hielt im festen sichern Glauben an den Himmel und an seinen eigenen Mut, der es mit dem Teufel selbst aufzunehmen wagte, Wache an dem Sarge. Sein Blick war ruhig und erwartend, und er schaute abwechselnd in das starre Antlitz des Toten und in das Wetterleuchten, das oft feindlich durch den matten Schein der Kerzen zuckte; sein Säbel lag gezogen auf der Leiche, und glich mit seinem wie ein Kreuz gestalteten Griffe einer geistlichen und weltlichen Waffe zugleich.

Übrigens herrschte Totenstille ringsum, und außer dem fernen Murren des Gewitters und dem Knistern der Kerzen vernahm man nichts.

So bliebs, bis in einzelnen ernsten Schlägen die Glocke Mitternacht ankündigte; – da führte plötzlich der Sturmwind hoch oben in den Lüften die Gewitterwolke wie ein nächtliches Schreckbild herüber, und bald hatte sie ihr Grabtuch am ganzen Himmel ausgebreitet. Die Kerzen um den Sarg verlöschten, der Donner brüllte zürnend, wie eine aufrührerische Macht herunter und rief die festen Schläfer auf, und die Wolke spie Flamme auf Flamme aus, wodurch das starre blasse Antlitz des Toten allein grell und periodisch beleuchtet wurde.

Ich sah jetzt, daß der Säbel des Soldaten durch die Nacht blitzte, und dieser sich mutig zum Kampfe rüstete.

Es währte auch nicht lange – die Luft warf Blasen auf, und die drei Macbeth Geister waren plötzlich wieder sichtbar, wie wenn der Sturmwind sie beim Scheitel herangewirbelt hätte. Der Blitz beleuchtete verzogene Teufelslarven und Schlangenhaar, und den ganzen höllischen Apparat.

Mich faßte in dem Augenblicke der Teufel bei einem Haare, und als sie die Gasse herauffuhren, mischte ich mich rasch unter sie. Sie stutzten, wie wenn sie auf bösen Wegen gingen, über den vierten ungebetenen der zu ihnen stieß. »Nun zum Teufel! Kann der Teufel auch auf guten Wegen gehen!« rief ich wildlachend aus. »Drum laßt euch nicht irren, daß ich euch auf bösen antreffe. Ich bin eures Gleichen, Brüder, ich mache mit euch Gemeinschaft!« –

Das brachte sie wahrhaftig in Verlegenheit. Der eine stieß ein »Gott sei bei uns!« aus, und kreuzte sich, was mich Wunder nahm, weshalb ich ausrief: »Bruder Teufel fall nicht so hart aus dem Charakter, ich möchte sonst beinahe an dir selbst verzweifeln und dich für einen Heiligen halten, zum mindesten für einen Geweihten. – Überlege ich's indes reiflicher, so muß ich dir wohl eher Glück wünschen, daß du endlich auch das Kreuz verdauet hast, und von Haus aus ein eingefleischter Teufel, dich dem Scheine nach zu einem Heiligen ausbildetest!«

An der Sprache mochten sie es endlich weg haben, daß ich nicht einer ihres Gleichen wäre, und sie fuhren alle drei auf mich ein, und sprachen nun gar in einem echt klerischen Tone von Exkommunizieren, u. d. gl. wenn ich sie in ihrer Handtierung stören würde.

»Sorgt nicht«, erwiderte ich, »ich habe bisher wahrlich an den Teufel nicht geglaubt, doch seit ich euch gesehen, ist es mir klar worden, und ich bin gewiß, daß ihr zunftfähig seid. Macht eure Sachen ab, denn mit der Hölle und der Kirche kann's kein armer Nachtwächter aufnehmen.«

Dahin fuhren sie, ins Haus hinein. Ich folgte bedenklich nach.

Es war ein furchtbares Schauspiel. Blitz und Nacht wechselten Schlag auf Schlag. Jetzt war es hell und man sah das Handgemenge der drei um den Sarg und das Blitzen des Säbels in der Hand des eisenfesten Kriegsmannes, dazwischen schauete der Tote mit seinem blassen starren Gesichte unbeweglich wie eine Larve. Dann war es wieder tiefe Nacht, und nur fern, im Hintergrunde der Nische ein matter Schimmer und die kniende Mutter mit den drei Kindern rang im verzweifelnden Gebet.

Es ging alles still und ohne Worte zu; aber jetzt krachte es auf einmal zusammen, wie wenn der Teufel die Oberhand erhielte. Die Blitze wurden sparsamer und es blieb längere Zeit Nacht. Nach einem Weilchen indes fuhren zwei rasch zur Tür heraus, und ich sah es durch die Finsternis bei dem Leuchten ihrer Augen – sie trugen wirklich einen Toten mit sich fort.

Da stand ich, in mich hineinfluchend vor der Tür; auf der Flur war es ganz finster, keine Seele regte sich, und ich glaubte auch dem wackeren Kriegsmann, zum mindesten, den Hals gebrochen.

In diesem Augenblicke flammte ein heftiger Blitz, mit dem sich die Gewitterwolke völlig entlud, und blieb, gleichsam wie eine aufgepflanzte Fackel, eine zeitlang in der Luft, ohne zu verlöschen. Da sah ich den Soldaten wieder ruhig und kalt am Sarge stehen, und die Leiche lächelte wie zuvor – aber, o Wunder! Dicht neben dem lächelnden Totenantlitze grinsete eine Teufelslarve, und der Rumpf fehlte zum Ganzen, und ein purpurroter Blutstrom färbte das weiße Sterbegewand des schlafenden Freigeistes. –

Schaudernd wickelte ich mich in meinen Mantel, vergaß es, zu blasen und die Stunde abzusingen und floh meiner Hütte zu.

Jacob und Wilhelm Grimm

DES TEUFELS RUSSIGER BRUDER

Ein abgedankter Soldat hatte nichts zu leben und wußte sich nicht mehr zu helfen. Da ging er hinaus in den Wald, und als er ein Weilchen gegangen war, begegnete ihm ein kleines Männchen, das war aber der Teufel. Das Männchen sagte zu ihm: »Was fehlt dir? Du siehst ja so trübselig aus.« Da sprach der Soldat: »Ich habe Hunger, aber kein Geld.« Der Teufel sagte: »Willst du dich bei mir vermieten und mein Knecht sein, so sollst du für dein Lebtag genug haben; sieben Jahre sollst du mir dienen, hernach bist du wieder frei. Aber eins sag ich dir, du darfst dich nicht waschen, nicht kämmen, nicht schnippen, keine Nägel und Haare abschneiden und kein Wasser aus den Augen wischen.« Der Soldat sprach: »Frisch dran, wenn's nicht anders sein kann«, und ging mit dem Männchen fort, das führte ihn geradewegs in die Hölle hinein. Dann sagte es ihm, was er zu tun hätte: er müßte das Feuer schüren unter den Kesseln, wo die Höllenbraten drinsäßen, das Haus reinhalten, den Kehrdreck hinter die Türe tragen und überall auf Ordnung sehen; aber guckte er ein einziges Mal in die Kessel hinein, so würde es ihm schlimm ergehen. Der Soldat sprach: »Es ist gut, ich will's schon besorgen.« Da ging nun der alte Teufel wieder hinaus auf seine Wanderung, und der Soldat trat seinen Dienst an, legte Feuer zu, kehrte und trug den Kehrdreck hinter die Türe, alles, wie es befohlen war. Wie der alte Teufel wiederkam, sah er nach, ob alles geschehen war, zeigte sich zufrieden und ging zum zweitenmal fort. Der Soldat schaute sich nun einmal recht um, da standen die Kessel ringsherum in der Hölle, und war ein gewaltiges Feuer darunter, und es kochte und brutzelte darin. Er hätte für sein Leben gerne hineingeschaut, wenn es ihm der Teufel nicht so streng verboten hätte; endlich konnte er sich nicht mehr anhalten, hob vom ersten Kessel ein klein bißchen den Deckel auf und guckte hinein. Da sah er seinen ehemaligen Unteroffizier darinsitzen: »Aha, Vogel«, sprach er, »treff ich dich hier? Du hast mich gehabt, jetzt hab' ich dich«, ließ geschwind den Deckel fallen, schürte das Feuer und legte noch frisch zu. Danach ging er zum zweiten Kessel, hob ihn auch ein wenig auf und guckte, da saß sein Fähnrich darin: »Aha, Vogel, treff ich dich hier? Du hast mich gehabt, jetzt hab' ich dich«, machte den Deckel wieder zu und trug noch einen Klotz herbei, der sollte ihm erst recht heiß machen. Nun wollte er auch sehen, wer im dritten Kessel säße, da war's gar ein General: »Aha, Vogel, treff ich dich hier? Du hast mich gehabt, jetzt hab' ich dich«, holte den Blasbalg und ließ das Höllenfeuer recht unter ihm flackern. Also tat er sieben Jahr seinen Dienst in der Hölle, wusch sich nicht, kämmte sich nicht, schnippte sich nicht, schnitt sich die Nägel und Haare nicht und wischte sich kein Wasser aus den Augen; und die sieben Jahre waren ihm so kurz, daß er meinte, es wäre nur ein halbes Jahr gewesen. Als nun die Zeit vollends herum war, kam der Teufel und sagte: »Nun, Hans, was hast du gemacht?« – »Ich habe das Feuer unter den Kesseln geschürt, ich habe gekehrt und den Kehrdreck hinter die Türe getragen.« – »Aber du hast auch in die Kessel geguckt; dein Glück ist, daß du noch Holz zugelegt hast, sonst war dein Leben verloren; jetzt ist deine Zeit herum, willst du wieder heim?« – »Ja«, sagte der Soldat, »ich wollt auch gerne sehen, was mein Vater daheim macht.« Sprach der Teufel: »Damit du deinen verdienten Lohn kriegst, geh und raffe dir deinen Ranzen voll Kehrdreck und nimm's mit nach Haus. Du sollst auch gehen ungewaschen und ungekämmt, mit langen Haaren am Kopf und am Bart, mit ungeschnittenen Nägeln und mit trüben Augen, und wenn du gefragt wirst, woher du kämst, sollst du sagen: ›Aus der Hölle‹, und wenn du gefragt wirst, wer du wärst, sollst du sagen: ›Des Teufels rußiger Bruder, und mein König auch.‹« Der Soldat schwieg still und tat, was der Teufel sagte, aber er war mit seinem Lohn gar nicht zufrieden.

Sobald er nun wieder oben im Wald war, hob er seinen Ranzen vom Rücken und wollt ihn ausschütten; wie er ihn aber öffnete, so war der Kehrdreck pures Gold geworden. »Das hätte ich mir nicht gedacht«, sprach er, war vergnügt und ging in die Stadt hinein. Vor dem Wirtshaus stand der Wirt, und wie ihn der herankommen sah, erschrak er, weil Hans so entsetzlich aussah, ärger als eine Vogelscheuche. Er rief ihn an und fragte: »Woher kommst du?« – »Aus der Hölle.« – »Wer bist du?« – »Dem Teufel sein rußiger Bruder, und mein König auch.« Nun wollte der Wirt ihn nicht einlassen, wie er ihm aber das Gold zeigte, ging er und klinkte selber die Türe auf. Da ließ sich Hans die beste Stube geben und köstlich aufwarten, aß und trank sich satt, wusch sich aber nicht und kämmte sich nicht, wie ihm der Teufel geheißen hatte, und legte sich endlich schlafen. Dem Wirt aber stand der Ranzen voll Gold vor Augen und ließ ihm keine Ruhe, bis er in der Nacht hinschlich und ihn wegstahl.

Wie nun Hans am anderen Morgen aufstand, den Wirt bezahlen und weitergehen wollte, da war sein Ranzen weg. Er faßte sich aber kurz, dachte: »Du bist ohne Schuld unglücklich gewesen«, und kehrte wieder um, geradezu in die Hölle; da klagte er dem alten Teufel seine Not und bat ihn um Hilfe. Der Teufel sagte: »Setze dich, ich will dich waschen, kämmen, schnippen, die Haare und Nägel schneiden und die Augen auswischen«, und als er mit ihm fertig war, gab er ihm den Ranzen wieder voll Kehrdreck und sprach: »Geh hin und sage dem Wirt, er solle dir dein Gold wieder herausgeben, sonst wollt ich kommen und ihn abholen, und er sollte an deinem Platz das Feuer schüren.« Hans ging hinauf und sprach zum Wirt: »Du hast mein Gold gestohlen, gibst du's nicht wieder, so kommst du in die Hölle an meinen Platz und sollst aussehen so greulich wie ich.« Da gab ihm der Wirt das Gold und noch mehr dazu und bat ihn, nur still davon zu sein; und Hans war nun ein reicher Mann.

Hans machte sich auf den Weg heim zu seinem Vater, kaufte sich einen schlechten Linnenkittel auf den Leib, ging herum und machte Musik, denn das hatte er bei dem Teufel in der Hölle gelernt. Es war aber ein alter König im Land, vor dem mußte er spielen, und der geriet darüber in solche Freude, daß er dem Hans seine älteste Tochter zur Ehe versprach. Als die aber hörte, daß sie so einen gemeinen Kerl im weißen Kittel heiraten sollte, sprach sie: »Eh ich das tät, wollt ich lieber ins tiefste Wasser gehen.« Da gab ihm der König die jüngste, die wollt's ihrem Vater zuliebe gerne tun; und also bekam des Teufels rußiger Bruder die Königstochter, und als der alte König gestorben war, auch das ganze Reich.

Fünftes Kapitel

DER UNHEILSTIFTER

Jacques de Vitry

Die Teufel im Dienst der Jungfrau Maria

Die folgende Geschichte hat mir ein frommer Mönch erzählt, der in der Gegend, wo sie sich zugetragen hat, schon lange verweilt hatte. Eine ehrbare und fromme Frau besuchte fleißig die Kirche und diente Tag und Nacht demutsvoll dem Herrn. Damals war in diesem Kloster ein Mönch, zugleich Guardian und Schatzmeister, der in dem Rufe großer Frömmigkeit stand, und wahrlich verdientermaßen. Als sie aber des öftern miteinander in der Kirche von Gegenständen des Glaubens sprachen, sandte ihnen der Teufel, neidisch wegen ihrer Ehrbarkeit und ihres Ansehns, heftige Versuchungen, bis sich die geistige Liebe in eine fleischliche verwandelte. Daher besprachen sie sich und bestimmten eine Nacht, wo der Mönch mit dem Klosterschatze aus dem Kloster und die Frau mit einer ihrem Manne heimlich entwandten Summe Geldes aus ihrem Hause entweichen wollten. Nachdem sie aber entwichen und geflohen waren, sahen die Mönche, als sie zur Messe aufstanden, daß die Truhe erbrochen und der Klosterschatz geraubt war, und da sie den Mönch nicht fanden, verfolgten sie ihn eiligst; ebenso verfolgte der Gatte sein Weib, nachdem er entdeckt hatte, daß die Truhe offen und das Geld gestohlen war. Der Mönch und die Frau wurden denn auch samt dem Schatze und dem Gelde ergriffen und in einen festen Kerker geworfen. So groß war aber das Ärgernis im ganzen Lande und so sehr waren die Ordensleute geschändet, daß die Schande und das Ärgernis ein größeres Unglück waren als die Sünde selbst. Der Mönch begann, als er wieder zu Sinnen gekommen war, mit heißen Tränen zur heiligen Jungfrau zu flehn, der er von Kind auf gedient hatte, ohne daß ihm jemals so etwas widerfahren wäre, und ebenso rief die Frau die Hilfe der heiligen Jungfrau an, die sie sonst Tag und Nacht vor ihrem Bilde auf den Knien liegend verehrt hatte. Endlich erschien ihnen die heilige Jungfrau, arg erzürnt, und sagte, nachdem sie sie herb getadelt hatte: »Die Verzeihung euerer Sünde kann ich von meinem Sohne erlangen; was kann ich aber wegen des großen Ärgernisses tun? Ihr habt den Namen der Ordensleute anrüchig gemacht vor allem Volke, so daß man ihnen nicht mehr trauen wird; und das ist fast ein untilgbares Unglück.« Endlich aber durch ihr Flehen besiegt, forderte sie die Teufel, die die Sache angezettelt hatten, vor sich und trug ihnen auf, ebenso wie sie den Orden geschändet hätten, nun dafür Sorge zu tragen, daß die Schmach von ihm weiche. Nach vieler Mühsal und mancherlei Plänen wurde schließlich der Weg gefunden, wie die Schmach zu tilgen sei, und die Teufel, die sich dem Befehle Mariä nicht widersetzen konnten, brachten in der Nacht den Mönch in die Kirche zurück und setzten die aufgebrochene Truhe wieder instand und legten das Geld hinein; ebenso verschlossen und verriegelten sie die Truhe, die die Frau geöffnet hatte, und taten das Geld hinein und brachten die Frau in ihre Kammer und an die Stelle, wo sie nächtens zu beten pflegte. Als aber die Mönche den Schatz ihres Hauses ebenso wie den Mönch vorfanden, der, wie er gewohnt war, zu Gott betete, und als der Mann seine Frau fand und den Schatz und das Geld, soviel wie früher, da begannen sie stutzig zu werden und sich zu wundern, und sie liefen zum Kerker und fanden dort den Mönch und die Frau, so wie sie sie verlassen hatten; so schien ihnen nämlich, weil ein Teufel die Gestalt des Mönches und ein anderer die der Frau angenommen hatte. Als dann die ganze Stadt zusammenkam, um das Wunder zu schauen, sagten die Teufel, so daß es jedermann hörte: »Weichen wir nun; lange genug haben wir unser Gespött mit ihnen gehabt und sie die Ordensleute schmähen lassen.« Da stürzten alle dem Mönch und der Frau zu Füßen und baten sie um Verzeihung. Siehe, was für Schmach und Ärgernis und unaussprechliches Unglück der Teufel den Ordensleuten bereitet hätte, wenn ihnen nicht die heilige Jungfrau zur Hilfe gekommen wäre.

… So erzählt Meister Jakobus von Vitry, er habe folgende Geschichte gehört. Als der Teufel lange unsichtbar einen Einsiedler versucht hatte, ohne daß es ihm gelungen wäre, einen Vorteil über ihn zu gewinnen, nahm er die Gestalt eines Knechtes an und erbot sich, ihm zu dienen. Nun konnte der Einsiedler, der sich früher vorgenommen hatte, nie ein Tier zu haben, nie wissen, wieviel es an der Zeit war; da überredete ihn der Teufel, einen Hahn zu nehmen, nach dessen Krähen er die Zeit werde bestimmen können. Als der Hahn da war, trug der Teufel Sorge, daß er nicht krähen konnte, und sagte zum Einsiedler: »Herr, Euer Hahn kann nicht krähen, weil er krank ist; ohne Henne kann er nun einmal nicht leben.« Wie dann auch eine Henne da war, ließ er ihn krähen. Sooft aber der Hahn auf die Henne stieg, kam dem Eremiten die Vermischung mit dem Weibe in den Sinn, und der Teufel schürte von innen und reizte von außen, so daß er schwere Versuchungen litt und schließlich krank wurde. Kaum war die Krankheit einigermaßen gewichen, so begann ihn der Teufel in dieser Sache heftiger zu versuchen: er richtete es ein, daß die Tochter eines Edeln ihn zu besuchen und mit ihm vertrauten Umgang zu pflegen anfing, und sagte endlich: »Herr, es wäre ein großes Unglück, wenn Ihr stürbet, der Ihr so viel Gutes tun könntet. So wie der Hahn nicht gesund sein und nicht leben kann ohne Henne, so ist es unmöglich, daß ihr genäset ohne ein Weib. Seht, kaum hat der Hahn die Henne bestiegen gehabt, so ist er auch geheilt gewesen und hat gekräht.« Da er ihn innerlich und äußerlich mit dem genannten Fräulein versuchte, versuchte endlich der Eremit das Fräulein und erkannte sie. Sofort verriet dies der Teufel ihrem Vater, und dieser eilte schleunigst die Tochter zu suchen, die der Eremit verborgen hatte; aber der Teufel lief voraus und sagte zum Eremiten: »Siehe, nun kommt der Vater des Fräuleins und

wird ihr das Geständnis Euerer Tat erpressen; er wird
Euch töten, und der Name der Eremiten wird weit und
breit geschändet sein. Es wird besser sein, Ihr tötet sie, damit er die Tat nicht beweisen kann, und tut hernach
Buße.« Der Einsiedler tötete sie also, und der Teufel verließ ihn in seiner Trostlosigkeit und entwich, wodurch er

seinen Betrug offenbarte. Der Einsiedler aber trat zerknirscht vor die heilige Jungfrau und erlangte es durch
seine strömenden Tränen und Gebete, daß der Herr das
Fräulein vom Tode erweckte; und so wurde sie dem Vater
wiedergegeben.

Étienne de Bourbon

KAMPF GEGEN DIE BUSSE

Das folgende habe ich von einem Meister gehört, der es in
hübsche Verse gebracht hat. Es war nämlich einmal ein
Ritter, ein räuberischer und verbrecherischer Mann, der
ging auf das Drängen seiner Frau, einer sehr frommen
Dame, zu seinem Bischof, um ihm zu beichten; da er vieler Mordtaten und anderer Frevel schuldig war, trotzdem
aber weder nach Rom pilgern noch eine andere gebührende Buße auf sich nehmen wollte, sagte der Bischof im
Vertrauen auf Gott, weil sein Fall des Rates erheischte, zu
ihm: »Möchtest du, der du so viele Nächte im Dienste des
Teufels durchwacht hast, nicht wenigstens das kleine Bißchen tun, daß du eine ganze Nacht im Dienste Gottes in
der Kirche wachest, ohne mit irgend wem zu sprechen
und ohne an etwas andres zu denken als an Gott und seine
Heiligen, indem du sie für dein Heil anflehst? Und dies allein legen wir dir auf für die Vergebung aller deiner Sünden.« Der Ritter, der gedachte, ihm sei ein guter Markt
geworden, nahm die genannte Buße, die ihn leicht und
kurz däuchte, mit Freuden an; der Bischof führte ihn in die
Kirche, schloß die Tür und befahl ihm, ja bis zum Morgen
mit niemand zu sprechen, außer, wie gesagt, bis er selbst
am Morgen zu ihm wiederkehre. Als der Ritter nun so bis
Mitternacht in friedlichem Gebete vor dem Kruzifix gewacht hatte, siehe, da begann auf einmal durch das Werk
des Teufels in der Kirche eine gewisse Helle zu erglänzen,

und der Ritter sah das Tor offen und Männer und Frauen eintreten, wie zum Gebete; und er hörte das Gerassel vieler Wagen und es schien ihm, daß Kaufleute in die Kirche kämen und ihm sagten, sie seien von seiner Frau geschickt worden und sie seien Kaufleute, die viele Wagen mit sich führten, und sie wollten ihn zum Geleitsmanne und Führer durch ein nahes Land haben und sie würden ihn dafür nach seinem Gutdünken bezahlen. Da er jedoch bedachte, daß es nicht so schnell Tag sein konnte und daß der Bischof noch nicht gekommen war, nahm er sich vor, seine Buße auf keine Weise zu brechen. Trotz ihrem Drängen, ihnen eine Antwort zu geben, verharrte er unbeweglich im Gebete, bis sie unwillig wichen. Nun taten sie, als ob sie in sein Haus gingen, und brachten einen Teufel, der die Gestalt seiner Frau angenommen hatte, und einen andern in der Gestalt seines kleinen herzlich geliebten Knaben, den die Mutter auf dem Arme trug, mit sich. Und die Frau sagte zu ihm: »Herr, was werdet Ihr den Kaufleuten antworten? Nun ist die Gelegenheit da, etwas auf ehrliche Weise zu gewinnen, wo ihr sonst pflegt, fremdes zu rauben«; und der Knabe bot ihm einen Apfel und schmeichelte ihm stammelnd. Als aber auch das wirkungslos blieb und der Ritter keine Antwort gab, begann seine Frau zu weinen und ihr Elend zu beklagen, da ihr Mann die Sprache und die Vernunft verloren habe. Weil er noch immer nicht sprach, nahmen die Teufel das Aussehn des Bischofs und seiner Geistlichen an, und der angebliche Bischof kam mit seiner Geistlichkeit zum Ritter und sagte: »Gesegnet seist du, mein Sohn, Gott segne dich! Wie ist's dir ergangen?« und dergleichen. Verwirrt überlegte der Ritter, ob er antworten solle, weil ihm schien, die Nacht sei noch nicht um, und er bat Gott, daß er nicht getäuscht werde, beschloß daher, sich zu bekreuzigen, bevor er spreche. So tat er denn auch, und die Teufel verwandelten sich bestürzt in schreckliche Ungeheuer und schlugen den Ritter auf den Tod und quälten ihn grausam; da er jedoch die Augen zum Kruzifix erhob und Jesum, den Gekreuzigten, und seine Mutter um Hilfe anrief, da wichen sie verstört mit mächtigem Geheule. Am Morgen öffnete der Bischof das Tor, ging hin zum Ritter und fand ihn schier entseelt; bald aber kam er wieder zu Kräften und berichtete ihm, wie ihm geschehn war. Als ihm dann der Bischof sagte, er werde ihm keine weitere Buße mehr auferlegen, verharrte er in unerschütterlicher Reue und sagte, er wolle lieber sterben als fürderhin den so grimmigen Teufeln dienen oder in ihre Hände fallen.

Aus den Blümlein
des heiligen Franziskus von Assisi

WIE BRUDER GINEPRO AUF DES TEUFELS BETREIBEN ZUM GALGEN VERURTEILT WURDE

Einst begab sich der Teufel, der dem Bruder Ginepro Angst einjagen und ihm Ärgernis und Drangsal bereiten wollte, zu einem höchst grausamen Tyrannen mit Namen Nicolò, der damals mit der Stadt Viterbo in Fehde lag, und sagte: »Herr, hütet Eure Burg wohl; denn hier muß bald ein großer Verräter eintreffen, von den Einwohnern von Viterbo entsendet, der Euch töten und Feuer an dieses Schloß legen soll. Daß dies wahr ist, dafür gebe ich Euch folgende Kennzeichen: Er geht nach Art eines Armen mit ganz verschlissenen und verflickten Kleidern, eine zerrissene Kapuze über die Schultern gestülpt. Und trägt einen Pfriemen bei sich, mit dem er Euch töten, und an der Seite ein Feuerzeug, womit er Feuer an die Burg legen soll. Wenn Ihr das nicht für wahr befindet, so verfahrt mit mir, wie es die Gerechtigkeit verlangt.«

Bei diesen Worten befiel den Tyrannen große Angst; denn der sie gesprochen, schien ihm ein ehrenwerter

Mann. Er befahl also, daß die Wachen besonders aufmerken sollten, und wenn der Mann mit den obenbeschriebenen Anzeichen eintreffe, er ihm gleich vorgeführt würde.

Unterdessen kommt Bruder Ginepro allein seines Wegs; denn seiner Vollkommenheit wegen hatte er die Erlaubnis, allein zu gehen und zu stehen, wie es ihm beliebte. Da begegnete er einer Anzahl Buben, welche zu ihrer Belustigung dem Bruder allerhand Streiche zu spielen begannen. Über alles das regte er sich aber gar nicht auf, sondern er verleitete sie eher, mit ihm noch ärgere Possen anzustellen. Als er nun an das Burgtor gelangte, sahen ihn die Wachen so verwahrlost, mit dürftigem und ganz zerrissenem Gewand; denn er hatte es zum Teil unterwegs um der Liebe Gottes willen den Armen gegeben und hatte keinerlei Ähnlichkeit mehr mit einem Ordensbruder. Da so die gegebenen Zeichen aufs deutlichste zutrafen, wurde er vor den Tyrannen Nicolò gebracht. Und als seine Leute nachsuchten, ob er Waffen bei sich trage, fanden sie in einem Ärmel einen Pfriemen, mit dem er seine Schuhe zu flicken pflegte, auch fanden sie ein Feuerzeug, das er bei sich führte, um Feuer zu machen; denn es war die Zeit danach, und er wohnte oft in den Wäldern und Einöden herum.

Wie nun Nicolò die Wahrzeichen an ihm sah, ganz nach den Angaben des Teufels, der ihn angeklagt hatte, befahl er, ihm den Kopf fest zu umschnüren, und so geschah es; und zwar mit solcher Grausamkeit, daß die Schnur ihm tief ins Fleisch drang. Dann spannte er ihn auf die Folter und ließ ihm die Arme reißen und dehnen und den ganzen Leib erbarmungslos aus den Gelenken zerren. Und als man ihn fragte, wer er sei, antwortete er: »Ich bin der schlimmste Übeltäter«; und als man fragte, ob er die Burg verraten und denen von Viterbo hätte übergeben wollen, erwiderte er: »Ich bin der größte Verräter und unwürdig alles Guten.« Als man ihn aber fragte, ob er mit seinem Pfriemen den Tyrannen Nicolò hätte töten wollen und die Burg in Brand setzen, sagte er: »Ich würde noch Größeres und noch Gewaltigeres tun, wenn Gott es erlaubte.« Von Zorn übermannt, wollte Nicolò kein weiteres Verhör anstellen, sondern verurteilte Bruder Ginepro in seiner Wut ohne irgendeine Frist als Verräter und Mörder, daß man ihn an den Schweif eines Pferdes binden und auf der Erde bis zum Galgen schleifen solle; und dort solle er sogleich gehenkt werden. Bruder Ginepro aber machte keine Rechtfertigungsversuche, sondern wie einer, der um der Liebe Gottes willen sich in seinen Heimsuchungen bescheidet, stand er ganz wohlgemut und fröhlich da. Zur Ausführung dieses Gebots wurde Bruder Ginepro mit den Füßen an den Schweif eines Pferdes gebunden und auf der Erde hingeschleift. Aber er bedauerte sich nicht und beklagte sich nicht, sondern ließ sich demütig fortzerren. Zu diesem Schauspiel und der eiligen Vollstreckung des Urteils lief alles Volk zusammen, um ihn in Hast und Grausamkeit hinrichten zu sehen; aber er wurde nicht erkannt.

Nichtsdestoweniger eilte, da es Gott so wollte, ein guter Mann, der den Bruder Ginepro hatte ergreifen sehn und nun gewahrte, wie man ihn ohne weiteres hinrichten wollte, zur Niederlassung der Ordensbrüder und sprach: »Um Gottes willen, ich bitte euch sofort zu kommen; denn man hat da einen armen Kerl gefangen, ihm sofort den Prozeß gemacht und ihn zum Tode geführt; kommt wenigstens, daß er seine Seele in eure Hände geben kann; denn er scheint mir ein guter Mensch zu sein und hat keine Zeit mehr zu beichten. Er ist zum Galgen geführt und scheint sich weder um den Tod noch um das Heil seiner Seele zu sorgen. Ach! kommt nur rasch.«

Der Guardian, ein mitleidiger Mann, machte sich sogleich auf, um ihm in seiner letzten Stunde beizustehen. Als er anlangte, war die Menge, die das Gericht sehen wollte, derart angewachsen, daß er keinen Zugang finden konnte. So blieb er stehen und wartete auf einen günstigen Augenblick; und wie er so wartete, hörte er im Volke drinnen eine Stimme, die rief: »Tut das nicht, tut das nicht, ihr Schlimmen; ihr tut mir an den Füßen weh!« Bei dieser Stimme faßte den Guardian ein Verdacht, ob das nicht Bruder Ginepro wäre; und vom Geiste angefacht, warf er sich zwischen sie, entfernte die Binde vom Gesicht jenes und erkannte in ihm wirklich Bruder Ginepro. Da wollte der Guardian in seinem Mitgefühl seine Kutte ausziehen und den Bruder Ginepro wieder bekleiden. Er aber sagte mit vergnügtem Gesicht, beinahe lachend: »O Guardian, du bist fett; und es würde mir doch zu übel erscheinen, wenn man dich nackt sähe; ich will das nicht.« Darauf bat der Guardian unter Tränen die Henker und das ganze Volk, daß sie aus Mitleid ein kleines Weilchen warten sollten, bis er für Bruder Ginepro zu dem Tyrannen gegangen wäre und um Gnade gebeten hätte.

Die Henker gewährten ihm das und so auch einige Umstehende; denn sie glaubten eigentlich, er gehöre zu seiner Verwandtschaft. Und der gottergebene und mitleidige Guardian machte sich auf zu dem Tyrannen Nicolò mit bitteren Tränen und sagte: »Herr, ich bin so verstört und verbittert, daß ich es in Worten nicht auszusprechen vermag. Denn mir scheint, daß in diesem Lande heute die größte Sünde und das größte Unrecht begangen wird. Doch ich glaube, daß dies aus Unwissenheit geschieht.«

Nicolò hörte den Guardian geduldig an und fragte ihn dann: »Welches Unrecht und welcher Frevel ist es, der heute in diesem Lande begangen wird?« Antwortete darauf der Guardian: »Mein Herr, daß Ihr einen der allerheiligsten Brüder, den der Orden St. Franzisci heute aufzuweisen hat, dem Ihr doch ergeben seid, zu so grausamer Strafe verurteilt habt und, wie ich glaube, ohne Grund.« Hierauf Nicolò: »Sage mir, Guardian, wer ist der? denn ich habe vielleicht, ohne es zu wissen, eine schwere Untat begangen.« Da sagte der Guardian: »Den Ihr zum Tode verurteilt habt, ist Bruder Ginepro, des heiligen Franziskus Jünger.«

Da entsetzte sich der Tyrann; denn er hatte schon gerüchtweise vom Bruder Ginepro und seinem heiligen Wandel gehört. Wie vom Blitz getroffen und ganz bleich eilte er mit dem Guardian hinaus, gelangte zu Bruder Ginepro, band ihn von dem Schweif des Pferdes los und setzte ihn in Freiheit. Vor allem Volke warf er sich ihm zu Füßen, bekannte offen weinend seine Schuld an der Ungerechtigkeit und Schmach, die er dem heiligen Bruder hatte zufügen lassen, und setzte hinzu: »Ich glaube in Wahrheit, daß die Tage meines nichtsnutzigen Daseins gezählt sind, da ich diesen so heiligen Mann ohne jeden Grund geplagt habe. Gott wird es geschehen lassen, daß ich aus diesem nichtsnutzigen Leben bald eines üblen Todes sterbe, wenn ich es auch unwissentlich getan habe.«

Bruder Ginepro vergab dem Tyrannen Nicolò großmütig. Aber Gott fügte es nach einigen Tagen, daß dieser sein Leben in einem gräßlichen Tod endete. Bruder Ginepro aber zog weiter und ließ das ganze Volk erbaut zurück.

Aus den Tischreden Martin Luthers

HISTORIA, WIE EIN POLTERGEIST EINEN PFARRHERRN GEPLAGT HABE, UND D. LUTHER RIET, WIE ER SOLLE VERTRIEBEN WERDEN

Es kam zu D. M. Luthern ein Dorfpfarrer, von Süptz, hart bei Torgau wohnend, der klagte ihm, daß der Teufel des Nachts ein Poltern, Stürmen, Schlagen und Werfen in seinem Hause hätte, daß er ihm auch alle seine Töpfe und hölzernen Gefäße zerbreche und er keinen Frieden vor ihm hätte, denn er würfe ihm die Töpfe und Schüsseln an den Kopf, daß sie in Stücke springen, plaget ihn und lachet seiner noch dazu, daß er oftmals des Teufels Lachen hörte, er sehe aber nichts. Dies Wesen und Spiel hätte der Teufel ein ganzes Jahr lang angetrieben, daß sein Weib und Kinder nicht mehr im Hause bleiben wollten, sondern wollten stracks herausziehen.

Da sprach D. M. Luther, lieber Bruder, sei stark im Herrn und sei deines Glaubens an Christum gewiß, weiche diesem Mörder, dem Teufel nicht, leide und dulde sein äußerliches Spiel und Lärmen, auch den geringen zeitlichen Schaden, daß er dir die Töpfe und hölzernen Schüsseln zerbricht. Denn er kann dir doch an der Seele und am Leibe nichts tun, das hast du bisher in der Tat also erfahren. Denn der Engel des Herrn hat sich um dich her gelagert, der schützet und behütet dich, darum laß den Teufel immerhin mit den Töpfen spielen, du aber bete zu Gott, mit deinem Weibe und Kinderlein und sprich, trolle dich, Satan, ich bin der Herr in diesem Hause, und du nicht.

Also soll man zum Teufel sagen, wenn er von sich selbst kommt, und man ihn mit unseren Sünden nicht hat zu Gaste geladen oder einen Boten geschicket, denn spreche man, ego authoritate divina hic sum Paterfamilias, & vocatione coelesti Pastor Ecclesiae, durch Göttliche Macht und Befehl bin ich in diesem Hause ein Herr, und ich habe einen himmlischen Beruf, daß ich Pfarrer in dieser Kirche sei. Dessen habe ich Zeugnis vom Himmel und auf Erden, darauf poche ich. Aber du Teufel schleichest in dieses Haus als ein Dieb und Mörder, du bist ein Bösewicht und Mörder. Warum bliebst du nicht im Himmel? Wer hat dich hierein in dies Haus geladen? Also singe ihm seine Litanei und Legenda, und laß ihn seine Zeit spielen.

Als ich Anno M.D.XXI zu Wartburg über Eisenach in Pathmo auf dem hohen Schloß mich enthielt, da plagte mich der Teufel auch oft also. Aber ich widerstand ihm im Glauben und begegnete ihm mit dem Spruch, Gott ist mein Gott, der den Menschen geschaffen hat, und hat dem Menschen alles unter seine Füße getan. Hast du nun darüber etwas Macht, so versuche es.

Doktor Luther sagte, wenn er des Teufels mit der heiligen
Schrift und mit ernstlichen Worten nicht hätte können
loswerden, so hätte er ihn oft mit spitzigen Worten und
lächerlichen Possen vertrieben. Und wenn er ihm sein
Gewissen hätte beschweren wollen, so hätte er oft zu ihm
gesagt, Teufel ich hab auch in die Hosen geschissen, hast
du es auch gerochen und zu den andern meinen Sünden in
dein Register geschrieben? Item, er hätte zu ihm gesagt,
lieber Teufel, ist's nicht genug an dem Blut Christi, so für
meine Sünden vergossen ist, so bitte ich dich, du wollest
Gott für mich bitten. Wenn ich müßig bin und nichts zu
tun hab, so schleicht der Teufel zu mir herein, und ehe ich
mich denn umsehe, so jagt er mir einen Schweiß ab. Biete
ich ihm denn den Spieß mit dem Göttlichen Wort, so flieht
er. Nichtsdestoweniger macht er mich zuvor blutrünstig
oder zeigt mir sonst eine Haerhusschen.

Daß man ihn aber nirgends mit besser vertreiben
könne, denn mit Verachtung, des erzählt der Herr D. Luther eine Historien, die sich hätte zu Magdeburg zugetragen und sprach, im Anfang meiner Lehre, da das Evangelium anging, da legte sich der Teufel fest darein und ließ
nicht gerne ab von dem Poltern, denn er hätte zu Magdeburg das Purgatorium und den Discursum animarum
gerne erhalten. Nun war dort ein Bürger, dem starb ein
Kind, dem ließ er nicht Vigilien und Seelmesse singen,
denn es stunde trefflich viel. Da fing nun der Teufel ein
Spiel an und kam alle Nacht um VIII Uhr in die Kammer
und winselte wie ein junges Kind. Dem guten Manne war
darüber Leid und [er] wußte nicht, wie er ihm tun sollte.
Da schrien die Pfaffen, ei da seht ihr, wie es geht, wenn
man nicht Vigilien hält etc. Wie tut das arme Seelchen.
Darauf schickte der Bürger an mich und ließ mich um Rat
fragen, denn es war mein Sermon über den Spruch. Sie ha-

ben Mosen und die Propheten ausgegangen, den hatte er gelesen. Da schrieb ich ihm wider, er sollte nichts halten lassen, denn er und das ganze Hausgesinde sollt's gewißlich dafür halten, daß es der Teufel wäre, der solches anrichtete. Das taten die Kinder und Gesinde und verachteten den Teufel und sprachen, Teufel, was machst du, hast du sonst nichts mehr zu tun? Heb dich du verfluchter Geist dahin, du gehörst in Abgrund der Hölle. Wie nun der Teufel das merkte, da war er kein Kind mehr, sondern er polterte, stürmte, warf und schlug und tat scheußlich, ließ sich oft sehen wie ein Wolf, der da heulte. Aber die Kinder und jedermann verachteten ihn. Wenn irgends eine Magd mit dem Kinde die Treppen hinaufging, so trappte er mit den Händen hinnach, so sagte denn das Gesinde, hui bist du toll?

Endlich kam Herr Jacob, der Probst von Bremen gen Magdeburg, und zog zu dem Mann zur Herberge ein, und wollte den Geist auch hören. Der Wirt sagte ja, ihr sollt ihn wohl hören auf den Abend um acht Uhr, sagte er, da höret drauf, da wird er kommen. Das geschah also, er kam über den Ofen und warf alles herunter. Da sagte Herr Jacob, wohlan, ich hab ihn gehört, wir wollen zu Bette gehen. Es waren aber zwei Kammern nebeneinander, in der einen lag seine Frau und die Kinder und Gesinde, er Jacob und der Wirt lagen draußen vor der Kammer. Wie der Jacob sich nun zu Bette legte, da kam der Teufel und spielte mit ihm und nahm ihm das Deckbett. Da hatte [es] Herrn Jacob gegraut und [er] hatte fleißig gebetet und [es] war ihm angst und bange gewesen, denn er hatte auf dem Boden übel gerumpelt und gepoltert. Letztlich kam er hinüber zu der armen Frau, die in der einen Kammer lag, mit der scherzte er auch also, lief auf ihrem Bett daher wie eitel Rattenmäuse. Da er nun nicht wollte aufhören, da ging das Weib her und wandte den Arsch zum Bette hinaus und ließ ihm einen Furz (mit Züchten zu reden) und sprach, siehe da, Teufel, da hast du einen Stab, den nimm in deine Hand und gehe damit Wallfahrt gen Rom zu deinem Abgott, dem Papst, und hole dir Ablaß von ihm, spottete also noch des Teufels dazu. Nach dem blieb der Teufel mit seinem Poltern draußen.

Jacob und Wilhelm Grimm

DAS TEUFELSLOCH ZU GOSLAR

In der Kirchenmauer zu Goslar sieht man einen Spalt und erzählt davon so: Der Bischof von Hildesheim und der Abt von Fulda hatten einmal einen heftigen Rangstreit, jeder wollte in der Kirche neben dem Kaiser sitzen, und der Bischof behauptete den ersten Weihnachtstag die Ehrenstelle. Da bestellte sich der Abt heimlich bewaffnete Männer in die Kirche, die sollten ihn den morgenden Tag mit Gewalt in Besitz seines Rechtes setzen. Dem Bischof wurde das aber verkundschaftet und ordnete sich auch gewaffnete Männer hin. Tags darauf erneuerten sie den Rangstreit mit Worten, dann mit der Tat, die gewaffneten Ritter traten hervor und fochten; die Kirche glich einer Walstätte, das Blut floß stromweise zur Kirche hinaus auf den Gottesacker. Drei Tage dauerte der Streit, und während des Kampfes stieß der Teufel ein Loch in die Wand und stellte sich den Kämpfern dar. Er entflammte sie zum Zorn, und von den gefallenen Helden holte er manche Seele ab. Solang der Kampf währte, blieb der Teufel auch da, hernach verschwand er wieder, als nichts mehr für ihn zu tun war. Man versuchte hernachmals, das Loch in der Kirche wieder zuzumauern, und das gelang bis auf den letzten Stein; sobald man diesen einsetzte, fiel alles wieder ein, und das Loch stand ganz offen da. Man besprach und besprengte es vergebens mit Weihwasser, endlich wandte man sich an den Herzog von Braunschweig und erbat sich dessen Baumeister. Diese Baumeister mauerten eine schwarze Katze mit ein, und beim Einsetzen des letzten

Steines bedienten sie sich der Worte: »Willst du nicht sitzen in Gottes Namen, so sitz ins Teufels Namen!« Dieses wirkte, und der Teufel verhielt sich ruhig, bloß bekam in der folgenden Nacht die Mauer eine Ritze, die noch zu sehen ist bis auf den heutigen Tag.

Nach Aug. Lerchheimer: Von der Zauberei, sollen der Bischof und Abt darüber gestritten haben, wer dem Erzbischof von Mainz zunächst sitzen dürfe. Nachdem der Streit gestillet war, habe man in der Messe ausgesungen: »*Hunc diem gloriosum fecisti.*« Da fiel der Teufel unterm Gewölb mit grober, lauter Stimme ein und sang: »*Hunc diem bellicosum ego feci.*«

Sechstes Kapitel

TEUFELSKINDER

Étienne de Bourbon
DAS DEM TEUFEL GEWEIHTE KIND

Die Gattin eines Grafen, die Nachkommenschaft ver-
mißte, bat Gott oft, ihr ein Kind zu schenken; da sie es aber
nicht erhielt, versprach sie endlich dem Teufel, ihm, wenn
er ihr ein Kind schenke, dieses zu weihen, und er tat es. Sie
empfing und gebar einen Sohn, dem sie in der Taufe den
Namen Robert gab. Wie dieser Sohn mit dem Fortschrei-
ten der Zeit wuchs, also wuchs auch in ihm die Bosheit
mehr und mehr; zuerst biß er die Amme in die Brüste,
größer geworden schlug er die andern, dann verdarb und
beraubte er, wer ihm begegnete, später raubte und schändete er Jungfrauen und Weiber und fing Männer und tötete sie; wie er aber auch im Laufe der Zeit an Schlechtig-
keit zunahm, als er Ritter geworden war, wurde er noch
gottloser. Durch die Wehklagen seiner Opfer bewegt,
sagte ihm endlich einmal seine Mutter, daß bei ihm alles
umsonst sei, weil ihm bestimmt sei, nichts sonst zu tun als
böses; da ging er mit gezücktem Schwerte auf sie los und
schrie ihr zu, entweder werde er sie töten oder sie müsse
ihm sagen, warum sie das gesagt habe und warum er so
böse sei. Von Furcht getrieben und von Schrecken erfaßt,
erzählte sie ihm, wie sie ihn dem Teufel gegeben habe und
was oben berichtet ist. Als er das hörte, ließ er alles zurück
und zog nach Rom. Oft und oft versuchte er vergebens,
ob er dem Papste beichten könnte, endlich aber faßte er
ihn bei einer Prozession an den Füßen und sagte ihm, er
lasse sich lieber töten, als daß er nicht mit ihm sprechen
sollte. Nachdem ihn nun der Papst gehört hatte, sandte er
ihn zu einem heiligen Einsiedler, und dieser bat in der
Messe Gott, ihm kundzutun, was er ihm für eine Buße
auferlegen solle, weil er selbst zu verwirrt war über die Erzählung der begangenen Greuel; und Gott schickte ihm
durch eine Taube einen Zettel, worauf geschrieben stand,
Robert solle niemals wieder sprechen, es sei denn mit der

Erlaubnis des genannten Einsiedlers, und er solle sich als Narren stellen, alle Unbill, welche ihm die Knaben und andere zufügen würden, geduldig ertragen, bei den Hunden liegen und nichts andres essen, als was er ihnen wegnehme. Diese Buße nahm Robert willig auf sich wie ein ihm von Gott verliehenes Geschenk und versprach, sie treulich zu vollziehen. Vom Eremiten wie ein Narr geschoren, ging er zur Stadt des Königs, raufte mit den Hunden und riß ihnen die Brocken, die ihnen zugeworfen wurden, aus den Zähnen, und die Hofleute warfen ihnen Knochen und andres hin, damit sie seinen Kampf mit den Hunden sähen. Als aber der König merkte, daß er nichts andres essen wollte, als was den Hunden vorgeworfen wurde, warf er ihnen gar viel hin, auf daß es der, den er für einen Narren hielt, esse. Er wollte nirgends sonst liegen als bei den Hunden unter der Treppe, wo er die Nacht mit Weinen und Beten verbrachte. Aber der König, der großes Mitleid hatte mit ihm, ließ nicht zu, daß er gequält worden wäre. Da ereignete es sich, daß die Barbaren gegen den König losstürmten und sein Reich verwüsteten, und der König zog mit den Seinen hinaus zur Schlacht. Robert trug Mitleid mit ihm und betete für ihn; da erschien ihm ein Engel Gottes und hieß ihn, ihm zu folgen und die Waffen, die ihm Gott gesandt habe, zu nehmen, seinem Herrn zu Hilfe zu eilen und sie nach dem erkämpften Siege wieder dorthin zu legen, woher er sie genommen habe. Er führte ihn zu einem Quell im Garten des Königs, wappnete ihn dort mit einer weißen Rüstung, die ein rotes Kreuz trug, und ließ ihn auf ein weißes Pferd steigen. Und Robert sprengte zum Heere und schlug und zerstreute die Feinde; und als der Sieg errungen war, kehrte er zurück und brachte die Rüstung und das Pferd wieder an den Ort, wie ihm der Engel befohlen hatte. Dabei beobachtete ihn die einzige Tochter des Königs, die stumm war, vom Fenster ihrer Kammer; als nun der König heimgekehrt war und seine Leute fragte, wer der Ritter mit der weißen Rüstung, der das getan habe, gewesen sei, und ihn

niemand zu finden wußte, zeigte das stumme Fräulein mit
dem Finger auf den Narren, jedoch der König achtete seiner nicht. Da nun die Feinde mit einem größeren Heere

wiederkamen, tat Robert auf Geheiß des Engels ebenso wie das andere Mal und rettete den König und sein Heer und überwand alle Feinde. Der König, der seine Taten sah, befahl seinen Rittern, ihn, wenn sie ihn auf keine andere Weise vor ihn bringen könnten, zu fangen, damit er ihn erhöhe und ehre. Dabei stieß ihm ein Ritter, der ihn vergeblich zu fangen suchte, den Speer in das Bein, so daß er ihn verwundete, und das Eisen des Speeres blieb in der Wunde stecken. Robert legte bei dem genannten Quell die Rüstung ab, zog das Eisen heraus, warf es weg und legte Kräuter auf die Wunde; dabei sah ihn wieder die Königstochter und sie lief hin und nahm das Eisen. Als dann der König verkündete, der Ritter, der den Sieg erfochten habe, solle zu ihm kommen, er werde ihm seine Tochter zum Gemahl geben und ihn zum Erben der Krone einsetzen, da verwundete sich der Seneschall am Beine und brachte das Eisen eines Speeres herbei, und der Ritter, der Robert verwundet hatte, wagte nicht zu sagen, es sei nicht sein Eisen, obwohl er es genau erkannte. Nun sollte ihm das Fräulein verlobt werden; aber sie wehrte sich mit Zeichen dagegen, so gut wie sie konnte, deutete auf den Narren und verwarf den Seneschall. Der Vater schlug und zwang sie, da öffnete der Herr ihren Mund, und sie erzählte dem Vater, was sie gesehn hatte, und brachte das Eisen herbei, und der Ritter erkannte es als das seine und steckte es an die Spitze seines Speeres. Zudem wollte es die göttliche Offenbarung, daß auch der Eremit kam, der Robert die Buße auferlegt hatte, und er befahl ihm, zu sprechen und die Wahrheit zu künden, was Robert nur widerwillig tat. Als ihm aber der König seine eingeborene Tochter geben, auf sein Reich verzichten und es ihm überlassen wollte, und als ihn auch die Leute seines Vaters, die davon hörten, heimforderten, damit er über sie herrsche, wollte er niemand Gehör schenken. Er verließ alles, zog mit dem Eremiten von dannen und führte fortan das Leben eines Einsiedlers.

Aus den Gesta Romanorum
Der Berg der Verwünschten

Gervasius von Tilbury berichtet eine Begebenheit, die zwar neu und ungewöhnlich, aber voll guter Lehren ist, und Unvorsichtige auf leichte Weise lehrt, auf ihrer Hut zu sein. Unter dem römischen Kaiser Otto befand sich in Catalonien, im Bistum Girona, ein hoher Berg, dessen Gipfel aber sehr steil und beinahe unersteiglich war, und auf dessen Spitze sich ein See befand, der ein schwarzes und in seiner Tiefe unergründliches Wasser enthielt. Dort soll aber der Aufenthalt der bösen Geister sich wie ein Palast weit ausdehnen, aber eine verschlossene Pforte enthalten. Das Äußere dieser Wohnung aber, so wie der Geister selbst, hielt man gewöhnlich für unbekannt und unsichtbar. Wenn nun jemand einen Stein oder irgend einen andern festen Körper in die See warf, brach sogleich, wie wenn die Geister erzürnt wären, ein Gewittersturm los. Auf der einen Seite des Berges liegt aber beständig Schnee, dort ist fortwährend Eis, eine Menge Kristalle, aber niemals ein Sonnenstrahl sichtbar. Am Fuße dieses Berges befindet sich ein Fluß, der Goldsand enthält, und aus diesem Sande wird das Gold, welches man gewöhnlich Waschgold nennt, herausgezogen. Im Innern und Umkreis dieses Berges wird aber Silber ausgegraben, und ist derselbe fruchtbar an vielerlei Dingen. Nun wohnte auf einem Gute, welches an diesen Berg stieß, ein Landmann, der, wie er eines Tages mit häuslicher Arbeit dringend beschäftigt war, und durch das fortwährende und nicht zu beruhigende Geheul seines kleinen Töchterchens gestört wurde, endlich, wie es Zornige zu tun pflegen, sein Kind dem Teufel befahl. Alsbald kam diesem unbesonnenen Wunsche der Empfänger bereitwillig entgegen, und ein Haufe von Teufeln trug, ohne daß man sie sehen konnte, das Mägdlein hinweg. Als nun ein Zeitraum von sieben Jahren seit jener Zeit vergangen war, erblickte ein Einwohner dieses Landes, welcher am Fuße dieses Berges seine Straße zog, einen Mann, der schnellen Laufes an ihm vorübereilte und mit weinerlicher Stimme klagend ausrief: »O ich Elender, was soll ich anfangen, der ich von einer so großen Last zu Boden gedrückt werde.« Als er nun von dem Wanderer gefragt wurde, was denn der Grund seiner so großen Betrübnis sei, antwortete er, er sei nun schon sieben Jahre auf dem Berge herumgelaufen, weil er sich den Teufeln befohlen habe, die sich seiner täglich nun als ihres Reitpferdes bedienten. Um nun dem Zuhörer eine so unwahrscheinliche Sache mehr glaublich zu machen, fügte er hinzu, die Tochter eines seiner Nachbarn, welche er kenne, befinde sich in gleicher Lage, und sei gleichsam dem Teufel befohlen worden, daß indessen die Teufel, welche der Erziehung dieses Mädchens überdrüssig wären, dieselbe längst gern ihrem Verflucher zurückgegeben haben würden, wenn nur ihr Vater sie auf dem Berge wieder in Empfang nehmen wollte. Der Helfer stutzte lange, ob er das Unglaubliche verschweigen oder reden solle, wählte aber endlich das Letztere, nämlich den Vater von dem Zustande seiner Tochter in Kenntnis zu setzen. Wie er nun zu dem Vater derselben kommt, trifft er ihn laut klagend über den lange dauernden Verlust seines Kindes, fragt ihn um den Grund seiner Wehklagen, und als er die Sache bestätigt findet, fügt er das hinzu, wovon wir eben gesagt haben, daß er von dem, welchen die Teufel als Saumroß gebrauchten, gehört hatte. Als jener ihn nun um seinen Rat bat, sagte er, er solle an den bezeichneten Ort kommen, und unter Anrufung des Namens Gottes die Teufel beschwören, ihm die ihnen anbefohlene Tochter zurückzugeben. Als nun der Vater die Worte des Boten vernommen hatte, staunte er sehr, als er jedoch bedachte, was er machen solle, zog er es vor, sich dem Rat des Boten zu unterwerfen. Er stieg hierauf auf den Berg, und lief den See entlang, indem er die Teufel beschwor, ihm die ihnen anbefohlene Tochter zurückzugeben. Auf einmal erscheint seine Tochter vor ihm, wie durch einen plötzlichen Windstoß hergebracht, von hoher Gestalt, mit unsteten Augen und Knochen und Sehnen, die kaum in der Haut zu hängen schienen, schrecklich anzusehen, ohne Begriffe und kaum etwas Menschliches verstehend und kennend. Der Vater aber wunderte sich über das ihm wiedergeschenkte Kind, und in Zweifel, ob er es erziehen und bei sich behalten solle, begab er sich zum Bischof von Girona, erzählte ihm die traurige Begebenheit und fragte ihn bekümmert, was er tun solle. Der Bischof aber, als ein frommer Herr, der die ihm anvertraute Herde durch sein gutes Beispiel belehrte, befragte das Mägdlein in Gegenwart aller, und als er alles, was ihr begegnet war, nach der Reihe erkundet hatte, lehrte er seine Untergebenen in einer Predigt, wie sie künftighin nichts mehr den bösen Geistern befehlen sollten, weil unser Erbfeind, der Teufel, herumgeht wie ein brüllender Löwe und sieht, wen er verzehre, einige aber, welche sich ihm ergeben hätten, hinopfere und andere, ohne Hoffnung auf Rückkehr, eingekerkert halte, auf daß sie ihre Verwünschung aufreibe und abzehre. Und nicht lange nachher kam auch der, welchen die Teufel zu ihrem Reitpferde gebrauchten, durch den Ratschluß des himmlischen Vaters aus seiner Verwünschung an den Tag, und weil er bei seiner Entführung mehr und vollständiger seine Vernunft besessen hatte, so erzählte er den Gläubigen und Verständigen, wie es bei den Teufeln hergeht. Er versicherte aber, es befinde sich neben dem genannten Platze in einer unterirdischen Höhle ein breiter Palast, an dessen Eingange eine Pforte liege, und dort sei alles dunkel; dorthin kämen bei gegenseitiger freudigen Begrüßung die Teufel zusammen, wenn sie alle Teile des Erdkreises durchwandelt hätten, und berichteten ihren Vorfahren, was sie getan hätten. Indessen betritt das Innere dieses Palastes keiner als sie selbst und diejenigen, welche durch das Joch ewiger Verdammnis den Teufeln zu eigen geworden sind.

Ein mächtiger König von Spanien, ein Heide, entbehrte der Nachkommenschaft und brachte seinen Göttern viele Schätze als Opfer dar, um ein Kind zu bekommen. Da er aber nichts erreichte, wurde ihm ein christlicher Einsiedler gewiesen, jedoch heimlich, und der antwortete ihm: »Wenn du ein Kind haben willst, so gebe ich dir einen heilbringenden Rat.« Darauf sagte der König, er werde alles tun, was er ihm befehle; da befahl er dem Könige, ein Christ zu werden, und der König versprach, sich taufen zu lassen, und so geschah es auch. Nun dauerte es nicht lange, so empfing die Königin und gebar einen herrlich schönen Sohn. Und die Königin wurde mit allen ihren Mägden ebenso getauft wie der König mit seinem ganzen Hofe und seinem ganzen Heere. Und alles war außer sich vor Staunen über das Wunder, das Christus in der genannten Königin, die unfruchtbar gewesen war, dargetan hatte. Aber der Widersacher des Menschengeschlechtes, den der Verlust so vieler Seelen schmerzte, verwandelte sich in einen neugeborenen Knaben, packte den Prinzen, trug ihn in den Wald nach Rom und hängte ihn in einem Korbe an einem Lorbeerbaume auf und ließ ihn hangen. Fortan weilte der Teufel in der Gestalt des Knaben um den König und machte dem Könige und seinem Gesinde viel Leid und zeigte sich in allem widerwärtig und gehorchte weder der Königin noch den andern; als das die Eltern, die ihn für ihren Sohn hielten, sahen, wurden sie arg verstört und widerriefen ihre Taufe, und der Sohn höhnte Gott und wurde immer böser und verfolgte die Christen, und so ward der Wille des Teufels erfüllt. Eines Morgens aber lustwandelte der Papst Sixtus im Walde und da hörte er den Knaben im Korbe, in dem er hing, schreien. Er nahm ihn heraus und taufte ihn im Namen der heiligen Dreieinigkeit, unterwies ihn vollkommen im katholischen Glauben und gab ihm in der Taufe den Namen Laurentius;

und er nährte ihn und erzog ihn von Jugend auf treulich zum Gebete. Und der Knabe wuchs und wurde herrlich schön: er hatte Lockenhaare, schwarze Augen, ein liebliches Gesicht und langgestreckte rosige Glieder; und so fand ein großer Baron, der der Nachkommenschaft und eines Erben entbehrte, Gefallen an Laurentius und erlangte vom Papste Sixtus die Erlaubnis, ihn an Kindes statt annehmen zu dürfen, und er machte ihn zum Erben seiner Güter. Als er nun die Schulen besuchte, verspotteten ihn die andern Schüler und sagten: »Du hast in einem Korbe gehangen und stammst nicht von wirklichem Samen. Der Herr, der dich zu seinem Erben erwählt hat, täuscht sich selber elendiglich, wenn er sagt, daß du sein Sohn seiest, und meint, wir wüßten es nicht.« Und sie sagten: »Du entstammst keinem echten Bette.« Laurentius wurde, als er das hörte, sehr traurig und sprach zu sich: »Ich will fortgehn und der Gewißheit nachspüren, wer mein Vater oder meine Mutter ist.« Davon wußte aber der Herr, der ihn an Sohnes statt angenommen hatte, nichts. Er entwich und erduldete schweres Ungemach und suchte seinen Vater und seine Mutter in verschiedenen Gegenden, jetzt auf den Straßen, dann in den Wäldern und so an mancherlei Orten. Da geschah es, daß er eines Nachts, ermattet von der Wanderung, in einen Wald kam und hier über Nacht ruhte, und er erstieg aus Furcht vor den wilden Tieren einen hohen Baum. Als er dort oben ruhte, aber ob der allzu großen Anstrengung seiner Reise noch keinen Schlaf finden konnte, hörte er einen großen Lärm von Teufeln unter dem Baume, auf dem er ruhte. Die waren dort zusammengekommen, um einen Schmaus zu halten, von ihren Taten zu berichten und sich ihrer zu rühmen; und einer von ihnen rühmte sich, er habe mehr getan als alle andern: »Ich habe den Sohn des Königs von Spanien gestohlen und ihn in Rom an einen Lorbeer gehängt; ich habe seinen Platz eingenommen und werde köstlich genährt und habe durch meine Schlauheit den König und sein ganzes Gesinde dem christlichen Glauben abspenstig gemacht.« Das hörte Laurentius. Er eilte nach Spanien, fand aber den König nicht, und die Soldaten des Königs wollten ihn töten, weil er ein Christ war. In der Königin jedoch regte sich, als sie den Knaben sah, das natürliche Blut und die Liebe der Mutter, sodaß sie es nicht erlaubte, daß er getötet worden wäre; denn es schien ihr, als ob sie noch nie einen schönern Knaben gesehn hätte, und sie verlangte von den Soldaten, sie sollten verziehn, bis der König dasei. Als nun der König in den Palast eintrat und den Knaben sah, begann er ihn sofort mit väterlicher Liebe zu lieben und er fragte ihn, wer er sei und woher er sei und wer sein Vater oder seine Mutter sei. Da erzählte er dem Könige alles, was er gehört hatte, und sagte: »Zeigt mir den, der sagt, er sei Euer Sohn, und mich in solches Elend gebracht hat.« Man brachte den Teufel herbei, und Laurentius sagte: »Böser Geist, ich befehle dir durch die Kraft der heiligen Dreieinigkeit, daß du sagest, wie alles geschehen ist und wer der Sohn des Königs ist.« Der Teufel sagte: »Ich war neidisch, weil sich der König zum christlichen Glauben bekehrt und sich von mir abgewandt hat; darum habe ich so viel Bitternis über dich gebracht, damit ich sie dem christlichen Glauben abspenstig machte und unserm Dienste gewänne. Und der Sohn des Königs ist kein anderer als der, der mit mir spricht.« Dann entwich er mit großem Geheule und verbrannte einen Teil des königlichen Palastes und verschwand. Vater und Mutter eilten mit offenen Armen auf Laurentius zu und waren glückselig. Und der König nahm, durch dieses Wunder bewogen, die Buße für die Sünde, daß er den Glauben verleugnet hatte, auf sich und er erlangte Gnade vor Gott und erbaute in der Verfolgung seiner Buße Klöster und Kirchen und zerstörte die Tempel der Götzen. Laurentius aber verteilte, nachdem sein Vater und seine Mutter gestorben waren, ihren ganzen Schatz unter die Armen. Papst Sixtus bekam Kunde von den Ereignissen, begab sich in großer Freude nach

Spanien und nahm Laurentius mit seinem Verwandten Vincentius feierlich mit nach Rom, wie man in der Legende von ihnen findet.

Aus den Tischreden Martin Luthers

Vom Teufel und seinen Werken
Ein gottloser Mensch ist ein Kontrafakt oder Bild des Teufels

Da einer sagte, ich möchte gerne wissen, wie der Teufel gestaltet und gesinnet wäre. Sprach D. Mart., willst du die rechte Gestalt oder Bild des Teufels sehen, und wie er gesinnet ist eigentlich erkennen, so hab wohl Achtung auf alle Gebote Gottes ordentlich nacheinander, und stelle dir vor Augen einen argen, schändlichen, verlogenen, verzweifelten, verruchten, gottlosen, lästerlichen Menschen, dessen Sinn und Gedanken allein dahin gerichtet sind, daß er wider Gott auf allerlei Weise handele und den Menschen Leid und Schaden tue, da siehst du den Teufel leibhaftig.

Erstlich ist in ihm keine Furcht, Liebe, Glaube, Vertrauen zu Gott, daß ER gerecht, treu, wahrhaftig etc. sei, sondern eitel Verachtung, Haß, Unglaube, Verzweiflung, Gotteslästerung etc. Da siehst du des Teufels Kopf, der stracks gerichtet ist wider das Erste Gebot der ersten Tafel.

Zum andern, ein Christgläubiger führet den Namen Gottes nützlich, breitet sein Wort aus, ruft IHN von Herzen an in der Not, dankt ihm, wenn es wohl zugehet, bekennet sein Wort etc. Dieses Teufelskind aber tut stracks das Widerspiel, hält Gottes Wort für eine Fabel, mißbraucht schrecklich Gottes Namen, schändet und lästert ihn, schilt und flucht greulich dabei etc., ruft an und ergibt sich dem bösen Feind, da siehst du des Teufels Maul und Zunge, stracks gerichtet wider das ander Gebot etc.

Zum dritten, ein Christ hält das Predigtamt lieb und wert, höret und lernet Gottes Wort mit rechtem Ernst und Fleiß, braucht der heiligen Sakramente nach Christus Befehl und Ordnung, gehet fleißig zur Predigt, nicht allein zu seiner Besserung und Trost, sondern auch anderen zum guten Exempel. Ehret und verteidiget fromme treue Diener des Worts, lasset sie nicht Mangel leiden etc.

Dieses Teufelskind aber tut stracks das Widerspiel, hält nichts vom Predigtamt, höret Gottes Wort nicht oder je sehr unfleißig, läßt's zu einem Ohre ein-, zum andern wieder ausgehen, da doch Gott durch die Prediger selber mit uns redet, uns seinen Willen offenbaret, sondern verachtet es, redet übel davon und verkehret es lästerlich, hat seinen Spott daraus, ja hasset und ist Feind derselben Diener, die seiner Person halben müßten wohl Hungers sterben, braucht keines der Sakramente etc. Da siehst du des Teufels Ohren, eisernen Hals und Nacken stracks gerichtet wider das dritte Gebot.

Begehrest du weiter, wie des Teufels Leib oder Körper gestaltet sei, so höre die folgenden Gebote der andern Tafeln und habe acht darauf.

Auf's erste, ein frommer Christ ehret und gehorchet um Gottes Willen, der es geboten und befohlen hat, seinen Eltern, Obrigkeit, Seelsorgern, Zucht- oder Lehrmeistern etc. Ein solches Teufelskind tut stracks das Widerspiel, gehorchet seinen Eltern nicht, dienet und hilft ihnen nicht, ja unehret, verachtet und betrübt sie, verläßt sie in ihrer Not, schämet sich ihrer, wenn sie arm sind, spottet ihrer, wenn sie alt, gebrechlich und kindisch werden, gehorchet der Obrigkeit nicht, erzeiget ihr keine Ehre, sondern redet ihr übel nach, setzt sich wider sie, bewegt andere zu Ungehorsam und Aufruhr wider sie etc., fraget nach keiner Vermahnung, Strafe, Zucht, Ehre, sondern hasset sie etc. Da siehst du des Teufels Brust.

Zum andern, ein frommes Herz beneidet seinen Nächsten nicht, trägt keinen Unwillen wider ihn, begehrt sich nicht an ihm zu rächen, wenn er schon Ursache hat, ja hat

Mitleid mit ihm, wenn ihm Leid oder Schaden widerfährt, hilft und schützt, so viel ihm möglich, wider die, so ihm nach Leib und Leben stehen etc.

Dieses Teufelskind aber tut stracks das Widerspiel. Kann er seinem Nächsten an Leib und Leben keinen Schaden tun, mit der Faust nicht ermorden, so hasset und neidet er ihn doch, zürnet mit ihm, ist ihm von Herzen Feind, gönnet ihm das Leben nicht. Geht es ihm aber übel, so ist er fröhlich und lacht sich in die Faust. Da siehst du des Teufels grimmig, zornig und mörderisch Herz.

Zum dritten, ein gottfürchtiger Mensch lebt züchtig und keusch, meidet allerlei Unzucht, fürchtet sich vor Gottes Zorn und ewiger Strafe, der die Hurer, Ehebrecher etc. richten wird. Und Paulus zu den Ephesern am fünften sagt, kein Hurer, Unreiner etc. hat Erbe am Reich Gottes. Kann er nicht keusch leben, so hält er sich nach Sanct Paulus Rath, um Hurerei willen zu vermeiden, hab ein jeglicher sein eigen Gemahl. Item, es ist besser freien denn Brunst leiden. In der ersten Epistel zu den Korinthern am VII. Kapitel.

Dieses Teufelskind aber tut stracks das Widerspiel, übet allerlei Unzucht und Schande, mit Worten, Gebärden, mit der Tat, wie er dazu kann kommen, durch Hurerei, Ehebruch, Blutschande, Sodomie. Da siehst du des Teufels Bauch.

Zum vierten, ein gottseliger Mensch nähret sich seiner Arbeit, Gewerbs, Handels etc. mit Gott und Ehren, entwendet niemandem das Seine, ja leihet, hilft und gibt dem Notdürftigen nach seinem Vermögen etc. Dieses Teufelskind aber hilft und gibt niemandem, auch im Geringsten nicht, sondern geizet, wuchert, raubet und stiehlt, wie es kann, durch Gewalt, Tücke oder List, braucht allerlei Vorteil, seinen Nächsten zu betrügen und Schaden zu tun, mit falscher Ware, Ellen, Gewicht, Maß etc. Da siehst du des Teufels Hände und scharfe, spitzige Klauen.

Zum fünften, ein frommer Mensch redet von niemand

übel, will schweigen, daß er seinen Nächsten belügen oder fälschlich wider ihn zeugen sollte. Ja, wenn er auch weiß, daß er Schuld hat, deckt er aus Liebe seine Sünde zu, es sei denn, daß er von der Obrigkeit angesprochen wird, die Wahrheit zu bekennen etc. Dieses Teufelskind aber tut stracks das Widerspiel, redet nach, bezichtigt, belanget fälschlich seinen Nächsten, verkehret, was er recht geredet hat, verrät ihn auch, wo er kann. Da siehst du des Teufels bösen Willen.

Zum sechsten und letzten. Ein Christ trachtet nach seines Nächsten Haus, Erbe, Gut etc. nicht, entführet ihm sein Weib oder Tochter nicht, spannet ihm sein Gesinde nicht ab, sondern läßt ihm alles, was sein ist unentfremdet, ja hilft ihm, wo er kann, daß er das Seine behalte. Dieses Teufelskind aber tut stracks das Widerspiel, gedenkt, trachtet und sucht Ursache, Tag und Nacht, wie er kann, mit Gewalt oder List, daß er seinen Nächsten bringe um Haus, Hof, Äcker, Land, Leute etc., sein Weib zu sich ziehe, sein Gesinde abspanne, seine Untertanen widerspenstig mache, sein Vieh ihm entwende. Da siehst du des Teufels Lust.

Eine solch freundliche Gestalt und Bild hat der Teufel. CHRISTUS hat dem Bösewicht mit kurzen Worten seine rechte Farbe angestrichen. Johan. VIII., da Er spricht, Er sei in der Wahrheit nicht bestanden. Item, Er sei ein Lügner und Mörder. Denn durch Lügen (doch unter dem Schein der Wahrheit) betrügt und verführt er fromme gottselige Leute, wie er Adam und Eva im Paradies zu Fall brachte, da sie Gottes Gebot übertraten, in Sünde und Tod fielen etc. Darum, je heiliger die Leute sind, je in größerer Gefahr sie stehen. Die Gottlosen hält er nach seinem Willen gefallen, die lebendig tot sind in ihren Sünden.

Mögen [wir] uns deshalb vor ihm wohl vorsehen, zu Christo Zuflucht haben, der ihm den Kopf zutreten hat, und uns von der Lügen erlöset und die Wahrheit, als der rechte einiger Meister und Lehrer, gelehret, wie geschrieben stehet, den sollt ihr hören und uns durch seinen Tod vom ewigen Tod errettet und das ewige Leben erworben hat.

Siebentes Kapitel

DER PAKT MIT DEM TEUFEL

Notker der Stammler

DER TEUFEL NUTZT HABGIER UND EITELKEIT

Während ich meine Augen auf das Haupt der Franken richte und die Glieder seines Reiches mustere, habe ich die übrigen Völker, Hohe und Niedrige, dahintengelassen. Ich muß aber jetzt auf unsere Nachbarn kommen, die Italer, die nur durch eine Mauer von uns getrennt sind. Dort lebte ein Bischof, der voll Begierde nach eiteln Dingen war. Der Teufel merkte das, erschien einem armen, aber an Habgier reichen Mann in Menschengestalt und versprach, ihn nicht wenig reich zu machen, wenn er mit ihm auf ewige Zeiten ein Bündnis eingehen wolle. Als der Arme dazu nicht nein sagte, erklärte der listige Feind: Ich verwandle mich in ein vortreffliches Maultier; Du aber besteige mich und reite zum Hof des Bischofs. Wenn dieser anfängt, nach dem Maultier Lust zu bekommen, ziehe die Sache hinaus, zögere, lehne ab, setz den Preis herauf, spiel

den Empörten und tu als wolltest Du weggehen. Dann muß er hinter Dir herschicken und Dir viel Geld versprechen. Schließlich, erweicht durch seine Bitten und beladen mit unendlich viel Geld, übergib ihm scheinbar ungern und nur gezwungen das Maultier, entferne Dich schleunigst und such Dir irgendwo ein Versteck. Dies geschah, und der Bischof, der es nicht fertig brachte, bis zum nächsten Tag zu warten, bestieg gerade in der Mittaghitze das Reittier, ritt stolz durch die Stadt und hinaus, um durch die Ebene zu jagen, und eilte dann zum Fluß, um sich abzukühlen. Ihm zu Ehren folgte jedes Alter, um seinen gewandten Ritt, seine fliegende Eile und sein delphingleiches Schwimmen zu sehen. Und siehe, der alte Belial, als wollte er Zaum und Zügel nicht dulden, vom Feuer der wahren Hölle glühend, begann sich in die Tiefe eines Strudels zu stürzen und den Bischof mit sich zu reißen, so daß er kaum durch eine Kriegerschar und die Anstrengungen der in der Nähe arbeitenden Fischer gerettet werden konnte.

Aus dem Annolied

Der Teufel verführt den Vogt Volprecht

Arnold hieß ein höchst ehrenwerter Ritter;
der hatte einen Untergebenen namens Volprecht,
der durch weltliches Verschulden
die Gunst seines Herrn verloren hatte.
Darauf begann er an Gott zu zweifeln
und suchte Hilfe beim Teufel:
Er erwählte ihn zu seinem Schutzherrn
gegen Arnold.
Eines Abends tat er einen Gang,
eine Feldlänge weit, zu seinem Pferd.
Da erschien ihm offen der Teufel.

Er verbot ihm gänzlich den christlichen Glauben
und befahl ihm, niemand zu erzählen,
daß er ihn gesehen habe.
Er sagte, falls er [= Volprecht] es gegenüber irgend
jemand erwähne,
zerreiße er ihn völlig in kleine Stücke;
wenn er ihm aber folge,
so besitze er einen zuverlässigen Freund.
Mit Drohungen und Versprechungen
verführte er da den Törichten,
so daß er sich auf des Teufels Versprechen verließ.
Das mußte er später bereuen.

Am anderen Tag war er mit Arnold zu Pferde unterwegs.
Er war sehr froh über des Teufels Verheißung.
Unter mancherlei Gesprächen kam er dazu,
Gott zu leugnen.
Die Heiligen Gottes begann er zu schmähen
– niemand sollte sich dessen erdreisten –,
bis der äußerst törichte Mensch schließlich anfing,
St. Anno zu schmähen.
Er sagte, er kenne das alles sehr wohl:
Alles sei ein schändlicher Betrug;
Anno habe immer in Sünden gelebt.
Was werde [denn] er für Wunder tun?
Diese freche Schmähung
mußte er alsbald büßen:
Auf der Stelle lief ihm
sein linkes Auge wie Wasser aus.
Als der Ungläubige
sich nicht besinnen wollte
[und fortfuhr], St. Anno zu beschimpfen,
da mußte er noch stärker dafür büßen.
Durch seinen Kopf fuhr ein Schlag,
so daß er am Boden lag.
Wie ein Geschoß spritzte sein rechtes Auge
weit aus ihm heraus.

Da fiel er ins Gras nieder
und schrie, entsprechend seinen Schmerzen.
Heftig erschraken sie überall darüber.
Mit ausgebreiteten Armen beteten sie zu Gott.

Arnold befahl, rasch zu reiten
und Kleriker für ihn herbeizuschaffen.
Dann führten sie ihn zu einer Kirche.
Sie ermahnten ihn, seine Sünden zu bekennen.
Schließlich fing der Verletzte an,
seine Hoffnung auf St. Anno zu richten.
Er bat ihn um seinen Beistand
[und bat], er möge ihn gesund machen.
Ein großes Wunder sahen
alle, die damals zugegen waren:
In den leeren Augenhöhlen
wuchsen wieder neue Augen,
so daß er alsbald völlig sehend war.
So herrlich ist die Macht Gottes!

Caesarius von Heisterbach
DER TEUFEL UND DAS STUDIUM

Vor vierundzwanzig Jahren war ein Abt in Morimond,
den folgende Not zum Orden trieb. Was ich von ihm sagen will, weiß ich aus der Erzählung Herrn Hermanns,
des Abtes von Marienstatt, der diesen Abt gesehen, ihn reden gehört und genau auf sein Benehmen achtgegeben
hat, da er gestorben war und wiederaufgelebt ist. Als er
noch jung war, studierte er mit andern Schülern in Paris.
Da er nun einen harten Kopf und ein schwaches Gedächtnis hatte, so daß er fast nichts begreifen noch behalten
konnte, so wurde er von allen verspottet, von allen für einen Dummkopf erklärt. Das betrübte ihn und schmerzte

ihn im tiefsten Herzen. Da geschah es, daß er erkrankte,
und siehe, der Satan trat zu ihm und sprach: Willst du mir
huldigen, so werde ich dir die Kenntnis aller Wissenschaften geben. Als der Jüngling das hörte, erschrak er und erwiderte dem Teufel: Weiche von mir, Satanas, denn nie
wirst du mein Herr sein, noch ich dein Mann. Da er ihm
nun nicht willfahren wollte, ergriff der Teufel gewaltsam
die Hand des Jünglings, drückte ihm einen Stein hinein
und sagte: Solange du diesen Stein in der Hand hältst,
wirst du alles wissen. Der Feind wich von dannen, der
Jüngling stand auf, ging in die Hörsäle, legte Fragen vor
und überwand alle im Disputieren. Jeder wunderte sich,
wie der Dummkopf zu solchen Kenntnissen, zu solcher
Redegabe käme. Er aber hielt die Sache verborgen und
wollte keinem Menschen die Quelle solcher Wissenschaft
verraten. Nicht lange darauf erkrankte er auf den Tod. Ein
Priester wurde gerufen, um seine Beichte zu hören, und er

berichtete unter anderm, wie er von dem Teufel den Stein erhalten habe und mit dem Stein die Wissenschaft. Der Priester sagte: Unglücklicher, wirf die Kunst des Teufels von dir, damit du nicht der Wissenschaft Gottes verlustig gehest. Erschreckt warf jener den Stein weg, den er noch in der Hand hielt, und tat damit die trügerische Wissenschaft von sich. Um kurz zu sein – der Kleriker starb, seine Leiche wurde in die Kirche gebracht und Schüler um die Bahre gereiht, um nach christlicher Sitte Psalmen zu singen. Indessen nahmen Dämonen die Seele und trugen sie nach einem tiefen, schrecklichen, Schwefeldämpfe aushauchenden Tal. Sie ordneten sich zu dessen beiden Seiten, und die auf der einen Seite standen, fingen an, die arme Seele wie beim Ballspiel zu werfen; die an der andern Seite fingen sie auf. Sie hatten aber so scharfe Krallen, daß sie spitze Nadeln und jede Eisenschärfe unendlich übertrafen. Von diesen wurde er so gepeinigt (wie er nachher erzählte), daß dieser Pein keine andere zu vergleichen war. Da erbarmte sich seiner der Herr und schickte einen Insassen des Himmels, einen ehrwürdigen Mann, der den Dämonen folgende Botschaft brachte: Höret, der Höchste befiehlt euch, daß ihr die von euch hintergangene Seele frei lasset. Sogleich verneigten sich alle und ließen die Seele, ohne sie länger zu berühren. Sie kehrte zum Körper zurück, belebte die entseelten Glieder, richtete sie auf und jagte die herumsitzenden Schüler in die Flucht. Dann stieg er von der Bahre, sagte, er sei am Leben, und gab, was er gesehen und gehört, mehr durch die Tat als durch Worte kund. Denn sogleich trat er in den Cistercienserorden und war so streng gegen sich, kasteite seinen Leib so erbarmungslos, daß alle, die ihn sehen konnten, wohl merkten, er habe die Strafen des Fegefeuers empfunden oder vielmehr die der Hölle. Nachher wurde wegen seines verdienstvollen Lebens der Auferweckte Abt in Morimond, einem der vier Hauptklöster, ein heiliger und gerechter Mann. Als ich den erwähnten Abt Hermann fragte, ob er ihn je habe lachen sehen, weil es von den Wiederauflebenden heißt, sie pflegten nicht zu lachen, antwortete er: Wisse, daß ich selbst bei ihm hierauf geachtet habe, und ich konnte in seinem Betragen nie auch nur eine Regung des Leichtsinns entdecken, von solchem Ernst war er, von solcher Langmut. Nie sah ich ihn auch nur lächeln noch leichtsinnige Worte äußern.

N. Ich möchte wissen, ob er etwas gesagt hat über die Gestalt und Art der Seele? M. Gewiß! Er behauptete, seine Seele sei gewesen wie ein gläsernes, rundes Gefäß, mit Augen hinten und vorn, habe das meiste gewußt, alles gesehen. Denn den Schülern, die um die Bahre gestanden, erzählte er alles, was sie getrieben hatten. Ihr, sagte er, habt gewürfelt; ihr habt einander an den Haaren gerissen; ihr habt fleißig gesungen.

GEFAHREN DES REICHTUMS

Vor etwa fünf Jahren wohnte bei Floreffia, einem Kloster des Prämonstratenserordens im Lütticher Sprengel, ein vornehmer Jüngling, dem sein Vater, ein mächtiger und angesehener Mann, sterbend große Reichtümer hinterlassen hatte. Der Jüngling, nach weltlichen Ehren lüstern, ward Ritter und geriet bald in große Armut. Denn um sich Ruhm bei den Menschen zu verschaffen, ergab er sich den Turnieren und teilte sein Gut freigebig an Gaukler aus. Und da zu solcher Verschwendung die jährlichen Einkünfte nicht reichten, so war er gezwungen, das väterliche Erbe zu verkaufen. Es wohnte aber in der Nähe ein reicher und angesehener Ritter, der jedoch Dienstmann war. Diesem mußte der Jüngling seine Allodien und Lehen teils verkaufen, teils verpfänden. Und als er nichts mehr zum Verkaufen oder Verpfänden hatte, dachte er daran, auszuwandern, weil es ihm erträglicher dünkte, bei Fremden zu betteln, als unter Verwandten und Bekannten die Schmach der Armut zu ertragen. Er hatte aber einen

Meier, einen bösen Menschen, der nur dem Namen nach, nicht in Wahrheit Christ war und sich ganz dem Dienste der Dämonen ergeben hatte. Da der seinen Herrn traurig sah und den Grund der Trauer wohl wußte, sagte er zu ihm: Herr, wollt Ihr reich werden? Er antwortete: Gern möchte ich reich werden, wenn es nur mit Gottes Willen geschehen könnte. Drauf der Meier: Fürchtet nichts, folgt mir nur, und es wird Euer Glück sein. Sogleich folgte er dem Elenden, wie Eva der Stimme der Schlange, wie der Pfeife des Vogelfängers der Vogel, um schnell in des Teufels Stricke zu geraten.

Und jener führte ihn in selbiger Nacht durch einen Wald in eine sumpfige Gegend und fing an zu sprechen, als rede er mit jemandem. Der Jüngling fragte: Mit wem sprichst du? Und der schändliche Meier antwortete seinem Herrn: Schweigt Ihr nur und laßt es Euch nicht kümmern, mit wem ich rede. Und da er wiederum redete und der Jüngling von neuem fragte, antwortete er: Mit dem Teufel. Da begann's dem Jüngling zu grausen, denn wem sollte nicht ein Grauen ankommen an einem solchen Orte, zu solcher Stunde und bei solchen Worten? Und es sprach der Meier zum Teufel: Herr, da bringe ich Euer Gnaden einen vornehmen Mann, meinen Herrn, der Eure Majestät anfleht, daß er durch Eure Hilfe wieder zu den früheren Reichtümern und Ehren gelange. Drauf der Teufel: Wenn er mir treu und ergeben sein will, so will ich ihm großen Reichtum geben und noch so viel Ruhm und Ehre hinzufügen, wie seine Väter nie besessen haben. Der Meier antwortete: Gern wird er Euch treu und zu Willen sein, wenn er solches erlangt. Drauf jener: Soll ich ihm dies gewähren, so muß er jetzt augenblicks den Höchsten verleugnen. Als der Jüngling das hörte und zu tun verweigerte, sagte der verlorene Mensch zu ihm: Was fürchtet Ihr Euch, ein Wörtchen auszusprechen? Sagt's, verleugnet ihn! Endlich ließ der Unglückliche sich von dem Meier überreden, verleugnete seinen Schöpfer mit dem Munde und mit der Hand und huldigte dem Teufel. Als dieser

Frevel vollbracht war, sprach der Teufel wiederum: Noch ist das Werk unvollkommen; Ihr müßt auch die Mutter des Höchsten verleugnen, denn die fügt uns den meisten Schaden zu. Die der Sohn aus Gerechtigkeit verwirft, die bringt die Mutter aus übergroßer Barmherzigkeit zur Gnade zurück. Bei diesem Wort erschrak der Jüngling, er entsetzte sich über die Maßen und erwiderte: Das werde ich niemals tun. Warum nicht? fragte der Teufel. Ihr habt das Größere getan, tut jetzt das Geringere. Denn größer ist der Schöpfer als das Geschöpf. Drauf jener: Nie werde ich sie verleugnen, und sollte ich auch alle Tage meines Lebens an den Türen betteln müssen. Und dabei blieb er. So kehrten beide unverrichteter Dinge zurück und hatten nichts an Ehren erlangt, wohl aber sich mit großer Sündenlast beschwert, der Meier durch seinen Rat, der Jüngling durch seine Zustimmung.

Da sie so zusammen des Weges ritten, kamen sie an eine Kirche, deren Tür der Glöckner beim Weggehen halboffen gelassen hatte. Da sprang der Jüngling vom Pferde, übergab dies dem Meier und sagte: Erwarte mich hier, bis ich wiederkomme. Er trat (es war noch vor Tagesanbruch) in die Kirche, warf sich vor dem Altare nieder und begann aus tiefster Seele die Mutter der Barmherzigkeit anzurufen. Über dem Altar aber war ein Bild der jungfräulichen Mutter, die den Jesusknaben im Arm hatte. Und siehe, durch die Gnade dieses herrlichen Sterns des Meeres begann der wahre Morgenstern im Herzen des Jünglings aufzugehen. Um der Ehre der Mutter willen, die er nicht verleugnet hatte, schenkte ihm der Herr eine solche Reue, daß er statt zu weinen heulte und statt der Klage mit lautem Jammergeschrei die Kirche erfüllte.

Zur nämlichen Stunde kam jener Ritter, der all seine Habe erworben hatte, vermutlich auf göttlichen Wink, zu eben dieser Kirche, und da er sie offen sah, so trat er, in der Meinung, es sei dort Gottesdienst, vor allem aber wegen des Geschreis, das er drinnen hörte, ganz allein hinein. Da er nun am Altar den ihm wohlbekannten Jüngling fand und glaubte, daß er nur über seine Armut weine, so verbarg er sich hinter einer Säule, um den Ausgang der Sache abzuwarten. Und wie nun der Jüngling jene schreckliche Majestät, die er verleugnet hatte, nicht zu nennen noch anzurufen wagte, sondern nur zu der erbarmungsreichen Mutter mit klagenden Worten flehte, da sprach, von beiden gehört, durch den Mund ihres Bildes die selige und herrliche Fürsprecherin der Christen zu ihrem Sohne also: Liebster Sohn, habe Mitleid mit diesem Menschen. Der Knabe aber antwortete der Mutter nichts, sondern wandte das Antlitz ab. Und da sie wiederum bat und sagte, der Mensch sei verführt worden, wandte er der Mutter den Rücken und sagte: Dieser Mensch hat mich verleugnet, was soll ich mit ihm machen? Nach diesen Worten stand das Bild auf, setzte den Knaben auf den Altar und warf sich ihm zu Füßen. Und sie sprach: Ich bitte dich, Sohn, um meinetwillen, erlaß ihm diese Sünde. Sogleich hob das Kind die Mutter auf und antwortete: Mutter, nie habe ich dir etwas abschlagen können, siehe, um deinetwillen verzeihe ich ihm ganz und gar. Er hatte vorher die Schuld verziehen wegen der Reue, jetzt erließ er auch die Buße wegen der Fürsprache der Mutter.

Der Jüngling aber stand auf und ging aus der Kirche, zwar traurig ob seiner Sünde, aber doch heiter ob der Verzeihung. Danach ging heimlich auch der Ritter hinaus, und als wüßte er von nichts, fragte er ihn, warum er so feuchte und geschwollene Augen habe. Er antwortete: Es ist vom Wind. Drauf jener: Herr, mir ist die Ursache Eures Kummers nicht verborgen. Ich habe aber eine einzige Tochter, und wenn Ihr sie ehelichen wollt, so will ich Euch alles Eurige zurückgeben und obendrein Euch als Erben meiner Reichtümer einsetzen. Drauf erwiderte der Jüngling freudigen Herzens: Wenn Ihr das tun wolltet, so würde es mir gar lieb sein. Der Ritter aber ging heim zu seiner Frau und erzählte ihr alles nacheinander. Sie stimmte bei; die Hochzeit wird gefeiert; dem Jüngling wird als Mitgift all sein Gut zurückerstattet. Noch heute, glaube ich, lebt er, es leben auch die Schwiegereltern, nach deren Tode ihr Erbe ihm zufallen wird.

Jans Enikel

DES TEUFELS PAPST

In Rom wurde ein Mann Papst, der ein Spieler und ohne jegliche Tugend war. Man hat mir berichtet, wie es dazu kam, daß man ihn zum Papst machte, und so will ich es euch jetzt wissen lassen. Dieser Mann war außerordentlich gelehrt, er schrieb und las alles, was man ihm vorlegte, und er verstand sich bestens auf das Alte und Neue Testament. Ich will nichts verschweigen und allen bekanntmachen, wie er Papst wurde. Er war ein bitterarmer Mann, weil der Würfel ihn um seinen ganzen Besitz gebracht hatte. Da faßte er den Entschluß, der ihm schließlich zum Papsttum verhalf. Er dachte bei sich: ›Ich will mich dem Teufel mit Seele, Leib und Leben ergeben.‹ Er stellte sich an einen Kreuzweg und sprach: »Warum oder wie soll ich Armer ausharren? Ich will dem Teufel meine Seele überlassen.« Vor Angst wurde ihm ganz heiß. Er zog einen Kreis um sich und rief dann den Teufel herbei. Dieser erschien mit so schrecklichem Getöse, wie es noch nie vernommen wurde. Er sprach: »Was willst du Lotterpfaffe? Du bist wirklich ein Affe, daß du mich derart belästigst.« Der bedürftige Mann sagte: »Ich will gegen Entgelt deinen Rat haben, meine Armut quält mich sehr.« Der Teufel antwortete: »Wenn du mir folgen willst, dann lehre ich dich auf der Stelle, wie du ein mächtiger Mann wirst und die gesamte Christenheit dir untertan wird. Versprich mir deine Seele, so will ich dich zum Papst in Rom machen. Wenn ich dich in Jerusalem in päpstlichem Ornat sehe und du dort oberhalb des Altars die Messe singen wirst, dann werde ich dich mit mir bis in die Hölle führen.« Da dachte der Lotterpfaffe: ›Ginge ich darauf nicht ein, wäre ich ein Dummkopf. Wann komme ich schon nach Jerusalem? Daß mich der Teufel dorthin mitnimmt, das wird mir nicht passieren. Ich bin immer frei von ihm. Wer sieht mich schon jenseits des Meeres?‹ So dachte der törichte Mann bei sich. Da wußte er noch nicht, daß der Teufel nicht das Jerusalem meinte, welches jenseits des Meeres liegt, und dies wurde dem törichten Mann zum Verhängnis. Der Teufel meinte eine kleine Kirche in der Stadt Rom, in der jeder Papst einmal im Jahr die Messe lesen muß. Aber das wußte der Mann nicht. Er sagte zum Teufel: »Wenn ich das Amt des Papstes bekleide, so erhältst du mein Leben und meine Seele.« Der Teufel sprach: »Darüber sollst du mir sofort eine Urkunde ausstellen und zwar so, daß ich mit deinem Blut auf dem Pergament einen Beweis dafür habe, daß du mir gehörst.«

Damit war der Teufelsschüler einverstanden. Er stach sich in den Finger, das rote Blut quoll heraus. Mit diesem Blut schrieb der Teufelsknecht einen Brief, der ihm zum Verhängnis wurde.

Der Teufel sprach: »Geh zum Bischof. Ich werde dich so unterweisen, daß du Erfolg haben wirst.« Sofort begab er sich zum Bischof, wurde aber nicht empfangen. Er stand draußen vor der Tür, niemand ließ ihn vor. Auf Anraten des Teufels hatte sich der Schreiber des Bischofs entfernt und sprach so heftig dem Wein zu, daß er nicht trunkener sein konnte. Der Bischof aber wollte auf der Stelle einen eiligen Brief absenden. Er befahl: »Ihr sollt mir rasch meinen Schreiber in die Kemenate schicken, beeilt euch, ich brauche ihn wirklich!« Das wußte der Teufel, der den Schreiber zum Wein geschickt hatte; er ließ den Schreiber nicht finden und brachte ihn damit bei seinem Herrn in Ungnade. Dieser rief aus der Kammer heraus: »Wenn es jemand gibt, der mir auf der Stelle einen Brief schreiben könnte, der wäre nicht mehr arm.« Das hörte der bedürftige Mann: »Wenn ihr gestattet«, sprach er, »ich schreibe ganz gewiß für euch, ich bin sehr kunstfertig, wie ihr an meiner Hand sehen könnt. Auch wenn es um sehr viel geht, ihr würdet mit mir nicht fehlgehen, das kann man aus meiner Schreibweise ersehen.« Der Bischof glaubte seinen Worten und übertrug ihm die Aufgabe. Der arme Mann schrieb einen so guten Brief, wie man einen besseren nie zuvor gesehen hatte. Das mußte ihm auch der Bischof zugestehen, der sehr froh war, als er den Brief gelesen hatte, denn er war sehr kunstreich abgefaßt. Der Bischof sprach: »Wenn du das Würfelspiel aufgibst, nehme ich mich deiner an.« Darauf schwur jener ihm viele Eide: »Ich werde standhaft bleiben.« Der Bischof wandte sich an einen seiner Diener: »Kümmere dich um ihn und gib ihm neue Kleider, wenn er sich mit seinem Eid verpflichtet, das Würfelspiel aufzugeben, denn er kann sehr viel.« Darauf legte er einen Eid darauf ab, fortan standhaft zu bleiben. Er erhielt neue Kleidung, nur das Beste, was man aus Ypern erhalten konnte. Der Bischof versorgte ihn mit einem Pferd, so daß man von ihm sagen konnte, daß er der bestberittenste Mann war. Er stand in höchstem Ansehen und diente dem Bischof ein ganzes Jahr. Wann immer er trotzdem zu den Würfeln griff, der Teufel ließ ihn meist gewinnen, denn er lehrte ihn, die Würfel so zu seinem Gewinn zu drehen, daß niemand es bemerkte. Sein Schüler gewann mit Leichtigkeit alles, was er wollte, denn der Teufel war auf seiner Seite.

So ging das ein ganzes Jahr. Der Schreiber machte sich dem Bischof unentbehrlich und kam zu Reichtum. Als der Bischof Zutrauen zu ihm gefaßt hatte, schickte er ihn mit einer freudigen Botschaft nach Rom und versah ihn mit Wegzehrung. Darüber war der Schreiber sehr froh. Er ritt zum Papst und übermittelte seine Botschaft wie ein aufrechter Mann. Dadurch wurde er dem Bischof noch lieber: »Wer mich von dir trennen wollte, der wäre ein böser Dieb. Weder Juden, Christen noch Heiden können das bewirken, das Glück steht auf deiner Seite.« So sprach der gute Bischof: »Ich bin dir sehr wohlgesonnen.«

Da geschah es, daß der Bischof seinem Schreiber mitteilte, er solle sich darauf vorbereiten, erneut nach Rom zu fahren. Der Schreiber erfüllte den Auftrag des Bischofs gern und machte sich auf den Weg. Als er fünf Tagereisen unterwegs war – so sagte man –, erreichte ihn ein Bote mit der Nachricht, daß der Bischof tot sei. Man versicherte es ihm glaubhaft.

In Rom sprach der mächtige Papst zu ihm: »Schreiber, mein lieber Freund, du sollst selber Bischof sein.« Er übertrug ihm auf der Stelle das Bistum. So gab es der Teufel dem Papst ein, er trug es ihm auf, weil er ihn gern hatte. Nachdem der Schreiber nun Bischof geworden war, wurde nicht länger gespart. Er machte sich die Edlen zu Freunden und teilte allen sein Brot bereitwillig zu: Er war bester Dinge. Da starb der Papst. Die Wahl fiel auf den Schreiber, dem Teufel erschien es als Sieg, denn er war jederzeit mit seinem Rat bei der Hand, wo immer er seinem Mann nutzen konnte. Patriarchen, Kardinäle und Fürsten, die das Wahlrecht hatten, riefen ihn einstimmig zum Papst aus. Das besiegelte sein Verhängnis. Man zögerte nicht und ernannte den Bischof zum Papst. Daß er den Papststuhl einnahm, das war der Lohn des Teufels.

Da traten eines Tages seine Kapläne vor ihn hin und sprachen in guter Absicht: »Guter, reiner Herr, morgen ist es deine Pflicht in Jerusalem zu sein, um dort die Messe zu zelebrieren und oberhalb des Altars zu stehen.« Als der Papst dies vernahm, erwiderte er den Kaplänen: »Wie kann das sein? Jerusalem befindet sich doch jenseits des Meeres: Das entmutigt mich, wie soll ich in so kurzer Zeit die Kirche dort besingen? Wie soll das gehen, daß ich in einem Tag und einer Nacht über das Meer komme, wie ihr es vorschlagt?« Da sprachen die Kapläne: »Herr, so ist das nicht gemeint: Es gibt eine Kirche hier in der Nähe, in der du morgen singen sollst, so ist es Brauch. Das kann kein Papst unterlassen. Die Kirche wird Jerusalem genannt, und sie ist weithin bekannt.« Der Papst dachte: ›Herrje! So ist meine Seele, mein Leben verloren.‹ Die Sorge bedrängte ihn, bis der Morgen anbrach. Doch er mußte sich mit den Kardinälen auf den Weg machen, obgleich ihm das Herz bis zum Halse schlug. Er dachte: ›Ich muß dorthin gehen.‹ Das Haar stieg ihm zu Berge, als er nach Jerusalem geritten kam. Sofort legte er sich das Meßgewand an, wie ein Papst, wenn er das Hochamt liest. Dann stieg er auf den Lettner* und rief vier seiner Diener herbei: »Zeigt mir eure Treue, ich habe Vertrauen zu euch, nehmt meine Worte ernst. Ein jeder von euch möge hier vor diesen Christen einen Eid schwören, daß ihr das ohne Widerstreit hier und jetzt an mir vollstreckt, was ich euch zu tun auftrage.« Die vier Diener versprachen es: »Herr, glaubt uns, wir tun, was Ihr uns auftragt.« Einer von den Jünglingen sagte: »Was uns nicht an das Leben geht, das werden wir gern ausführen.« Da schwuren sie sofort vier starke Eide. Kaum hatte der Papst ihre Eide vernommen, die sie auf die Wahrheit abgelegt hatten, da ordnete er an: »Bringt mir jetzt einen Stock herbei, das ist mein innerster Wunsch, an dem ein scharfes Beil ist und dazu ein großes Messer.« Als man das alles dorthin gebracht hatte, verkündete der Papst: »Ich sage euch, woran ich gedacht habe. Liebe Leute, nehmt mich zur Warnung. Vor allen Christen, die hier sind, will ich die Beichte ablegen. So wißt denn, der Teufel hat mich betrogen wie ein schwaches Weib. Ich versprach ihm Leib und Seele, damit er mich hier zum Papst macht. Wie er mit mir verfahren ist und daß es sein Werk war, will ich euch allen eingestehen; heute will er mich holen. Jetzt habe ich doch noch Hoffnung auf Gott, daß er sich der Taten erbarmt, die ich im Leben begangen habe.« Er erzählte ihnen aufrichtig, was geschehen war und was der Teufel ihm eingegeben hatte. Danach ließ er die vier edlen Diener vor sich hintreten und sagte: »Schlagt mir die Füße ab, die mich zum Teufel trugen.« Das wurde sogleich ausgeführt. Dann sagte er: »Ich

---

* Schranke zwischen Chor und Langhaus in mittelalterlichen Kirchen.

will auch die Hände lassen, mit denen ich diesem teuflischen Mann geschrieben habe.« Dann verlangte er weiter:
»Schneidet mir auch die Ohren ab, mit denen ich ihm
zugehört habe. Mein Körper und mein Verstand werden
dafür zur Rechenschaft gezogen. Meine Nase muß dafür
büßen, daß sie den Teufel immer wieder riechen wollte,
stecht mir die Augen aus, die ihn ansehen wollten. Es ist
mein Herzenswunsch, daß man mir meine Zunge aus dem
Rachen schneide, denn sie hat sich schuldig gemacht, als
sie mit ihm sprach, was sie auch noch gerne tat.« Endlich
bat er noch: »Werft alles den Teufeln vor, damit sie es mit
Macht in ihr Reich bringen.« Man beeilte sich, den Teufeln alles hinzuwerfen. Sie spielten damit zu ihrem Vergnügen Ball und erhielten diese Kostbarkeiten zum Lohn.
Das sahen alle, die zu dieser Zeit in der Kirche waren.

Wie es Gott dort droben mit ihm hielt, weiß niemand,
denn von da ist noch keiner zurückgekehrt, der es erzählen
könnte.

Jakob von Voragine
DER TEUFELSKNECHT THEOPHILUS

In Sicilien war um das Jahr des Herrn 537 ein Mann mit
Namen Theophilus, der war eines Bischofs Vicedominus,
als Fulbertus schreibt, der Bischof von Chartres. Er ver-
waltete unter dem Bischof das Gut der Kirche so weise,
daß nach des Bischofs Tode das Volk alles sprach, er sei
des Bistums würdig. Doch war er zufrieden, daß er Vicedominus bliebe, und wollte, daß ein anderer Bischof sei.
Zuletzt aber ward er wider seinen Willen von dem neuen
Bischof seines eigenen Amtes entsetzt. Davon ward er
also unmutig, daß er sich Rats erholte bei einem jüdischen
Zauberer, wie er wieder zu seiner Würde möchte kommen. Der beschwur alsbald den Teufel, der erschien. Auf

sein Geheiß sagte Theophilus Christo ab und seiner Mutter, verleugnete sein christlich Bekenntnis und machte von dem Schwur eine Verschreibung, die schrieb er mit seinem eigenen Blut und versiegelte sie mit seinem Ring; und übergab sie dem Teufel. Also ward er des Teufels Knecht. Des andern Tages schuf der Teufel, daß Theophilus vom Bischof wieder zu Gnaden ward angenommen und wieder in sein Amt gesetzt. Zu dem letzten aber kam Theophilus wieder zu sich, und ward ihm leid um das, was er hatte getan. Da nahm er mit ganzer Andacht Zuflucht zu der heiligen Jungfrau, daß sie ihm zu Hilfe käme. Also erschien sie ihm einsmals im Gesicht und tadelte ihn sehr ob seiner Gottlosigkeit. Sie gebot ihm, dem Teufel abzuschwören, und hieß ihn bekennen Christum Gottes Sohn, und allen christlichen Vorsatz fassen. Also nahm sie ihn wieder in ihre und ihres Sohnes Gnade auf. Und erschien ihm zum Zeichen ihrer Verzeihung zum anderen Male und brachte ihm die Verschreibung wieder, die er dem Teufel hatte gegeben, und legte sie ihm auf seine Brust, daß er nicht mehr fürchten müsse, des Teufels Knecht zu sein, sondern wüßte, daß er durch der Jungfrau Hilfe erlöst sei. Das empfing Theophilus mit großen Freuden und trat vor den Bischof und das Volk und erzählte alles, was ihm geschehen war. Des verwunderten sich alle sehr und sagten Marien Lob. Er aber entschlief nach drei Tagen in Frieden.

Martin Montanus

Geld vom Teufel

Zu Lauingen lebte ein Mann, der eines Jahres zum Sternsingen am Heiligen Dreikönigstag mit anderen zusammen in Dillingen und anderswo war. Kurze Zeit später ging er draußen vor der Stadt allein umher und dachte nur an Geld und Reichtum, und wie er dazu gelangen könne, aber daß

er dies doch, richtig besehen, mit seiner Hände Ar-
beit allein nicht zuwege
brächte.

Als er da dachte, was er
wollte, kam der leidige Teufel (der Tag und Nacht wie
ein brüllender Löwe umher-
schleicht, um den Menschen
zu verschlucken) in Gestalt
eines Menschen auf ihn zu
und sagte, wenn er Weib
und Kind umbringen wolle,
so wolle er ihm Geld genug
geben. Ach Gott, der gute
Mann überlegte nicht lange,
was für ein Schaden ihm
daraus entstehen könnte,
nahm das Geld und ver-
sprach dem Teufel, er wolle
den Mord begehen. Wieder
zu Hause, hatte er oft im
Sinn, sein Weib und Kind zu
ermorden, konnte das aber
nie (vielleicht aus göttlicher
Fügung oder besonderem
Affekt, welchen er Weib
und Kindern gegenüber
fühlte) ausführen; dem Teufel hätte er gerne sein Geld
wiedergegeben, fürchtete
aber, daß der es nicht mehr
nehmen würde.

Nun kam eines Tages der
Teufel wieder zu ihm und
fragte, ob er die Tat begangen habe. »Nein«, sprach

der arme Mann, »ich werde es aber noch tun.« Wiederum hatte er den Willen, einen solchen Mord zu begehen; doch als er die Sache anpacken wollte, war ihm so, als stünde einer hinter ihm, der ihn darum bäte. Darum gedachte er, bevor so großes Leid geschehe und er einen solch schrecklichen Mord an seinem eigenen Weib und seinen lieben Kindern begehe, daß er das Geld zusammenhalten und es dem Teufel wiedergeben wolle.

Und eines Tages kam der Schwarze Mann abermals zu dem guten Mann in Gestalt eines Hundes und fragte ihn, warum er sein Versprechen nicht einlöse. Der Mann antwortete sogleich, er könne es nicht tun, er solle aber sein Geld zurücknehmen. Damit wollte der Teufel sich nicht zufriedengeben, schlang seinen Schwanz um ihn und fuhr in ihn ein. Dadurch wurde der Mann sogleich besessen und verhielt sich nicht anders als die Leute, die besessen sind; er vergaß die Sprache, so daß er gänzlich stumm wurde, nichts redete, nur allein, wenn die Stunde schlug, sagte er: »Nun helfe mir der barmherzige Gott! Wie übel wird es mir ergehen!« Danach aber schwieg er und trieb das so lange, bis ihm wieder geholfen wurde. Er soll heute noch (anderes ist mir nicht bekannt) am Leben sein. Zweifelt nicht daran, daß er weiterhin kein Geld mehr annehmen wird.

Es ist eine seltsame, schreckliche und grauenhafte Sache, daß die Menschen dem Geld so heftig nachstellen und durch den Geiz dazu gebracht werden sollen, selbst vom Teufel Geld zu verlangen, wie es dann dieser Mann auch getan hat. Was die Armen angeht, ist das aber kein großes Wunder; denn wenn sie schon Tag und Nacht arbeiten und nichts übrig haben, dann verfallen sie auf solche Gedanken; der Teufel schürt diese dann heftig, zeigt ihnen Geld und reizt selbst den rechtschaffensten Menschen zu solchen Gedanken und Werken. Auch geben die Herren und die Wohlhabenden mitunter Ursach dazu; denn wenn sie von den Armen um Hilfe angesprochen werden, verschließen sie vor ihnen die Hände, was zu solcher Verzweiflung eine große Ursache ist.

Einer armen Frau war eines Tages ihr Mann gestorben,
und sie blieb Witwe und hatte nicht mehr, als sie mit Spinnen und anderer Arbeit täglich erwerben konnte. Doch
war der Gewinn viel zu gering, um ihre kleinen Kinder damit zu ernähren und zu versorgen, die beinah Hungers
starben und zugrundegingen. Dadurch geriet die Frau in
Verzweiflung; und eines Tages, da sie allein saß, begann
sie mit sich selbst zu reden und sprach: »Soll ich einen
Mann nehmen oder soll ich keinen nehmen? Ich habe viele
kleine Kinder und weiß sie nicht zu ernähren, schäme
mich aber zu betteln. Nehme ich aber einen Mann, so tut
er mir vielleicht nichts Gutes und schlägt mich schlimm;
so bin ich dann erst recht geplagt.«

Nach solchen Worten wurde sie dem bösen Feind ganz
und gar ergeben. Und der böse Feind, der nicht müßig ist,
sondern den Menschen in Verzweiflung stürzt, trat bald in
die Stube hinein, setzte sich zu der Frau nieder und sprach:
»Mein liebes Weibchen, ich weiß wohl, daß du gerne einen Mann hättest und darüber in Verzweiflung fällst.
Schweig, verzweifel nicht! Nimm mich zur Ehe! Ich will
dir Gutes tun und dir helfen, deine kleinen Kinder großzu-
ziehen. Auch habe ich genug Besitz, daß wir nicht hart arbeiten müssen. Darum, willst du es tun, so sage es mir
bald!« Die gute Frau, die den Mann nicht kannte, noch viel
weniger glaubte, daß es der Teufel sein sollte, und sich mit
Armut beladen sah, nahm den Schwarzen Mann zur Ehe.
Und der Teufel gab ihr etliches Geld auf die Hand und
sprach, er wolle des Nachts zu ihr kommen; damit war die
Frau einverstanden.

Und als die Nacht kam, fand sich der Teufel bei ihr ein
und beschlief sie und trieb ein solches Unwesen mit ihr,
daß es alle Nachbarn hörten. Und am Morgen, als sie aufstand, fragten die Nachbarn sie, wie es ihr heute Nacht ergangen wäre, daß sie ein so grauenvolles Geschrei ausge-

stoßen hätte. Die Frau hob an und erzählte ihnen alles von Anfang bis Ende, wie es sich begeben und zugetragen hatte, und wie der Mann, den sie genommen hatte, ihr eine so unmenschliche Pein zugefügt hatte; daraus könne sie wohl entnehmen, daß es der leidige Satan wäre, und wenn er nicht nachlassen würde, sie ohne Zweifel sterben müsse. So geschah es denn auch: nach acht Tagen wurde sie tot am Bett gefunden, wo sie der Teufel zu Tode geritten hatte.

Siehe, solchen Lohn gibt die Verzweiflung. Hüte du dich davor!

Jacob und Wilhelm Grimm
DER TEUFEL UND SEINE GROSSMUTTER

Es war ein großer Krieg, und der König hatte viel Soldaten, gab ihnen aber wenig Sold, so daß sie nicht davon leben konnten. Da taten sich drei zusammen und wollten ausreißen. Einer sprach zum andern: »Wenn wir erwischt werden, so hängt man uns an den Galgenbaum: wie wollen wir's machen?« Sprach der andere: »Seht dort das große Kornfeld, wenn wir uns da verstecken, so findet uns kein Mensch: das Heer darf nicht hinein und muß morgen weiterziehen.« Sie krochen in das Korn, aber das Heer zog nicht weiter, sondern blieb rundherum liegen. Sie saßen zwei Tage und zwei Nächte im Korn und hatten so großen Hunger, daß sie beinah gestorben wären; gingen sie aber heraus, so war ihnen der Tod gewiß. Da sprachen sie: »Was hilft uns unser Ausreißen, wir müssen hier elendig sterben.« Indem kam ein feuriger Drache durch die Luft geflogen, der senkte sich zu ihnen herab und fragte sie, warum sie sich da versteckt hätten. Sie antworteten: »Wir sind drei Soldaten und sind ausgerissen, weil unser Sold gering war; nun müssen wir hier Hungers sterben, wenn wir liegenbleiben, oder wir müssen am Galgen baumeln, wenn wir herausgehen.« – »Wollt ihr mir sieben Jahre dienen«, sagte der Drache, »so will ich euch mitten durchs Heer führen, daß euch niemand erwischen soll.« – »Wir haben keine Wahl und müssen's annehmen«, antworteten sie. Da packte sie der Drache in seine Klauen, führte sie durch die Luft über das Heer hinweg und setzte sie weit davon wieder auf die Erde; der Drache war aber niemand als der Teufel. Er gab ihnen ein kleines Peitschchen und sprach: »Peitscht und knallt ihr damit, so wird so viel Geld vor euch herumspringen, als ihr verlangt: ihr könnt dann wie große Herrn leben, Pferde halten und in Wagen fahren; nach Verlauf der sieben Jahre aber seid ihr mein eigen.« Dann hielt er ihnen ein Buch vor, in das mußten sie sich alle drei unterschreiben. »Doch will ich euch«, sprach er, »erst noch ein Rätsel aufgeben, könnt ihr das raten, sollt ihr frei sein und aus meiner Gewalt entlassen.« Da flog der Drache von ihnen weg, und sie reisten fort mit ihren Peitschchen, hatten Geld die Fülle, ließen sich Herrenkleider machen und zogen in der Welt herum. Wo sie waren, lebten sie in Freuden und Herrlichkeit, fuhren mit Pferden und Wagen, aßen und tranken, taten aber nichts Böses. Die Zeit verstrich ihnen schnell, und als es mit den sieben Jahren zu Ende ging, ward zweien gewaltig angst und bang, der dritte aber nahm's auf die leichte Schulter und sprach: »Brüder, fürchtet nichts, ich bin nicht auf den Kopf gefallen, ich errate das Rätsel.« Sie gingen hinaus aufs Feld, saßen da, und die zwei machten betrübte Gesichter. Da kam eine alte Frau daher, die fragte, warum sie so traurig wären. »Ach, was liegt Euch daran, Ihr könnt uns doch nicht helfen.« – »Wer weiß«, antwortete sie, »vertraut mir nur euern Kummer.« Da erzählten sie ihr, sie wären des Teufels Diener gewesen, fast sieben Jahre lang, der hätte ihnen Geld wie Heu geschafft, sie hätten sich ihm aber verschrieben und wären ihm verfallen, wenn sie nach den sieben Jahren nicht ein Rätsel auflösen könnten. Die Alte sprach: »Soll euch geholfen werden, so muß einer von euch in den Wald gehen, da wird er an eine eingestürzte Felsenwand kommen, die aussieht wie ein Häuschen, in das muß er eintreten, dann wird er Hilfe finden.« Die zwei traurigen dachten: »Das wird uns doch nicht retten«, und blieben sitzen, der dritte aber, der lustige, machte sich auf und ging so weit in den Wald, bis er die Felsenhütte fand. In dem Häuschen aber saß eine steinalte Frau, die war des Teufels Großmutter und fragte ihn, woher er käme und was er hier wollte. Er erzählte ihr alles, was geschehen war, und weil er ihr wohl gefiel, hatte sie Erbarmen und sagte, sie wollte ihm helfen. Sie hob einen großen Stein auf, der über einem Keller lag, und sagte: »Da verstecke dich, du kannst alles hören, was hier gesprochen wird, sitz nur still und rege dich nicht; wann der Drache kommt, will ich ihn wegen der Rätsel befragen: mir sagt er alles; und dann achte auf das, was er antwortet.« Um zwölf Uhr nachts kam der Drache angeflogen und verlangte sein Essen. Die Großmutter deckte den Tisch und trug Trank und Speise auf, daß er vergnügt war, und sie aßen und tranken zusammen. Da fragte sie ihn im Gespräch, wie's den Tag ergangen wäre und wieviel Seelen er kriegt hätte. »Es wollte mir heute nicht recht glücken«, antwortete er, »aber ich habe drei Soldaten gepackt, die sind mir sicher.« – »Ja, drei Soldaten«, sagte sie, »die haben etwas an sich, die können dir noch entkommen.« Sprach der Teufel höhnisch: »Die sind mein, denen gebe ich noch ein Rätsel auf, das sie nimmermehr raten können.« – »Was ist das für ein Rätsel?« fragte sie. »Das will ich dir sagen: In der großen Nordsee liegt eine tote Meerkatze, das soll ihr Braten sein; und von einem Walfisch die Rippe, das soll ihr silberner Löffel sein; und ein alter hohler Pferdefuß, das soll ihr Weinglas sein.« Als der Teufel zu Bett gegangen war, hob die alte Großmutter den Stein auf und ließ den Soldaten heraus. »Hast du auch alles wohl in acht genommen?« – »Ja«, sprach er, »ich weiß genug und will mir schon helfen.« Darauf mußte er auf einem andern Weg durchs Fenster heimlich und in aller Eile zu seinen Gesellen zurückgehen. Er erzählte ihnen, wie der Teufel von der alten Großmutter wäre überlistet worden und wie er die Auflösung des Rätsels von ihm vernommen hätte. Da waren sie alle fröhlich und guter Dinge, nahmen die Peitsche und schlugen sich so viel Geld, daß es auf der Erde herumsprang. Als die sieben Jahre völlig herum waren, kam der Teufel mit dem Buche, zeigte die Unterschriften und sprach: »Ich will euch mit in die Hölle nehmen, da sollt ihr eine Mahlzeit haben; könnt ihr mir raten, was ihr für einen Braten werdet zu essen kriegen, so sollt ihr frei und los sein und dürft auch das Peitschchen behalten.« Da fing der erste Soldat an: »In der großen Nordsee liegt eine tote Meerkatze, das wird wohl der Braten sein.« Der Teufel ärgerte sich, machte »hm! hm! hm!« und fragte den zweiten: »Was soll aber euer Löffel sein?« – »Von einem Walfisch die Rippe, das soll unser silberner Löffel sein.« Der Teufel schnitt ein Gesicht, knurrte wieder dreimal »hm! hm! hm!« und sprach zum dritten: »Wißt ihr auch, was euer Weinglas sein soll?« – »Ein alter Pferdefuß, das soll unser Weinglas sein.« Da flog der Teufel mit einem lauten Schrei fort und hatte keine Gewalt mehr über sie; aber die drei behielten das Peitschchen, schlugen Geld hervor, soviel sie wollten, und lebten vergnügt bis an ihr Ende.

DER DOM ZU KÖLN

Als der Bau des Doms zu Köln begann, wollte man gerade auch eine Wasserleitung ausführen. Da vermaß sich der Baumeister und sprach: »Eher soll das große Münster vollendet sein als der geringe Wasserbau!« Das sprach er, weil er allein wußte, wo zu diesem die Quelle sprang und er das Geheimnis niemanden als seiner Frau entdeckt hatte, ihr aber zugleich bei Leib und Leben geboten hatte, es wohl zu bewahren. Der Bau des Doms fing an und hatte guten

Fortgang, aber die Wasserleitung konnte nicht angefangen werden, weil der Meister vergeblich die Quelle suchte. Als dessen Frau nun sah, wie er sich darüber grämte, versprach sie ihm Hilfe, ging zu der Frau des andern Baumeisters und lockte ihr durch List endlich das Geheimnis heraus, wonach die Quelle gerade unter dem Turm des Münsters sprang; ja, jene bezeichnete selbst den Stein, der sie zudeckte. Nun war ihrem Manne geholfen; folgenden Tags ging er zu dem Stein, klopfte darauf, und sogleich drang das Wasser hervor. Als der Baumeister sein Geheimnis verraten sah und mit seinem stolzen Versprechen zuschanden werden mußte, weil die Wasserleitung ohne Zweifel nun in kurzer Zeit zustande kam, verfluchte er zornig den Bau, daß er nimmermehr sollte vollendet werden, und starb darauf vor Traurigkeit. Hat man fortbauen wollen, so war, was an einem Tag zusammengebracht und aufgemauert stand, am andern Morgen eingefallen, und wenn es noch so gut eingefügt war und aufs festeste haftete, also daß von nun an kein einziger Stein mehr hinzugekommen ist.

Andere erzählen abweichend. Der Teufel war neidig auf das stolze und heilige Werk, das Herr Gerhard, der Baumeister, erfunden und begonnen hatte. Um doch nicht ganz leer dabei auszugehen oder gar die Vollendung des Doms noch zu verhindern, ging er mit Herrn Gerhard die Wette ein: er wolle eher einen Bach von Trier nach Köln, bis an den Dom, geleitet als Herr Gerhard seinen Bau vollendet haben, doch müsse ihm, wenn er gewänne, des Meisters Seele zugehören. Herr Gerhard war nicht säumig, aber der Teufel kann teufelsschnell arbeiten. Eines Tags stieg der Meister auf den Turm, der schon so hoch war, als er noch heutzutag ist, und das erste, was er von oben herab gewahrte, waren Enten, die schnatternd von dem Bach, den der Teufel herbeigeleitet hatte, auf flogen. Da sprach der Meister in grimmem Zorn: »Zwar hast du, Teufel, mich gewonnen, doch sollst du mich nicht lebendig haben!« So sprach er und stürzte sich Hals über Kopf den

Turm herunter, in Gestalt eines Hundes sprang schnell der Teufel hintennach, wie beides in Stein gehauen noch wirklich am Turme zu schauen ist. Auch soll, wenn man sich mit dem Ohr auf die Erde legt, noch heute der Bach zu hören sein, wie er unter dem Dome wegfließt.

Endlich hat man eine dritte Sage, welche den Teufel mit des Meisters Frau Buhlschaft treiben läßt, wodurch er vermutlich, wie in der ersten, hinter das Baugeheimnis ihres Mannes kam.

Achtes Kapitel

DER GEPRELLTE TEUFEL

Martin Montanus

DER BETROGENE TEUFEL

In einem Dorf lebte ein verwegener, böser Bauer, der viele
Güter hatte und sehr reich war. Nun war es eben um die
Erntezeit, daß er Schnitter auf dem Felde hatte, die ihm
das Korn und andere Früchte abschnitten. Doch reute ihn
das Geld, das er den Tagelöhnern geben sollte (wie es denn
die Gewohnheit der Reichen ist, daß sie um so geiziger
sind, je mehr Gut sie haben); daher trachtete er Tag und
Nacht danach, wie er doch seine Früchte ohne Kosten
heim zu sich ins Haus bringen könnte.

Und während er darüber nachdachte, kam der Teufel in
Menschengestalt zu ihm und fragte, worum er denn so
große Angst habe; er möge ihm nur sagen, ob er ihm be-
hilflich sein könne. Der Bauer sagte: »Lieber Bruder, ich
habe viele Früchte auf dem Feld, die soll ich nun alle Tage
abschneiden und heimführen lassen, doch dauert mich das
Geld. Wenn du mir einen guten Rat geben kannst, so tu
es!« Der Teufel sprach: »Wenn du danach mein sein willst,
so will ich dir die ganze Ernte einbringen.« Der listige
Bauer, der sich wohl zutraute, den Teufel zu betrügen, erwiderte: »Wenn du drei Dinge tun willst, die ich begehre,
so werde ich nachher mit dir gehen, wohin du willst.« Der
Teufel war damit zufrieden und fragte, was er tun sollte.
»Wohlan«, sprach der Bauer, »da du dich dessen angenommen hast, so geh hin und bring mir die Ernte ohne
Schaden herein, die auf dem Feld steht! Wenn das geschehen ist, so fahr mir all mein Holz, das auf dem Feld und in
den Wäldern liegt, nach Haus! Wenn auch das geschehen
ist, will ich dir weiter sagen, was du tun sollst.«

Der Schwarze Mann, den das nicht schwer dünkte, ging
sofort hin und brachte die aufgetragenen Dinge, kam zum
Bauern und fragte ihn, was das dritte und letzte wäre. Nun
hatte der Bauer früh am Morgen rohe Rüben gegessen,
wovon er gut furzen konnte. So ließ er einen gewaltigen

Furz und sprach zum Teufel: »Hör, Bruder, fang den und mach einen Knopf daran!« Das aber war dem Teufel unmöglich, er zog davon und ließ den Bauern sitzen.

VIRGIL UND DER TEUFEL

Die Poeten schreiben und dichten von Virgil also: Virgil sei ein armer Scholar gewesen und eines Tages sei er hinaus in einen Wald spazierengegangen; in diesem Wald sei der Teufel in ein Glas beschworen worden, zu dem Virgilius kam. Der Teufel sprach Virgil an, ob er ihn herauslassen wolle; er wolle ihn dann zum gelehrtesten Mann der ganzen Welt machen. »Nein«, antwortete Virgil, »wenn du mir aber vorher sagen willst, wodurch ich so gelehrt werden kann, so will ich dich herauslassen.« – »Wohlan«, sagte der Teufel, »so geh hinauf auf den Berg! Da wirst du zu einer Höhle kommen, in der ein Riese liegt, der ein Buch unter seinem Haupte liegen hat. Und wenn du dieses Buch in deinen Besitz bringen kannst, so bist du der gelehrteste Magister in der Welt.

Virgil zog dahin und fand alle Dinge so vor, wie es ihm der Schwarze Mann angezeigt hatte; und der Riese hatte einen großen schweren Hammer in der Hand und schlief. Nun dachte Virgil: ›Erwacht er, so bin ich des Todes. Nun ist es ebenso gut, daß ich es wage. Vielleicht gibt mir Gott das Glück, daß ich das Buch bekomme und dennoch am Leben bleibe.‹ Er ging hin, zog es dem Riesen unter dem Kopf hervor und eilte davon. Unterdessen erwachte der Riese, nahm den Hammer und warf ihn nach Virgil, aber verfehlte ihn. Als aber Virgil sein Buch hatte, schlug er es auf und sah hinein; da war er schon gelehrter als zuvor.

Als er nun wieder zum Teufel im Glas kam, verlangte er von Virgil, er solle jetzt das Versprechen halten und ihn herauslassen. Virgil tat es, öffnete das Glas und ließ den Teufel heraus. Als er nun heraus war, da bäumte er sich

auf und machte sich groß und ungestüm, daß es Virgil
verwunderte, und sprach: »O Virgil, was hast du für ein
böses Werk getan, daß du mich freigelassen hast! Denn
jetzt will ich hingehen und alle Schiffe auf dem Tiber und
auf dem Meer versenken und ein solches Getöse anfangen,
daß sich die ganze Welt fürchten muß.« – »Ei«, sprach
Virgil, »wie klein bist du doch im Glas gewesen und wie

groß bist du jetzt geworden! Ich glaube fürwahr nicht, daß
du da drin gewesen bist, wenn du nicht wieder hinein-
steigst und es mich sehen läßt.« Der Teufel war nicht so li-
stig, daß er draußen blieb, sondern stieg wieder hinein und
wollte Virgil sehen lassen, wie klein er wäre. Sobald Virgil
ihn aber wieder im Glas sah, trat er hinzu und verschloß
das Glas wieder. Und er zog hin und ließ den Schwarzen
Mann im Glas sitzen.

Jacob und Wilhelm Grimm
DER TEUFEL MIT DEN DREI GOLDENEN HAAREN

Es war einmal eine arme Frau, die gebar ein Söhnlein, und
weil es eine Glückshaut umhatte, als es zur Welt kam, so
ward ihm geweissagt, es werde im vierzehnten Jahr die
Tochter des Königs zur Frau haben. Es trug sich zu, daß
der König bald darauf ins Dorf kam, und niemand wußte,
daß es der König war, und als er die Leute fragte, was es
Neues gäbe, so antworteten sie: »Es ist in diesen Tagen ein
Kind mit einer Glückshaut geboren: was so einer unter-
nimmt, das schlägt ihm zum Glück aus. Es ist ihm auch
vorausgesagt, in seinem vierzehnten Jahre solle er die
Tochter des Königs zur Frau haben.« Der König, der ein
böses Herz hatte und über die Weissagung sich ärgerte,
ging zu den Eltern, tat ganz freundlich und sagte: »Ihr armen Leute, überlaßt mir euer Kind, ich will es versorgen.«
Anfangs weigerten sie sich, da aber der fremde Mann
schweres Gold dafür bot und sie dachten: »Es ist ein
Glückskind, es muß doch zu seinem Besten ausschlagen«,
so willigten sie endlich ein und gaben ihm das Kind.

Der König legte es in eine Schachtel und ritt damit wei-
ter, bis er zu einem tiefen Wasser kam; da warf er die
Schachtel hinein und dachte: »Von dem unerwarteten
Freier habe ich meine Tochter geholfen.« Die Schachtel

aber ging nicht unter, sondern schwamm wie ein Schiffchen, und es drang auch kein Tröpfchen Wasser hinein. So schwamm sie bis zwei Meilen von des Königs Hauptstadt, wo eine Mühle war, an dessen Wehr sie hängenblieb. Ein Mahlbursche, der glücklicherweise da stand und sie bemerkte, zog sie mit einem Haken heran und meinte große Schätze zu finden, als er sie aber aufmachte, lag ein schöner Knabe darin, der ganz frisch und munter war. Er brachte ihn zu den Müllersleuten, und weil diese keine Kinder hatten, freuten sie sich und sprachen: »Gott hat es uns beschert.« Sie pflegten den Fündling wohl, und er wuchs in allen Tugenden heran.

Es trug sich zu, daß der König einmal bei einem Gewitter in die Mühle trat und die Müllersleute fragte, ob der große Junge ihr Sohn wäre. »Nein«, antworteten sie, »es ist ein Fündling, er ist vor vierzehn Jahren in einer Schachtel ans Wehr geschwommen, und der Mahlbursche hat ihn aus dem Wasser gezogen.« Da merkte der König, daß es niemand anders als das Glückskind war, das er ins Wasser geworfen hatte, und sprach: »Ihr guten Leute, könnte der Junge nicht einen Brief an die Frau Königin bringen, ich will ihm zwei Goldstücke zum Lohn geben?« – »Wie der Herr König gebietet«, antworteten die Leute und hießen den Jungen sich bereithalten. Da schrieb der König einen Brief an die Königin, worin stand: »Sobald der Knabe mit diesem Schreiben angelangt ist, soll er getötet und begraben werden, und das alles soll geschehen sein, ehe ich zurückkomme.«

Der Knabe machte sich mit diesem Brief auf den Weg, verirrte sich aber und kam abends in einen großen Wald. In der Dunkelheit sah er ein kleines Licht, ging darauf zu und gelangte zu einem Häuschen. Als er hineintrat, saß eine alte Frau beim Feuer ganz allein. Sie erschrak, als sie den Knaben erblickte, und sprach: »Wo kommst du her, und wo willst du hin?« – »Ich komme von der Mühle«, antwortete er, »und will zur Frau Königin, der ich einen Brief bringen soll; weil ich mich aber in dem Walde verirrt habe, so wollte ich hier gerne übernachten.« – »Du armer Junge«, sprach die Frau, »du bist in ein Räuberhaus geraten, und wenn sie heimkommen, so bringen sie dich um.« – »Mag kommen, wer will«, sagte der Junge, »ich fürchte mich nicht; ich bin aber so müde, daß ich nicht weiter kann«, streckte sich auf eine Bank und schlief ein. Bald hernach kamen die Räuber und fragten zornig, was da für ein fremder Knabe läge. »Ach«, sagte die Alte, »es ist ein unschuldiges Kind, es hat sich im Walde verirrt, und ich habe ihn aus Barmherzigkeit aufgenommen: er soll einen Brief an die Frau Königin bringen.« Die Räuber erbrachen den Brief und lasen ihn, und es stand darin, daß der Knabe sogleich, wie er ankäme, sollte ums Leben gebracht werden. Da empfanden die hartherzigen Räuber Mitleid, und der Anführer zerriß den Brief und schrieb einen andern, und es stand darin, sowie der Knabe ankäme, sollte er sogleich mit der Königstochter vermählt werden. Sie ließen ihn dann ruhig bis zum andern Morgen auf der Bank liegen, und als er aufgewacht war, gaben sie ihm den Brief und zeigten ihm den rechten Weg. Die Königin aber, als sie den Brief empfangen und gelesen hatte, tat, wie darin stand, hieß ein prächtiges Hochzeitsfest anstellen, und die Königstochter ward mit dem Glückskind vermählt; und da der Jüngling schön und freundlich war, so lebte sie vergnügt und zufrieden mit ihm.

Nach einiger Zeit kam der König wieder in sein Schloß und sah, daß die Weissagung erfüllt und das Glückskind mit seiner Tochter vermählt war. »Wie ist das zugegangen?« sprach er. »Ich habe in meinem Brief einen ganz andern Befehl erteilt.« Da reichte ihm die Königin den Brief und sagte, er möchte selbst sehen, was darin stände. Der König las den Brief und merkte wohl, daß er mit einem andern war vertauscht worden. Er fragte den Jüngling, wie es mit dem anvertrauten Briefe zugegangen wäre, warum er einen andern dafür gebracht hätte. »Ich weiß von nichts«, antwortete er, »er muß mir in der Nacht vertauscht sein, als ich im Walde geschlafen habe.« Voll Zorn sprach der König: »So leicht soll es dir nicht werden, wer meine Tochter haben will, der muß mir aus der Hölle drei goldene Haare von dem Haupte des Teufels holen; bringst du mir, was ich verlange, so sollst du meine Tochter behalten.« Damit hoffte der König, ihn auf immer loszuwerden. Das Glückskind aber antwortete: »Die goldenen Haare will ich wohl holen, ich fürchte mich vor dem Teufel nicht.« Darauf nahm er Abschied und begann seine Wanderschaft.

Der Weg führte ihn zu einer großen Stadt, wo ihn der Wächter an dem Tore ausfragte, was für ein Gewerbe er verstände und was er wüßte. »Ich weiß alles«, antwortete das Glückskind. »So kannst du uns einen Gefallen tun«, sagte der Wächter, »wenn du uns sagst, warum unser Marktbrunnen, aus dem sonst Wein quoll, trocken geworden ist und nicht einmal mehr Wasser gibt.« – »Das sollt ihr erfahren«, antwortete er, »wartet nur, bis ich wiederkomme.« Da ging er weiter und kam vor eine andere Stadt, da fragte der Torwächter wiederum, was für ein Gewerb er verstünde und was er wüßte. »Ich weiß alles«, antwortete er. »So kannst du uns einen Gefallen tun und uns sagen, warum ein Baum in unserer Stadt, der sonst goldene Äpfel trug, jetzt nicht einmal Blätter hervortreibt.« – »Das sollt ihr erfahren«, antwortete er, »wartet nur, bis ich wiederkomme.« Da ging er weiter und kam an ein großes Wasser, über das er hinüber mußte. Der Fährmann fragte ihn, was er für ein Gewerb verstände und was er wüßte. »Ich weiß alles«, antwortete er. »So kannst du mir einen Gefallen tun«, sprach der Fährmann, »und mir sagen, warum ich immer hin und her fahren muß und niemals abgelöst werde.« – »Das sollst du erfahren«, antwortete er, »warte nur, bis ich wiederkomme.«

Als er über das Wasser hinüber war, so fand er den Eingang zur Hölle. Es war schwarz und rußig darin, und der Teufel war nicht zu Haus, aber seine Ellermutter saß da in einem breiten Sorgenstuhl. »Was willst du?« sprach sie zu ihm, sah aber gar nicht so böse aus. »Ich wollte gerne drei goldene Haare von des Teufels Kopf«, antwortete er, »sonst kann ich meine Frau nicht behalten.« – »Das ist viel verlangt«, sagte sie, »wenn der Teufel heimkommt und findet dich, so geht dir's an den Kragen; aber du dauerst mich, ich will sehen, ob ich dir helfen kann.« Sie verwandelte ihn in eine Ameise und sprach: »Kriech in meine Rockfalten, da bist du sicher.« – »Ja«, antwortete er, »das ist schon gut, aber drei Dinge möcht ich gerne noch wissen: warum ein Brunnen, aus dem sonst Wein quoll, trocken geworden ist, jetzt nicht einmal mehr Wasser gibt; warum ein Baum, der sonst goldene Äpfel trug, nicht einmal mehr Laub treibt; und warum ein Fährmann immer herüber und hinüber fahren muß und nicht abgelöst wird.« – »Das sind schwere Fragen«, antwortete sie, »aber halte dich nur still und ruhig und hab acht, was der Teufel spricht, wann ich ihm die drei goldenen Haare ausziehe.«

Als der Abend einbrach, kam der Teufel nach Haus. Kaum war er eingetreten, so merkte er, daß die Luft nicht rein war. »Ich rieche, rieche Menschenfleisch«, sagte er, »es ist hier nicht richtig.« Dann guckte er in alle Ecken und suchte, konnte aber nichts finden. Die Ellermutter schalt ihn aus: »Eben ist erst gekehrt«, sprach sie, »und alles in Ordnung gebracht, nun wirfst du mir's wieder untereinander; immer hast du Menschenfleisch in der Nase! Setze dich nieder und iß dein Abendbrot.« Als er gegessen und getrunken hatte, war er müde, legte der Ellermutter seinen Kopf in den Schoß und sagte, sie sollte ihn ein wenig lausen. Es dauerte nicht lange, so schlummerte er ein, blies und schnarchte. Da faßte die Alte ein goldenes Haar, riß es aus und legte es neben sich. »Autsch!« schrie der Teufel, »was hast du vor?« – »Ich habe einen schweren Traum gehabt«, antwortete die Ellermutter, »da hab ich dir in die Haare gefaßt.« – »Was hat dir denn geträumt?« fragte der Teufel. »Mir hat geträumt, ein Marktbrunnen, aus dem sonst Wein quoll, sei versiegt, und es habe nicht einmal Wasser daraus quellen wollen, was ist wohl schuld daran?« – »He, wenn sie's wüßten!« antwortete der Teufel. »Es sitzt eine Kröte unter einem Stein im Brunnen, wenn sie die töten, so wird der Wein schon wieder fließen.« Die Ellermutter lauste ihn wieder, bis er einschlief und schnarchte, daß die Fenster zitterten. Da riß sie ihm das zweite Haar aus. »Hu! was machst du?« schrie der Teufel zornig. »Nimm's nicht übel«, antwortete sie, »ich habe es im Traum getan.« – »Was hat dir wieder geträumt?« fragte er. »Mir hat geträumt, in einem Königreiche ständ ein Obstbaum, der hätte sonst goldene Äpfel getragen und wollte jetzt nicht einmal Laub treiben. Was war wohl die Ursache davon?« – »He, wenn sie's wüßten!« antwortete der Teufel. »An der Wurzel nagt eine Maus, wenn sie die töten, so wird er schon wieder goldene Äpfel tragen, nagt sie aber noch länger, so verdorrt der Baum gänzlich. Aber laß mich mit deinen Träumen in Ruhe, wenn du mich noch einmal im Schlafe störst, so kriegst du eine Ohrfeige.« Die Ellermutter sprach ihm gut zu und lauste ihn wieder, bis er eingeschlafen war und schnarchte. Da faßte sie das dritte Haar und riß es ihm aus. Der Teufel fuhr in die Höhe, schrie und wollte übel mit ihr wirtschaften, aber sie besänftigte ihn nochmals und sprach: »Wer kann für böse Träume!« – »Was hat dir denn geträumt?« fragte er und war doch neugierig. »Mir hat von einem Fährmann geträumt, der sich beklagte, daß er immer hin und her fahren müßte und nicht abgelöst würde. Was ist wohl schuld?« – »He, der Dummbart!« antwortete der Teufel. »Wenn einer kommt und will überfahren, so muß er ihm die Stange in die Hand geben, dann muß der andere überfahren, und er ist frei.« Da die Ellermutter ihm die drei goldenen Haare ausgerissen hatte und die drei Fragen beantwortet waren, so ließ sie den alten Drachen in Ruhe, und er schlief, bis der Tag anbrach.

Als der Teufel wieder fortgezogen war, holte die Alte die Ameise aus der Rockfalte und gab dem Glückskind die menschliche Gestalt zurück. »Da hast du die drei goldenen Haare«, sprach sie, »was der Teufel zu deinen drei Fragen gesagt hat, wirst du wohl gehört haben.« – »Ja«, antwor-

tete er, »ich habe es gehört und will's wohl behalten.« –
»So ist dir geholfen«, sagte sie, »und nun kannst du deiner
Wege ziehen.« Er bedankte sich bei der Alten für die Hilfe
in der Not, verließ die Hölle und war vergnügt, daß ihm
alles so wohl geglückt war. Als er zu dem Fährmann kam,
sollte er ihm die versprochene Antwort geben. »Fahr mich
erst hinüber«, sprach das Glückskind, »so will ich dir sagen, wie du erlöst wirst«, und als er auf dem jenseitigen
Ufer angelangt war, gab er ihm des Teufels Rat: »Wenn
wieder einer kommt und will übergefahren sein, so gib
ihm nur die Stange in die Hand.« Er ging weiter und kam
zu der Stadt, worin der unfruchtbare Baum stand und wo
der Wächter auch Antwort haben wollte. Da sagte er ihm,
wie er vom Teufel gehört hatte: »Tötet die Maus, die an
seiner Wurzel nagt, so wird er wieder goldene Äpfel tragen.« Da dankte ihm der Wächter und gab ihm zur Beloh-
nung zwei mit Gold beladene Esel, die mußten ihm nach-
folgen. Zuletzt kam er zu der Stadt, deren Brunnen versiegt war. Da sprach er zu dem Wächter, wie der Teufel
gesprochen hatte: »Es sitzt eine Kröte im Brunnen unter
einem Stein, die müßt ihr aufsuchen und töten, so wird er
wieder reichlich Wein geben.« Der Wächter dankte und
gab ihm ebenfalls zwei mit Gold beladene Esel.

Endlich langte das Glückskind daheim bei seiner Frau
an, die sich herzlich freute, als sie ihn wiedersah und hörte,
wie wohl ihm alles gelungen war. Dem König brachte er,
was er verlangt hatte, die drei goldenen Haare des Teufels,
und als dieser die vier Esel mit dem Golde sah, ward er
ganz vergnügt und sprach: »Nun sind alle Bedingungen
erfüllt, und du kannst meine Tochter behalten. Aber, lieber Schwiegersohn, sage mir doch, woher ist das viele
Gold? Das sind ja gewaltige Schätze!» – »Ich bin über einen Fluß gefahren«, antwortete er, »und da habe ich es
mitgenommen, es liegt dort statt des Sandes am Ufer.« –
»Kann ich mir auch davon holen?« sprach der König und
war ganz begierig. »Soviel Ihr nur wollt«, antwortete er,
»es ist ein Fährmann auf dem Fluß, von dem laßt Euch

überfahren, so könnt Ihr drüben Eure Säcke füllen.« Der habsüchtige König machte sich in aller Eile auf den Weg, und als er zu dem Fluß kam, so winkte er dem Fährmann, der sollte ihn übersetzen. Der Fährmann kam und hieß ihn einsteigen, und als sie an das jenseitige Ufer kamen, gab er ihm die Ruderstange in die Hand und sprang davon. Der König aber mußte von nun an fahren zur Strafe für seine Sünden.

»Fährt er wohl noch?« – »Was denn? Es wird ihm niemand die Stange abgenommen haben.«

DER BAUER UND DER TEUFEL

Es war einmal ein kluges und verschmitztes Bäuerlein, von dessen Streichen viel zu erzählen wäre; die schönste Geschichte ist aber doch, wie er den Teufel einmal drangekriegt und zum Narren gehabt hat.

Das Bäuerlein hatte eines Tages seinen Acker bestellt und rüstete sich zur Heimfahrt, als die Dämmerung schon eingetreten war. Da erblickte er mitten auf seinem Acker einen Haufen feuriger Kohlen, und als er voll Verwunderung hinzuging, so saß oben auf der Glut ein kleiner schwarzer Teufel. »Du sitzest wohl auf einem Schatz?« sprach das Bäuerlein. »Jawohl«, antwortete der Teufel, »auf einem Schatz, der mehr Gold und Silber enthält, als du dein Lebtag gesehen hast.« – »Der Schatz liegt auf meinem Feld und gehört mir«, sprach das Bäuerlein. »Er ist dein«, antwortete der Teufel, »wenn du mir zwei Jahre lang die Hälfte von dem gibst, was dein Acker hervorbringt; Geld habe ich genug, aber ich trage Verlangen nach den Früchten der Erde.« Das Bäuerlein ging auf den Handel ein. »Damit aber kein Streit bei der Teilung entsteht«, sprach es, »so soll dir gehören, was über der Erde ist, und mir, was unter der Erde ist.« Dem Teufel gefiel das wohl, aber das listige Bäuerlein hatte Rüben gesät. Als

nun die Zeit der Ernte kam, so erschien der Teufel und
wollte seine Frucht holen, er fand aber nichts als die gelben
welken Blätter, und das Bäuerlein, ganz vergnügt, grub
seine Rüben aus. »Einmal hast du den Vorteil gehabt«,
sprach der Teufel, »aber für das nächstemal soll das nicht
gelten. Dein ist, was über der Erde wächst, und mein, was
darunter ist.« – »Mir auch recht«, antwortete das Bäuerlein. Als aber die Zeit zur Aussaat kam, säte das Bäuerlein
nicht wieder Rüben, sondern Weizen. Die Frucht ward
reif, das Bäuerlein ging auf den Acker und schnitt die vollen Halme bis zur Erde ab. Als der Teufel kam, fand er
nichts als die Stoppeln und fuhr wütend in eine Felsen-
schlucht hinab. »So muß man die Füchse prellen«, sprach
das Bäuerlein, ging hin und holte sich den Schatz.

Neuntes Kapitel

IN DER MASKE DES TEUFELS

Giovanni di Boccaccio

Wie man den Teufel in die Hölle schickt

Um also zur Sache zu kommen, sage ich, daß in der Stadt
Capsa in der Berberei einmal ein steinreicher Mann war,
der neben einigen andern Kindern auch eine schöne, artige
Tochter hatte, Alibech mit Namen. Da sie, die keine Chri-
stin war, den christlichen Glauben und Gottesdienst von
vielen Christen, die in der Stadt waren, überaus preisen
hörte, fragte sie eines Tages einen von ihnen, auf welche
Weise man Gott unter den geringsten Anfechtungen dienen könne. Der antwortete ihr, dem Herrgott diene man
um so besser, je mehr man die irdischen Freuden fliehe,
und am besten täten es die, die in die Einöden der Wüste
Thebais gegangen seien. Nicht so sehr von einem vernünftigen Begehren, wie von einer Art kindischer Lust
geleitet, machte sich das Mädchen, die gar einfältig und
etwa vierzehn Jahre alt war, am andern Morgen, ohne jemand etwas wissen zu lassen, heimlich und ganz allein auf
den Weg in die Wüste Thebais und gelangte unter großen
Beschwerden, die aber ihr Verlangen nicht verminderten,
nach einigen Tagen in diese Einöden; und als sie auf eine
Hütte, die sie in der Ferne gesehn hatte, zugegangen war,
fand sie an der Tür einen heiligen Mann, und der fragte sie
voll Verwunderung, sie hier zu sehn, was sie suche. Und
sie antwortete, daß sie, weil sie Gott, der ihr dies eingegeben habe, dienen wolle, jemand suche, der ihr angeben
solle, wie sie ihm zu dienen habe. Ihre Jugend und Schönheit ließen aber den tugendhaften Mann fürchten, wenn er
sie behielte, könnte ihn der Teufel verführen; er lobte also
ihren guten Vorsatz, gab ihr einige Wurzeln und Datteln
und wilde Äpfel zu essen und Wasser zu trinken und sagte:
»Nicht weit von hier, meine Tochter, ist ein heiliger
Mann, der in dem, was du suchst, ein viel besserer Meister
ist als ich; zu dem gehe«; und er brachte sie auf den Weg.
Und da sie von dem zweiten, zu dem sie nun kam, dieselbe

Antwort erhielt, ging sie weiter und kam so zu der Klause eines jungen Einsiedlers, eines gar frommen und guten Menschen, der Rustico hieß, und den fragte sie um dasselbe wie die andern. Er aber, der seine Standhaftigkeit auf eine harte Probe stellen wollte, schickte sie nicht so wie die andern weg, sondern behielt sie in seiner Klause; und als es Nacht geworden war, machte er ihr aus Palmblättern ein Bettchen und hieß sie sich dort niederlegen. Und als das getan war, säumten die Versuchungen nicht lange, seinen Kräften eine Schlacht zu liefern; die ließen ihn aber bald im Stich, und so kehrte er dem Gegner, ohne viel bestürmt worden zu sein, den Rücken und gab sich überwunden. Und indem er die heiligen Gedanken und die Gebete und die Geißelungen fahren ließ, begann er sich die Jugend und die Schönheit des Mädchens ins Gedächtnis zu rufen und überdies zu sinnen, was für Mittel und Wege er mit ihr einhalten solle, damit sie nicht innewerde, daß er das, was er von ihr ersehnte, nur als unkeuscher Mensch erlangen konnte. Er holte sie also vorerst mit einigen Fragen aus und erkannte so, daß sie noch keinen Mann erkannt hatte und so unschuldig war, wie sie aussah; darum gedachte er sie unter dem Scheine des Gottesdienstes zu seinem Willen zu bringen. Und zuerst legte er ihr mit vielen Worten dar, was für ein Widersacher des Herrgotts der Teufel sei; und dann brachte er ihr bei, daß der Gottesdienst, der Gott am wohlgefälligsten sei, darin bestehe, den Teufel in die Hölle heimzuschicken, worein ihn der Herrgott verdammt habe. Das Mädchen fragte ihn, wie man das mache, und Rustico sagte zu ihr: »Du sollst es alsbald erfahren und darum tu das, was du mich tun siehst«; und damit begann er sich der wenigen Kleider, die er am Leibe hatte, zu entledigen, bis er splitternackt dastand, und ebenso tat das Mädchen, und dann kniete er nieder, wie wenn er hätte beten wollen, und sie mußte ihm gegenüber niederknien. Und da seine Begierden bei dieser Stellung, als er sie so schön sah, immer brünstiger wurden, so kam die Auferstehung des Fleisches; Alibech sah es und fragte erstaunt:

»Was ist das, Rustico, was ich da bei dir sehe, was sich so hervordrängt und was ich nicht habe?« – »Ach, meine Tochter«, sagte Rustico, »das ist der Teufel, von dem ich dir gesprochen habe; und siehst du, gerade jetzt plagt er mich mit gar arger Pein, so daß ich es kaum aushalten kann.« Nun sagte das Mädchen: »Gottlob, daß ich da besser daran bin als du, weil ich diesen Teufel nicht habe.« Rustico sagte: »Du sagst die Wahrheit, aber du hast dafür etwas anderes, was ich nicht habe.« Alibech sagte: »Was denn?« Und Rustico sagte: »Die Hölle. Und ich sage dir, ich glaube, daß dich mir Gott um meines Seelenheils willen gesandt hat; denn wenn du jedesmal, wann mich der Teufel da quält, Mitleid mit mir hättest und es dulden wolltest, daß ich ihn in die Hölle heimschickte, so würdest du nicht nur mir einen großen Trost verschaffen, sondern auch Gott auf eine ihm sonderlich wohlgefällige Art dienen, was ja, wie du gesagt hast, die Absicht war, die dich hergeführt hat.« Treuherzig antwortete das Mädchen: »Da ich denn die Hölle habe, Vater, so mag es geschehn, wann es Euch beliebt.« Nun sagte Rustico: »Gebenedeit seist du, meine Tochter; gehn wir also und schicken wir ihn heim, auf daß er mich dann in Ruhe lasse.« Und nach dieser Rede führte er sie zu einem von ihren Bettchen und zeigte ihr, wie sie sich verhalten müsse, um diesen Gottvermaledeiten einzukerkern. Alibech, die noch nie einen Teufel in die Hölle heimgeschickt hatte, fühlte beim ersten Male ein wenig Schmerz, und so sagte sie zu Rustico: »Wahrhaftig, Vater, ein Unhold muß dieser Teufel sein und ein wirklicher Widersacher Gottes; tut er doch, von anderm zu schweigen, aber sogar der Hölle weh, wenn er heimgeschickt wird.« Und Rustico sagte: »Meine Tochter, das wird nicht immer so sein.« Und um es zu bewirken, daß es nicht immer so sei, schickten sie ihn, bevor sie von dem Bettchen aufstanden, wohl noch sechsmal heim, so daß sie ihm für diesmal die Hoffart aus dem Haupte brachten und er willig Ruhe gab. Aber die Hoffart kehrte ihm in der nächsten Zeit mehrere Male wieder, und stets gab sich Alibech gehorsam dazu her, sie ihm zu vertreiben; dabei geschah es, daß ihr das Spiel zu gefallen begann, und nun sagte sie öfter zu Rustico: »Ich sehe es wohl, daß die frommen Leute in Capsa recht hatten, daß sie sagten, Gott zu dienen sei ein süßes Ding; und ich erinnere mich wahrhaftig nicht, jemals etwas getan zu haben, was mir so viel Freude und Lust gemacht hätte, wie den Teufel in die Hölle heimzuschicken, und darum ist meiner Meinung nach jeder Mensch, der sich um etwas andres als um den Gottesdienst kümmert, ein Rindvieh.« Und so kam sie gar oft zu Rustico und sagte zu ihm: »Vater, ich bin hergekommen, um Gott zu dienen und nicht um müßig zu gehen; kommt, wir wollen den Teufel in die Hölle heimschicken.« Und bei diesem Geschäfte sagte sie dann und wann: »Ich verstehe nicht, Rustico, warum der Teufel aus der Hölle flieht; denn wäre er so gern drinnen, wie ihn die Hölle gern einläßt und behält, so würde er nie herausgehen.« Da sie also den jungen Rustico häufig einlud und zum Gottesdienste anhielt, zupfte sie ihm mit der Zeit so viel Wolle aus seinem Kamisol, daß ihn fror, wenn ein anderer geschwitzt hätte; darum begann er anders zu reden und sagte ihr, der Teufel brauche nur dann gezüchtigt und in die Hölle heimgeschickt zu werden, wann er sein Haupt in Hoffart erhebe, und sie hätten ihm mit Gottes Gnade seinen Wahn so genommen, daß er Gott bitte, ihn in Frieden zu lassen. Und damit brachte er das Mädchen auf eine Zeitlang zum Schweigen. Als sie nun sah, daß sie von Rustico gar nicht mehr aufgefordert wurde, den Teufel in die Hölle heimzuschicken, sagte sie eines Tages zu ihm: »Rustico, ist auch dein Teufel gezüchtigt und peinigt er dich nicht mehr, so läßt mich doch meine Hölle nicht in Ruh; darum wirst du wohl daran tun, wenn du mir mit deinem Teufel die Wut meiner Hölle bändigen hilfst, so wie ich dir mit meiner Hölle geholfen habe, deinem Teufel die Hoffart zu vertreiben.« Rustico, der von Wurzeln und Wasser lebte, konnte diesen Anforderungen nicht recht entsprechen und sagte ihr, es gehörten gar viele Teufel dazu, um die Hölle zu bändigen: er werde jedoch alles dazu tun, was er imstande sei. So tat er ihr zwar manchmal Genüge, aber so selten, daß es nicht mehr bedeutete, als wenn man einem Löwen eine Bohne in den Rachen wirft; darüber murrte denn das Mädchen, die den Gottesdienst zu vernachlässigen glaubte. Dieser Zwist zwischen Rusticos Teufel und Alibechs Hölle, der von zu großem Verlangen und zu geringen Kräften herrührte, bestand noch immer, als es geschah, daß in Capsa eine Feuersbrunst ausbrach und daß der Vater Alibechs mit all seinen Kindern und sonstigen Angehörigen in den Flammen seines Hauses umkam, so daß Alibech die Erbin all seines Gutes war. Als darum ein junger Mann, Neherbale genannt, der all sein Vermögen vergeudet hatte, vernahm, daß sie am Leben war, unternahm er es, sie zu suchen; und da er sie fand, bevor das Gericht das Gut ihres Vaters als das eines ohne Erben Verstorbenen eingezogen hatte, führte er sie gegen ihren Willen, aber zu Rusticos größter Freude, nach Capsa zurück und nahm sie zur Gattin und erbte so mit ihr zusammen die großen Reichtümer. Und als sie von den Frauen, bevor noch Neherbale mit ihr geschlafen hatte, gefragt wurde, wie sie Gott in der Wüste gedient habe, antwortete sie, ihr Gottesdienst sei gewesen, den Teufel in die Hölle heimzuschicken, und Neherbale habe eine große Sünde begangen, daß er sie diesem Dienst entzogen habe. Und die Frauen fragten: »Wie wird denn der Teufel in die Hölle heimgeschickt?« Und das Mädchen sagte es ihnen halb, und halb zeigte sie es ihnen, und darüber lachten sie so unmäßig, daß sie noch immer lachen, und sagten: »Härme dich nicht, Kind; das tut man hier auch, und Neherbale wird schon fleißig mit dir dem Herrgott dienen.« Und indem das die eine der andern erzählte, wurde es in der Stadt zum Sprichwort, daß der fröhlichste Gottesdienst sei, den Teufel in die Hölle heimzuschicken; und dieses Wort, das von dort übers Meer gekommen ist, ist noch immer im Schwange. Darum, meine jungen Damen, die Ihr der Gnade Gottes bedürftig seid, lernt den

Teufel in die Hölle heimschicken; Gott hat seine helle Freude daran, den Beteiligten ist es zur Lust, und es kann daraus viel Gutes gedeihen und erwachsen.

Hans Rosenplüt
DER TEUFEL IM KLOSTER

Nun seid mal fein still und spitzt die Ohren, denn ich erzähle euch jetzt eine originelle Geschichte von einem Mönch und einer Frau, wie sie ihren guten Ruf ruinierten und sich vor allen Leuten maßlos blamierten.

Der Mönch war in heißer Liebe zu einer Frau entbrannt und bedrängte sie unablässig, sich ihm hinzugeben. Sie möchte doch nur eine einzige Nacht an seiner Seite liegen und ihm alles gestatten, was ein Mann in der Nacht so mit einer Frau anstellt. Die Frau war nicht abgeneigt, doch sie sagte zum Mönch: »Mein allerliebster Freund, greift erst in den Beutel und zahlt mir ein Draufgeld. Damit ist der Handel abgeschlossen, und ich komme heute nacht zu Euch in Eure Zelle. Sorgt auch für einen guten Tropfen und einen leckeren Imbiß, denn Ihr wißt ja selbst, daß durstige und hungrige Pferde träge sind.«

Der Mönch zeigte sich großzügig und drückte dem Weiblein einen böhmischen Pfennig in die Hand, der bekanntlich den Wert von sieben gängigen Pfennigen hat.

Nachts zur Schlafenszeit machte sich die Frau auf den Weg ins Kloster und schlüpfte zum Mönch in die Zelle. Der schloß sie freudetrunken in die Arme, drückte sie auf sein Lager und sagte: »Ich war schon völlig niedergeschlagen, denn ich fürchtete, Ihr könntet Euer Haus nicht verlassen und ich müßte auf die Wonnen Eurer Liebe verzichten.«

Die Frau lächelte und sprach: »Aber mein lieber, guter Herr! Ich hab's Euch doch versprochen, zur Nachtzeit zu kommen, und wie Ihr seht, habe ich mein Versprechen gehalten.«

Der Mönch legte sich zu der Frau und stillte gierig seine Gelüste. Auf den Knien liegend, betete er über ihr ein Gebet nach dem andern, bis man zur Frühmesse läutete. Nun hatte er die halbe Nacht kein Auge zugetan, mußte er sich doch die ganze Zeit über in dem Graben abplagen, in dem man die Kinder macht. Da er nach diesen Anstrengungen bleich und mitgenommen aussah, entzündete er ein Licht und holte vom Wandbord eine Flasche Rosenessenz, mit der er seine Stirn kräftig einrieb. So ermunterte er seinen Geist und vertrieb das Schwächegefühl, das ihn überkommen hatte. Danach stellte er das Fläschchen wieder auf das Wandbord zurück und sprach zu seinem Bettschatz: »Wart auf mich, mein Liebchen! Schlaf inzwischen und ruh dich ein wenig aus. Ich schüttel nur eins, zwei, drei die Frühmesse aus der Kutte. Sollte jemand an die Tür klopfen, dann erschrick nicht und verhalte dich mucksmäuschenstill. Ich komme bald zurück und lege mich dann wieder zu dir.«

So ging der Mönch, um die Messe hinter sich zu bringen. Kaum war er fort, überkam auch die Frau ein Schwächegefühl; alles drehte sich vor ihren Augen, ihr Kopf wollte fast zerspringen vor Schmerz. Ihr wurde ganz elend, und ihr Antlitz war totenbleich. Da dachte sie daran, wie sich der Mönch durch das Einreiben seiner Stirn gekräftigt hatte. Sie schlüpfte aus dem Bett und tastete auf dem Wandbord nach dem Fläschchen mit der Rosenessenz. Dabei griff sie aber daneben und holte des Mönches Tintenfläschchen herunter. Erleichtert, daß sie die Wunderessenz gefunden hatte, goß sie einen tüchtigen Schwapp in die hohle Hand und rieb dann ihr Gesicht kräftig ein, so daß sie schwarz wie der leibhaftige Satan aussah. Dann wälzte sie sich behaglich wieder ins Bett.

Nach einem Weilchen kam der Mönch mit einer brennenden Kerze zurück in seine Zelle. Das Herz hüpfte ihm im Leibe, als er die Frau schlafend im Bette liegen sah.

Zärtlich drehte er ihr Gesicht zu sich herum und erschrak fürchterlich. Vor Entsetzen tat er einen Riesensatz zur Tür, der Angstschweiß brach ihm aus allen Poren, in Panik stürzte er aus der Zelle und brüllte alle Klosterbrüder zusammen: »Hilfe, in meinem Bett liegt der Teufel!«

Die Mönche hasteten zur Zelle des verängstigten Bruders und schielten vorsichtig hinein. Die Frau war von dem Lärm wach geworden und richtete sich – schwärzer als jeder Mohr – im Bette auf. Voller Grauen schrie einer der Mönche: »Er hat recht!« Beim Anblick der tintengeschwärzten Frau zerstob die ganze Mönchsherde in alle Winde; man versteckte sich ängstlich in Ecken und Winkel. Verstört sprang die Frau aus dem Bett, hüllte sich rasch ins Bettlaken und lief ohne Mantel und Rock aus dem Kloster bis in ihre Wohnung, wo sie sich im Spiegel betrachtete. Da merkte sie, was geschehen war, und wusch sich wütend die Tinte ab. Die zurückgelassenen Kleidungsstücke brachten jedoch den ganzen Handel an den Tag, so daß die Frau seit diesem Vorfall von allen verachtet wurde.

Ich wünsche allen das gleiche Los, die sich mit Schmach und Schande bedecken. Schleicht sich jemand nachts ins Kloster, um dort Unzucht zu treiben, so wär's nur recht und billig, wenn seine Büberei ruchbar würde, dann blieben sicher viele Sünden, mit denen man sich die Gnade Gottes verscherzt, ungetan, sagt Hans Rosenplüt.

Hans Folz

DER SCHINKENDIEB ALS TEUFEL

In einem Dorfe lebte einst ein armer Bauer. Nur zwei Häuser weiter wohnte ein reicher Verwandter, und da der Arme für zehn Kinder zu sorgen hatte, führte er diesem oft genug sein Elend vor Augen. Aber selbst die dringlichsten

Vorstellungen der Not brachten nicht mehr ein, als daß der Reiche den armen Schlucker samt Frau und Kindern viermal im Jahr an seinen Tisch lud; mehr tat er nicht für ihn. Eine so schmal bemessene Unterstützung schien dem Armen knausrig und jämmerlich genug.

Einst um die Fastnachtszeit dachte er daran, wie viele saftige Schinken der reiche Geizhals im Rauch hängen hatte. Wenn er einen davon stahl, fiel dies gar nicht ins Gewicht. So umschlich er spähend das Gehöft und überlegte, wo er am besten eindringen und einen Schinken an sich bringen könne. Als sich im Hause alles zum Schlafen niedergelegt hatte, verschaffte er sich Einlaß durch den Hintereingang, den er nach gelungenem Diebstahl wieder zur Flucht benutzen wollte. Er gelangte in die Küche, schob sich vorsichtig im Rauchfang in die Höhe, packte einen Schinken, lud ihn auf die Schulter und schnitt dann die Schnur durch. Die Beute war aber so schwer, daß er das Gleichgewicht verlor und mit dem Schinken unter ungeheurem Gepolter hinabstürzte.

Der Lärm ließ den Hausherrn aufschrecken. Eilig rief er seiner Frau zu: »Bleib du still liegen! Bei uns rumort ein Dieb. Erwisch ich den Kerl, ergeht's ihm übel!«

Nach seinem Sturz wagte der arme Schelm nicht mehr den Weg zur Hintertür, doch der Vorderausgang war mit Schloß und Riegel fest versperrt. Da stürzte er in seiner Not zum Küchenherd, streifte den Ruß vom Kesselboden und rieb sich damit Gesicht und Hände ein, bis er pechrabenschwarz wie ein Mohr aussah. Auch stopfte er sich Holzkohlestücke in den Mund, die er eilig zerkaute. Da polterte auch schon der Hausherr die Stiegen herab, hastete zum Küchenherd, riß ein glimmendes Holzstück heraus, blies aus voller Lunge in die Glut und schaute beim Schein der aufflackernden Flamme umher. Doch da blies von der anderen Seite der Dieb in den Brand, und als der Bauer im auflodernden Feuerschein vor sich eine schwarze Fratze erblickte, glaubte er den Teufel zu sehen und schrie: »Heilige Mutter Gottes! Rette mich!« Wieder bliesen beide kräftig in die Glut, und nun standen dem reichen Bauern vor Grauen die Haare zu Berge, denn der Dieb hatte das Maul sperrangelweit aufgerissen, so daß – von der zerkauten Kohle tiefschwarz gefärbt – Zunge und Gaumen zu sehen waren. Das war zuviel! Vor entsetzlicher Angst begannen dem Hausherrn die Sinne zu schwinden, so daß er an der Wand hinter sich nach einer Stütze tastete. Er war völlig davon überzeugt, den Leibhaftigen vor sich zu haben.

Nun sprach der Dieb drohend: »Blas nur zu, dann tu ich dir auch nichts! Doch bläst du nicht mehr, fährst du mit mir zur Hölle!«

Der Bauer wehrte zitternd ab: »Mag blasen, wer Lust hat! Mir hat der Anblick deiner furchterregenden Gestalt schon jetzt das Blut zu Eis erstarren lassen. Ach, wüßte ich nur, was Gott von mir erwartet, ich wollte stets nach seinem göttlichen Willen handeln!«

Als der Dieb merkte, daß er nichts zu befürchten hatte, fuhr er fort: »Dein festes Gottvertrauen hat dich vor dem Tode errettet, den du von meiner Hand empfangen solltest. Und noch eins mußt du wissen: Vor der längst fälligen Höllenfahrt hat dich bislang nur bewahrt, daß du deinen armen Verwandten mit Weib und Kindern viermal im Jahr an deinen Tisch gebeten hast. Sonst müßtest du wegen deines unerhörten Geizes in der Hölle furchtbare Qualen dulden.«

Da rief der Bauer: »Wenn's dies ist, was Gott wohlgefällt, dann verspreche ich hoch und heilig, daß ich dem armen Schlucker zeit meines Lebens kräftig unter die Arme greifen werde. Er soll auf guten Rat und wirksame Hilfe stets und immer rechnen können.«

Darauf sagte – scheinbar verdrießlich – der Dieb: »Hätte ich das nur geahnt! Kein Wort wäre über meine Lippen gekommen! Ich hoffte, dich doch noch in meine Gewalt zu zwingen. Dieser Vorsatz hat dich aber meiner Macht ganz und gar entzogen.« Und weiter sagte er: »Es war schon eine rechte Infamie, die du dir geleistet hast! Das verzeihe ich dir nie und nimmer! Meine unversöhnliche Feindschaft ist dir sicher! Grad jetzt zur Fastnachtszeit, da man überall so recht zu unserer Freude lebt und handelt, gehen wir Teufel auf Seelenfang. Ich bin zu dir gekommen in der Hoffnung, dich in die Hölle holen zu können. Um dich zu wecken, hatte ich einen Schinken aus dem Rauchfang gerissen und bin dann mit ihm in die Küche hinabgepoltert. Leider läßt Gott nicht zu, daß ich dich packe und fortführe, denn du hast um seinetwillen Wunderdinge der Nächstenliebe versprochen, die du an deinem armen Verwandten beweisen willst. So muß ich zu meinem größten Ärger auf dich verzichten. Also geh hin, öffne die Tür, lege mir wenigstens den Schinken davor und sperr dann hinter mir zu. Danach kannst du wieder ins Bett kriechen. Aber denke daran: Vielleicht komme ich übers Jahr erneut zu dir, um zu sehen, ob du dein Versprechen auch gehalten hast.«

In fliegender Eile öffnete der Bauer die Tür, warf den Schinken weit hinaus auf den Hof und schloß hinter dem unheimlichen Besucher rasch wieder ab. Der Dieb aber stahl sich ungesehen in aller Seelenruhe in sein Haus zurück.

Im Bett sprach der Reiche zu seiner Frau: »Nie wieder riskiere ich so leichtfertig Kopf und Hals!« Und er berichtete ihr, was ihm widerfahren war. Die Worte aber, die ihm der »Teufel« gesagt hatte, blieben unauslöschlich in seinem Gedächtnis haften, so daß er den Armen fortan nach Kräften unterstützte. Er ließ dessen Haus neu erbauen, borgte ihm willig, was er benötigte, knauserte auch nicht mit reichen Geschenken, lud ihn mit seiner Familie häufig in sein Haus und zeigte sich überhaupt in jeder Hinsicht hilfsbereit.

Diese Geschichte lehrt, daß dann, wenn ein Armer unrechte Wege geht, oft genug die Schuld bei den Reichen zu suchen ist. Wie leicht wäre zu vermeiden, daß jemand auf Abwege gerät, wenn jeder seinem Nächsten in der Not nach Kräften beistünde! Kommt einem reichen Geizhals

unversehens der Teufel ins Haus und versetzt ihn mit seinen Drohungen in Angst und Schrecken, dann wird er
vielleicht ebenso übertölpelt wie der reiche Bauer in der
Geschichte. Der entdeckte die Nächstenliebe ja auch erst
aus Furcht vor den Höllenqualen, nicht aus Achtung vor
der Liebe und Größe Gottes. Das sagt euch Hans Folz, der
Barbier.

Wilhelm Hauff

SATANS BESUCH BEI HERRN VON GOETHE

Bemerkungen über das Diabolische
in der deutschen Literatur

»Die Idee eines Teufels ist so alt als die Welt und nicht erst
durch die Bibel unter die Menschen gekommen. Jede Religion hat ihre Dämonen und bösen Geister, – natürlich weil
die Menschen selbst von Anfang an gesündigt haben und
nach ihrem gewöhnlichen Anthropomorphismus das
Böse, das sie sahen, einem Geiste zuschrieben, dessen Geschäft es sei, überall Unheil anzurichten.« So würde ich
ungefähr sprechen, wenn ich es bis zum Professor der Philosophie gebracht hätte und nun über die »Idee eines Teufels« mich breitmachen müßte.

In meiner Stellung aber lache ich über solche Demonstrationen, die gewöhnlich darauf auslaufen, daß man
mich mit zehnerlei Gründen hinwegzudisputieren sucht;
ich lache darüber und behaupte, die Menschen, so dumm
sie hie und da sein mögen, merken doch bald, wenn es
nicht *ganz geheuer um sie her ist*, und mögen sie mich nun
Ariman oder das böse Prinzip, Satan oder Herrn Urian
nennen, sie kennen mich in allen Völkern und Sprachen.
Es ist doch eine schöne Sache um das *dicier hic est*, darum
behagt mir auch die deutsche Literatur so sehr. Haben sich

nicht die größten Geister dieser Nation bemüht, mich zu verherrlichen, und, wenn ich's nicht schon wäre, mich ewig zu machen?

In meiner *Dissertatio de rebus diabolicis* sage ich unter anderm hierüber folgendes: »§ 8. *Die Idee, das moralische Verderben in einer Person darzustellen, mußte sich daher den Dichtern bald aufdrängen;* diese waren, wie es in Deutschland meistens der Fall war, philosophisch gebildet, doch war ihre Philosophie wie ihre Moral von jener breiten, dicken Sorte, die nicht mit Leichtigkeit über Gegenstände hinzugleiten weiß, daher kam es, daß auch die Gebilde ihrer Phantasie jenes philosophische Blei an den Füßen trugen, das sie nicht mit Gewandtheit auftreten ließ; sie stolperten auf die Bühne und von der Bühne, machten sich breit in Philosophemen, die der zehendste nicht sogleich verstand, und drehten und wandten sich, als sollten sie auf einer engen Brücke ohne Geländer in Reifröcken einander ausweichen.

Daher kam es, daß auch die Teufel dieser Poeten gänzlich verzeichnet waren. Betrachten wir z. B. Klingers Satan. Wie vielen Bombast hat dieser arme Teufel zuerst in der Hölle und dann auf der Erde herzuleiern!

Klingemanns Teufel! Glaubt man nicht, er habe ihn nur geschwind aus dem Puppenspiel von der Straße geholt, ihm die Glieder ausgereckt, bis er die rechte Größe hatte, und ihn dann in die Szene gesetzt? Man begreift nicht, wie ein Mensch sich von einem solchen Ungetüm sollte verführen lassen!«

Es gibt noch mehrere solcher literarischen Ungetüme, die hier aufzuführen der Raum nicht erlaubt. Sie alle haben mir von jeher viel Spaß gemacht, und ich kam mir oft vor, wie der Polichinello des italienischen Lustspiels; ich war bei diesen Leuten eine stehende Figur, die, wenn auch etwas anders aufgeputzt, doch immer wieder die *Hörner herausstreckte*, und unter welche man zu besserer Kenntnis ein *ecce homo*, sehet, das ist der Teufel, schrieb.

Doch auch dem Teufel muß man Gerechtigkeit widerfahren lassen, sagt ein Sprichwort, folglich muß der Teufel zur Revanche auch wieder gerecht sein. »Ein jeder gibt, wie er's kann«, fuhr ich in der Dissertation fort, »und wie sich in jenen Poeten das moralische Verderben bei jedem wieder in andern Reflexen abspiegelte, so gaben sie auch ihre Teufel. Daher kommt es, daß Herr Urian bei Klopstock wieder bei weitem anders aussieht.

Jener Abbadonna ist ein gefallener Engel, dem das höllische Feuer die Flügel versengte, der sich aber auch jetzt noch nobel und würdig ausnehmen soll. Aber leider ist dieser Zweck doch ein wenig verfehlt, mir wenigstens kömmt dieser Klopstockische Gottseibeiuns vor wie ein Elegant, der wegen Unarten aus den Salons verwiesen, sich in den Tabagien und spießbürgerlichen Klubs nicht recht zu finden weiß und darum unanständig jammert.«

So ungefähr sprach ich mich in jener gelehrten Dissertation aus, und ich gebe noch heute zu, daß die Auffassung wie jeder Idee, so auch der des Teufels sich nach den *individuellen Ansichten* des Dichters über das Böse richten muß; dies alles aber entschuldigt keineswegs jenen *berühmten Mann*, der, kraft seines umfassenden Genies, nicht den engen Grenzen seines Vaterlandes oder der Spanne Zeit, in welcher er lebt, sondern der Erde und künftigen Jahrhunderten angehören könnte, es entschuldigt ihn nicht darin, daß er einen so schlechten Teufel zur Welt gebracht hat.

Der *Goethische Mephistophiles* ist eigentlich nichts anders als jener gehörnte und geschwänzte Popanz des Volkes. Den Schweif hat er aufgerollt und in die Hosen gesteckt, für die Bocksfüße hat er elegante Stiefeln angezogen, die Hörner hat er unter dem Barett verborgen – siehe da den Teufel des großen Dichters! Man wird mir einwenden: »Das gerade ist ja die große Kunst des Mannes, daß er tausend Fäden zu spinnen weiß, durch die er seine kühnen Gedanken, seine hohen überschwenglichen Ideen an das Volksleben, an die Volkspoesie knüpft.« »Halt Freund! ist es eines Mannes, der, wie sie sagen, so hoch über seinem Gegenstand steht und sich nie von ihm beherrschen läßt, ist es eines solchen Dichters würdig, daß er sich in diese Fesseln der Popularität schmiegt; sollte nicht der königliche Adler dieses Volk bei seinem populären Schopf fassen und mit sich in seine Sonnenhöhe tragen?«

»Verzeihe, Wertester«, erhalte ich zur Antwort, »du vergissest, daß unter diesem Volke mancher eine Perücke trägt; würde ein solcher nicht in Gefahr sein, daß ihm der Zopf breche und er aus halber Höhe wieder zur Erde stürzte? Siehe! der Meister hat dies besser bedacht; er hat aus jenen tausend Fäden, von welchen ich dir sagte, eine Strickleiter geflochten, auf welcher seine Jünger säuberlich und ohne Gefahr zu ihm hinaufklimmen. Der Meister aber setzet sie zu sich in seine Arche, gleich Noah schwebt er mit ihnen über der Sündflut jetziger Zeit und schaut ruhig wie ein Gott in den Regen hinaus, der aus den Federn der kleinen Poeten strömt.«

»Ein wässeriges Bild!« entgegne ich, »und zugleich eine Sottise; befand sich denn in jener Arche nicht mehr Vieh als Menschen? Und will der Meister warten, bis die Flut sich verlaufe und dann seine Stierlein und Eselein, seine Pfauen und Kamele Paar und Paar auf die Erde spazieren lassen?

Will er vielleicht wie jener Patriarch die Erfindung des Weines sich zuschreiben, sich ein Patent darüber ausstellen lassen und über seine Schenke schreiben: ›Hier allein ist Echter zu haben‹, wie Maria Farina auf sein Kölnisches Wasser, so für alle Schäden gut ist?«

Aber, um wieder auf Mephistophiles zu kommen; gerade dadurch, daß er einen so überaus populären und gemeinen Teufel gab, hat Goethe offenbar nichts für die Würde seines schönsten Gedichtes gewonnen. Er wird zwar viele Leser herbeiziehen, dieser Mephisto, viele Tausende werden ausrufen: »Wie herrlich! das ist der Teufel, wie er leibt und lebt.« Um die übrigen Schönheiten des Gedichtes bekümmern sie sich wenig, sie sind vergnügt, daß es endlich einmal eine Figur in der Literatur gibt, die ihrer Sphäre angemessen ist.

»Aber erkennst du denn nicht«, wird man mir sagen, »erkennst du nicht die herrliche, tiefe Ironie, die gerade in diesem Mephistophiles liegt?«

Ironie? Und welche? Ich sehe nichts in diesem meinem Konterfei, als den gemeinen »Ritter von dem Pferdefuß«, wie er in jeder Spinnstube beschrieben wird. Man erlaube mir, dieses Bild noch näher zu beleuchten. Ich werde nämlich vorgestellt als ein Geist, der beschworen werden kann, der sich nach magischen Gesetzen richten muß:

> »Gesteh' ich's nur, daß ich hinausspaziere,
> Verbietet mir ein kleines Hindernis,
> Der Drudenfuß auf Eurer Schwelle«;

und dieser Schwelle Zauber zu zerspalten

> »Bedarf ich eines Rattenzahns«,

daher befiehlt

> »Der Herr der Ratten und der Mäuse,
> Der Fliegen, Frösche, Wanzen, Läuse«

in einer Zauberformel seinem dienstbaren Ungeziefer, die Kante, welche ihn bannte, zu benagen. Auch kann ich nicht in das *Studierzimmer* treten, ohne daß der Doktor Faust dreimal »Herein!« ruft. In andere Zimmer, wie z. B. bei Frau Martha und in Gretchens Stübchen, trete ich ohne diese Erlaubnis. Doch den Schlüssel zu diesen sonderbaren Zumutungen finden wir vielleicht in dem Vers:

> »Gewöhnlich glaubt der Mensch, wenn er nur
> Worte hört,
> Es müsse sich dabei auch etwas denken lassen!«

Doch weiter.

Ich stehe auf einem ganz besonderen Fuß mit *den Hexen*.

Die in der Hexenküche hätte mich gewiß liebevoller empfangen, aber sie sah keinen *Pferdefuß*, und um mich bei ihr
durch mein Wappen zu legitimieren, mache ich eine unan-
ständige Gebärde.

>   »Mein Freund, das lerne wohl verstehen,
>   Das ist die Art, mit Hexen umzugehen.«

Auf dem Brocken in der Walpurgisnacht bin ich noch viel
besser bekannt. Das Gehen behagt mir nicht, ich sage daher zum Doktor:

>   »Verlangst du nicht nach einem Besenstiele?
>   Ich wünschte mir den allerderbsten Bock.«

Auch hier

>   »Zeichnet mich kein Knieband aus,
>   Doch ist der Pferdefuß hier ehrenvoll zu Haus.«

Um unter diesem gemeinen Gelichter mich recht zu zeigen, tanze ich mit einer alten Hexe und unterhalte mich
mit ihr in Zoten, die man nur durch Gedankenstriche

>   »Der hatt' ein ———
>   So – es war, gefiel mir's doch«

anzudeuten wagt.
   Ich bin selbst in Fausts Augen ein widerwärtiger, hämi-
scher Geselle, der

>   »—— kalt und frech
>   Ihn vor sich selbst erniedrigt –«

Ich bin ohne Zweifel von häßlicher, unangenehmer Gestalt und Gesicht, zurückstoßend, was man mit mildem

Ausdruck markiert, intrigant und im gemeinen Leben einen abgefeimten Spitzbuben zu nennen pflegt.

Daher sagt Gretchen von mir:

>»Der Mensch, den du da bei dir hast,
Ist mir in tiefer inn'rer Seele verhaßt.
Es hat mir in meinem Leben
So nichts einen Stich ins Herz gegeben
Als des Menschen widrig Gesicht. –
Seine Gegenwart bewegt mir das Blut,
Ich hab' vor dem Menschen ein heimlich Grauen.–
– Kommt er einmal zur Tür herein
Sieht er immer so spöttisch drein
Und halb ergrimmt. –
Es steht ihm an der Stirn geschrieben,
Daß er nicht mag eine Seele lieben etc.«

Daher sage ich auch nachher:

>»Und die Physiognomie versteht sie meisterlich,
In meiner Gegenwart wird ihr, sie weiß nicht wie;
Mein *Mäskchen* da weissagt verborgnen Sinn,
Sie fühlt, daß ich ganz sicher ein Genie,
Vielleicht wohl gar der Teufel bin.«

Soll dies bei Gretchen Ahnung sein? Ist sie befangen in der Nähe eines Wesens, das, wie man sagt, ihren Gott verleugnet? Ist es etwa ein unangenehmer Geruch, eine schwüle Luft, die ihr meine Nähe ängstlich macht? Ist es kindlicher Sinn, der den Teufel früher ahnet als der schon gefallene Mensch, wie Hunde und Pferde vor nächtlichem Spuk scheuen, wenn sie ihn auch nicht sehen? Nein – es ist nur allein mein Gesicht, mein Mäskchen, mein lauernder Blick, mein höhnisches Lächeln, das sie ängstlich macht, so *ängstlich*, daß sie sagt:

»– Wo er nur mag zu uns treten,
  Mein' ich sogar, ich liebte dich nicht mehr.–«

Wozu nun dies? Warum soll der Teufel ein Gesicht schneiden, das jedermann Mißtrauen einflößt, das zurück-
schreckt, statt daß die Sünde, nach den gewöhnlichsten
Begriffen, sich lockend, reizend sehen läßt?

Wer hat nicht die herrlichen Umrisse über Goethes
Faust von dem genialen Retsch gesehen! Gewiß, selbst der
Teufel muß an einem solchen Kunstwerk Freude haben.
Ein paar Striche, ein paar Pünktchen bilden das liebliche,
sinnige Gesicht des kindlichen, keuschen Gretchens, Faust
in der vollendeten Blüte des Mannes steht neben ihr; welche Würde noch in dem gefallenen Göttersohn!

Aber der Maler folgt der Idee des Dichters, und siehe,
ein Scheusal in Menschengestalt steht neben jenen liebli-
chen Bildern. Die unangenehmen Formen des dürren
Körpers, das ausgedörrte Gesicht, die häßliche Nase, die
tiefliegenden Augen, die verzerrten Mundwinkel – hinweg von diesem Bild, das mich schon so oft geärgert hat.*

Und warum diese häßliche Gestalt? frage ich noch einmal. Darum, antworte ich, weil Goethe, der *so hoch über
seinem Werk schwebende Dichter*, seinen Satan anthropo-
morphisiert; um den gefallenen *Engel* würdig genug darzustellen, kleidet er ihn in die Gestalt eines tief gefallenen
Menschen. Die Sünde hat seinen Körper häßlich, mager,
unangenehm gemacht. In seinem Gesicht haben alle Leidenschaften gewühlt und es zur Fratze entstellt; aus dem

---

* Man erlaube mir hier eine kleine Anmerkung: wenn ich nicht irre,
so ertappt man hier den Satan auf einer größeren Eitelkeit, als man ihm
fast zutrauen sollte; gewiß hat ihn nichts anderes gegen jenen verehrten
Dichter aufgebracht, als daß er ihn mit etwas lebhaften Farben als häßlich
darstellt; diese Bemerkung wird um so wahrscheinlicher, wenn man sich
erinnert, daß er oben in dem zweiten Abschnitt selbst gesteht, daß durch
seine Inkarnation einige Eitelkeit in ihn gefahren sei; Meister Urian gibt
sich übrigens durch den übertriebenen Eifer, mit welchem er seine Miß-
gestalt rügt, eine Blöße, die ihm nicht hätte beigehen sollen.

hohlen Auge sprüht die grünliche Flamme des Neides, der Gier; der Mund ist widrig, hämisch wie der eines Elenden, der alles Schöne der Erde schon gekostet hat und jetzt aus Übersättigung den Mund darüber rümpft; der Unschuld ist es nicht wohl in seiner befleckenden Nähe, weil ihr vor diesen Zügen schaudert.

So hat der Dichter, weil er einen schlechten Menschen vor Augen hatte, einen schlechten Teufel gemalt.

Oder steht etwa in der Mythologie des Herrn von Goethe, der Teufel könne nun einmal nicht anders aussehen, er *könne* sein Gesicht, seine Gestalt nicht *verwandeln*? Nein, man lese:

»Auch die Kultur, die alle Welt beleckt,
Hat auf den Teufel sich erstreckt;
das nordische Phantom ist nun nicht mehr zu schauen,
Wo siehst du Hörner, Schweif und Klauen?

Du nennst mich Herr Baron, so ist die Sache gut,
Ich bin ein Kavalier wie andre Kavaliere!«

Und an einem andern Ort läßt er mich mein Gesicht ein »Mäskchen« nennen; folglich *kann* er sich eine Maske geben, *kann* sich verwandeln; aber, wie gesagt, der Dichter hat sich begnügt, das *nordische Phantom* dennoch beizubehalten, nur daß er mich von »*Hörnern, Schweif und Klauen*« dispensiert.

Dies ist das Bild des Mephistophiles, dies ist Goethes Teufel, jenes nordische Phantom soll *mich* vorstellen; darf nun ein vom Dichter so hochgestellter Mensch durch eine so niedrige Kreatur, die sich schon *durch ihre Maske verdächtig macht*, ins Verderben geführt werden? Darf jener große Geist, der noch in seinem Falle die übrigen hoch überragt, darf er durch einen gewöhnlichen »Bruder Lüderlich«, als welchen sich Mephisto ausweist, herabgezogen werden? Und – muß nicht *diese* Maske der Würde jener Tragödie Eintrag tun?

Doch ich schweige; an geschehenen Dingen ist nichts zu ändern, und meine verehrte Großmutter würde über diesen Gegenstand zu mir sagen:

»Söhnchen! *diabole!* Bedenke, daß ein großer Dichter ein großes Publikum haben, und um ein großes Publikum zu bekommen, so populär als möglich sein muß.«

Der Besuch

Bei diesem allem bleibt »Faust« ein erhabenes Gedicht und Goethe einer der ersten Geister seiner Zeit, und man darf sich daher nicht wundern, daß ich ein großes Verlangen in mir fühlte, diesen Mann einmal zu sehen. Ich hätte ihm einen unerwarteten Besuch machen können, ja, wenn ich oft recht ärgerlich über mein Zerrbild war, stand ich auf dem Sprung, ihm einmal im Kostüm des Mephistophiles nächtlicherweile zu erscheinen und ihm einigen Schrecken in die Glieder zu jagen; aber eine gewisse Gutmütigkeit, die man zuweilen an mir gefunden hat, hielt mich immer wieder ab, dem alten Mann eine schlaflose Nacht zu machen.

Ich entschloß mich daher, als *Doctor legens*, ein ehrsamer Titel auf Reisen, ihn zu besuchen, und als solcher kam ich in Weimar an. Es ist mit berühmten Leuten wie mit einem fremden Tiere. Kömmt ein ehrlicher Pächter mit seiner Familie in die Stadt auf den Jahrmarkt, so ist sein erstes, daß er in der Schenke den Hausknecht fragt: »Wann kann man den Löwen sehen, Bursche?« »Mein Herr«, antwortete der Gefragte, »die Affen und der Seehund sind den ganzen Tag zu haben, der Löwe aber ist am besten aufgelegt, wenn er das Futter im Leib hat, daher rate ich, um jene Zeit hinzugehen.«

Gerade so erging es mir in Weimar; ich fuhr von Jena aus mit einem jungen Amerikaner hinüber. Auch in sein Vaterland war des Dichters Ruhm schon längst gedrungen, und er machte auf der großen Tour durch Europa dem berühmten Mann zu Ehren schon einen Umweg von zwanzig Meilen. In dem Gasthof, wo wir abgestiegen waren, fragten wir sogleich, um welche Zeit wir bei Herrn von Goethe vorkommen könnten? Wir waren in Reisekleidern, die besonders bei meinem Gefährten etwas unscheinbar geworden waren; der Wirt musterte uns daher mit mißtrauischen Blicken und fragte, ehe er noch unsere Frage beantwortete, ob wir auch Fracks bei uns hätten?

Wir waren glücklicherweise beide damit versehen, und unser Wirt versprach, uns sogleich anmelden zu lassen. »Sie werden wahrscheinlich nach dem Diner, um fünf Uhr, angenommen werden, um diese Zeit sind Seine Exzellenz am besten zu sprechen. Zweifle auch gar nicht, daß Sie angenommen werden, denn wenn man, wie der Herr hier, eigens deswegen aus Amerika nach Weimar kömmt, wäre es doch unbarmherzig, einen ungesehen wieder fortzuschicken.«

Dieser Patriotismus ging doch wahrhaftig sehr weit; doch wir ließen den guten Mann auf dem Glauben, der junge Philadelphier komme *recta* nach Weimar und gehe von da wieder heim; übrigens hatte er richtig prophezeit: *Doctor legens* Supfer, wie ich mich nannte, und Forthill aus Amerika waren auf fünf Uhr bestellt.

Endlich schlug die Stunde, wir machten uns auf den Weg. Der Dichter wohnt sehr schön. Eine sanfte, geschmackvolle, mit Statuen dekorierte Treppe führt zu ihm; eine tiefe, geheimnisvolle Stille lag auf dem Hausgang, den wir betraten; schweigend führte uns der Diener in das Besuchzimmer. Behagliche Eleganz, Zierlichkeit und Feinheit, verbunden mit Würde, zeichneten dieses Zimmer aus. Mein junger Gefährte betrachtete staunend diese Wände, diese Bilder, diese Möbels. So hatte er sich wohl das *»Stübchen des Dichters«* nicht vorgestellt. Mit der Bewunderung dieser Umgebungen schien auch die Angst vor der Größe des Erwarteten zu steigen. Alle Nuancen von Rot wechselten auf seinem angenehmen Gesicht; sein Herz pochte hörbar, sein Auge war starr an die Türe geheftet, durch welche der Gefeierte eintreten mußte.

Ich hatte indes Muße genug, über den großen Mann nachzudenken. »Wieviel weiter«, sagte ich mir, »wie unendlich weiter helfen dem Sterblichen Gaben des Geistes als der zufällige Glanz der Geburt.

Der Sohn eines unscheinbaren Bürgers von Frankfurt hat hier die höchste Stufe erreicht, die dem Menschen nach dem gewöhnlichen Lauf der Dinge offensteht. Es hat schon mancher diese Stufe erstiegen. Geschäftsmänner vom Fach haben vom bescheidenen Plätzchen an der Türe alle Sitze ihrer Kollegien durchlaufen, bis endlich der Stuhl, der zunächst am Throne steht, sie in seine Arme aufnahm. Mancher hat sich auf dem Schlachtfeld das Portefeuille erkämpft. – Goethe hat sich seine eigene Bahn gebrochen, auf welcher ihm noch keiner voranging, noch keiner gefolgt ist; er hat bewiesen, daß der Mensch *kann*, was er *will*; denn man sage mir nichts von einem das All umfassenden Genie, von einem Geist, der sein Zeitalter gebildet, es stufenweise zu dem Höheren geführt habe – das Zeitalter hat *ihn* gebildet.

Ich kann mir noch wohl denken, welch heilloses Leben ›Werther‹ in das liebe Deutschland machte. Die Lotten schienen wie durch einen Zauberschlag aus dem Boden zu wachsen; die Zahl der Werther war Legion. Aber was war hierin Goethes Verdienst? Hatte es wirklich nur daran gefehlt, daß er das Hörnchen an den Mund setzte, und bei dem ersten Ton, den er angab, mußte Pfaffe und Laie, Nönnchen und Dämchen in wunderlichen Kapriolen ihren Sankt-Veitstanz beginnen? Wie heißt dieses große schöpferische Geheimnis? *Alles zu rechter Zeit.* Der Siegwart hatte die harten Herzen aufgetaut und sie für allen möglichen Jammer, für Mondschein und für Gräber empfänglich gemacht, da kommt Goethe.«

Die Türe ging auf – er kam.

Dreimal bückten wir uns tief und wagten es dann, an

ihm hinauf zu blinzeln. Ein schöner, stattlicher Greis! Augen so klar und helle wie die eines Jünglings, die Stirne voll Hoheit, der Mund voll Würde und Anmut; er war angetan mit einem feinen schwarzen Kleid, und auf seiner Brust glänzte ein schöner Stern. – Doch er ließ uns nicht lange Zeit zu solchen Betrachtungen; mit der feinen Wendung eines Weltmannes, der täglich so viele Bewunderer bei sich sieht, lud er uns zum Sitzen ein.

Was war ich doch für ein Esel gewesen, in dieser so gewöhnlichen Maske zu ihm zu gehen. *Doctores legentes* mochte er schon viele Hunderte gesehen haben. Amerikaner, die, wie unser Wirt meinte, ihm zulieb auf die See gingen, gewiß wenige; daher kam es auch, daß er sich meist mit meinem Gefährten unterhielt. Hätte ich mich doch für einen gelehrten Irokesen oder einen schönen Geist vom Mississippi ausgegeben. Hätte ich ihm nicht Wunderdinge erzählen können, wie sein Ruhm bis jenseits des Ohio gedrungen, wie man in den Kapanen von Louisiana über ihn und seinen »Wilhelm Meister« sich unterhalte? – So wurden mir einige unbedeutende Floskeln zuteil, und mein glücklicherer Gefährte durfte den großen Mann unterhalten.

Wie falsch sind aber oft die Begriffe, die man sich von der Unterhaltung mit einem großen Manne macht! Ist er als witziger Kopf bekannt, so wähnt man, wenn man ihn zum erstenmal besucht, einer Art von Elektrisiermaschine zu nahen. Man schmeichelt ihm, man glaubt, er müsse dann Witzfunken von sich strahlen wie die schwarzen Katzen, wenn man ihnen bei Nacht den Rücken streichelt. Ist er ein Romandichter, so spitzt man sich auf eine interessante Novelle, die der Berühmte zur Unterhaltung nur geschwind aus dem Ärmel schütteln werde; ist er gar ein Dramatiker, so teilt er uns vielleicht freundschaftlich den Plan zu einem neuen Trauerspiel mit, den wir dann ganz warm unsern Bekannten wieder vorsetzen können. Ist er nun gar ein umfassender Kopf wie Goethe, einer, der sozusagen in allen Sätteln gerecht ist – wie interessant, wie belehrend muß die Unterhaltung werden! Wie sehr muß man sich aber auch zusammennehmen, um ihm zu genügen. Der Amerikaner dachte auch so, ehe er neben Goethe saß; sein Ich fuhr wie das des guten Walt, als er zum Flitte kam*, ängstlich oben in allen vier Gehirnkammern, und darauf unten in beiden Herzkammern wie eine Maus umher, um darin ein schmackhaftes Ideenkörnchen aufzutreiben, das er ihm zutragen und vorlegen könnte zum Imbiß. Er blickte angstvoll auf die Lippen des Dichters, damit ihm kein Wörtchen entfalle, wie der Kandidat auf den strengen Examinator, er knickte seinen Hut zusammen und zerpflückte einen glacierten Handschuh in kleine Stücke. Aber welcher Zentnerstein mochte ihm vom Herz fallen, als der Dichter aus seinen Höhen zu ihm herabstieg und mit ihm sprach wie Hans und Kunz in der Kneipe. Er sprach nämlich mit ihm *vom guten Wetter in Amerika*, und indem er über das Verhältnis der Winde zu der Luft, der Dünste des wasserreichen Amerika zu denen in unserem alten Europa sich verbreitete, zeigte er uns, daß das All der Wissenschaft in ihm aufgegangen sei; denn er war nicht nur lyrischer und epischer Dichter, Romanist und Novellist, Lustspiel- und Trauerspieldichter, Biograph (sein eigener) und Übersetzer – nein, er war auch sogar *Meteorolog*!

Wer darf sich rühmen, so tief in das geheimnisvolle Reich des Wissens eingedrungen zu sein? Wer kann von sich sagen, daß er mit jedem seine Sprache, d. h. nicht seinen vaterländischen Dialekt, sondern das, was ihm gerade geläufig und wert sein möchte, sprechen könne. Ich glaube, wenn ich mich als reisender Koch bei ihm aufgeführt hätte, er hätte sich mit mir in gelehrte Diskussionen über die geheimnisvolle Komposition einer Gänseleberpastete eingelassen, oder nach einer Sekundenuhr berechnet, wie lange man ein Beefsteak auf jeder Seite schmoren müsse.

* Jean Paul, »Flegeljahre«.

Also über das schöne Wetter in Amerika sprachen wir, und siehe – das Armesündergesicht des Amerikaners hellte sich auf, die Schleusen seiner Beredsamkeit öffneten sich – er beschrieb den feinen weichen Regen von Kanada, er ließ die Frühlingsstürme von New York brausen, und pries die Regenschirmfabrik in der Franklinstraße zu Philadelphia. Es war mir am Ende, als wäre ich gar nicht bei Goethe, sondern in einem Wirtshaus unter guten alten Gesellen, und es würde bei einer Flasche Bier über das Wetter gesprochen, so menschlich, so kordial war unser Diskurs; aber das ist ja gerade das große Geheimnis der Konversation, daß man sich angewöhnt – nicht gut zu *sprechen*, sondern gut zu *hören*. Wenn man dem weniger Gebildeten Zeit und Raum gibt zu sprechen, wenn man dabei ein Gesicht macht, als lausche man aufmerksam auf seine Honigworte, so wird er nachher mit Enthusiasmus verkünden, daß man sich bei dem und dem köstlich unterhalte.

Dies wußte der vielerfahrene Dichter, und statt uns von seinem Reichtum ein Scherflein abzugeben, zog er es vor, mit uns Witterungsbeobachtungen anzustellen.

Nachdem wir ihn hinlänglich ennuyiert haben mochten, gab er das Zeichen zum Aufstehen, die Stühle wurden gerückt, die Hüte genommen, und wir schickten uns an, unsere Abschiedskomplimente zu machen. Der gute Mann ahnete nicht, daß er den Teufel zitiere, als er großmütig wünschte, mich auch ferner bei sich zu sehen; ich sagte ihm zu und werde es zu seiner Zeit schon noch halten, denn wahrhaftig, ich habe seinen Mephistophiles noch nicht hinuntergeschluckt. Noch einen – zwei Bücklinge, wir gingen.

Stumm und noch ganz stupid vor Bewunderung folgte mir der Amerikaner nach dem Gasthof; die Röte des lebhaften Diskurses lag noch auf seiner Wange, zuweilen schlich ein beifälliges Lächeln um seinen Mund, er schien höchst zufrieden mit dem Besuch.

Auf unserem Zimmer angekommen, warf er sich heroisch auf einen Stuhl und ließ zwei Flaschen Champagner auftragen. Der Kork fuhr mit einem Freudenschuß an die Decke, der Amerikaner füllte zwei Gläser, bot mir das eine und stieß an auf das Wohlsein jenes großen Dichters.

»Ist es nicht etwas Erfreuliches«, sagte er, »zu finden, so hocherhabene Männer seien wie unsereiner? War mir doch angst und bange vor einem Genie, das dreißig Bände geschrieben; ich darf gestehen, bei dem Sturm, der uns auf offener See erfaßte, war mir nicht so bange, und wie herablassend war er, wie vernünftig hat er mit uns diskutiert, welche Freude hatte er an mir, wie ich aus dem neuen Lande kam!« Er schenkte sich dabei fleißig ein und trank auf seine und des Dichters Gesundheit, und von der erlebten Gnade und vom Schaumwein benebelt, sank er endlich mit dem Entschluß, Amerikas Goethe zu werden, dem Schlaf in die Arme.

Ich aber setzte mich zu dem Rest der Bouteillen. Dieser Wein ist von allen Getränken der Erde der, welcher mir am meisten behagt, sein leichter, flüchtiger Geist, der so wenig irdische Schwere mit sich führt, macht ihn würdig, von Geistern, wenn sie in menschlichen Körpern die Erde besuchen, gekostet zu werden.

Ich mußte lächeln, wenn ich auf den seligen Schläfer blickte; wie leicht ist es doch für einen großen Menschen, die andern Menschen glücklich zu machen; er darf sich nur stellen, als wären sie ihm so ziemlich gleich, und sie kommen beinahe vom Verstand.

Dies war mein Besuch bei Goethe, und wahrhaftig, ich bereute nicht, bei ihm gewesen zu sein, denn:

> »Von Zeit zu Zeit seh' ich den Alten gern,
> Und hüte mich, mit ihm zu brechen,
> Es ist gar hübsch von einem großen Herrn,
> so menschlich mit dem Teufel selbst zu sprechen.«

Heinrich Heine

DER DOKTOR FAUST

Erster Akt

Studierzimmer, groß, gewölbt, in gotischem Stil. Spärliche Beleuchtung. An den Wänden Bücherschränke, astrologische und alchymistische Gerätschaften (Welt- und Himmelskugel, Planetenbilder, Retorten und seltsame Gläser), anatomische Präparate (Skelette von Menschen und Tieren) und sonstige Requisiten der Nekromanzie.

Es schlägt Mitternacht. Neben einem mit aufgestapelten Büchern und physikalischen Instrumenten bedeckten Tische, in einem hohen Lehnstuhl, sitzt nachdenklich der Doktor Faust. Seine Kleidung ist die altdeutsche Gelehrtentracht des sechzehnten Jahrhunderts. Er erhebt sich endlich und schwankt mit unsichern Schritten einem Bücherschranke zu, wo ein großer Foliant mit einer Kette angeschlossen; er öffnet das Schloß und schleppt das entfesselte Buch (den sogenannten Höllenzwang) nach seinem Tische. In seiner Haltung und seinem ganzen Wesen beurkundet sich eine Mischung von Unbeholfenheit und Mut, von linkischer Magisterhaftigkeit und trotzigem Doktorstolz. Nachdem er einige Lichter angezündet und mit einem Schwerte verschiedene magische Kreise auf dem Boden gezeichnet, öffnet er das große Buch, und in seinen Gebärden offenbaren sich die geheimen Schauer der Beschwörung. Das Gemach verdunkelt sich; es blitzt und donnert; aus dem Boden, der sich prasselnd öffnet, steigt empor ein flammend roter Tiger. Faust zeigt sich bei diesem Anblick nicht im mindesten erschreckt, er tritt der feurigen Bestie mit Verhöhnung entgegen und scheint ihr zu befehlen sogleich zu entweichen. Sie versinkt auch alsbald in die Erde. Faust beginnt aufs neue seine Beschwörungen, wieder blitzt und donnert es entsetzlich und aus dem sich öffnenden Boden schießt empor eine ungeheure

Schlange, die in den bedrohlichsten Windungen sich ringelnd, Feuer und Flammen zischt. Auch ihr begegnet der Doktor mit Verachtung, er zuckt die Achsel, er lacht, er spottet darüber, daß der Höllengeist nicht in einer weit gefährlichern Gestalt zu erscheinen vermochte, und auch die Schlange kriecht in die Erde zurück. Faust erhebt sogleich mit gesteigertem Eifer seine Beschwörungen, aber diesmal schwindet plötzlich die Dunkelheit, das Zimmer erhellt sich mit unzähligen Lichtern, statt des Donnerwetters ertönt die lieblichste Tanzmusik, und aus dem geöffneten Boden, wie aus einem Blumenkorb, steigt hervor eine Ballettänzerin, gekleidet im gewöhnlichen Gaze- und Trikot-Kostüme und umhergaukelnd in den banalsten Pirouetten.

Faust ist anfänglich darob befremdet, daß der beschworene Teufel Mephistopheles keine unheilvollere Gestalt annehmen konnte als die einer Ballettänzerin, doch zuletzt gefällt ihm diese lächelnd anmutige Erscheinung und er macht ihr ein gravitätisches Kompliment. Mephistopheles oder vielmehr Mephistophela, wie wir nunmehr die in die Weiblichkeit übergegangene Teufelei zu nennen haben, erwidert parodierend das Kompliment des Doktors und umtänzelt ihn in der bekannten koketten Weise. Sie hält einen Zauberstab in der Hand und alles, was sie im Zimmer damit berührt, wird aufs ergötzlichste umgewandelt, doch dergestalt, daß die ursprüngliche Formation der Gegenstände nicht ganz vertilgt wird, z. B. die dunkeln Planetenbilder erleuchten sich buntfarbig von innen, aus den Pokalen mit Mißgeburten blicken die schönsten Vögel hervor, die Eulen tragen Girandolen im Schnabel, prachtvoll sprießen an den Wänden hervor die kostbarsten güldenen Geräte, venetianische Spiegel, antike Basreliefs, Kunstwerke, alles chaotisch gespenstisch und dennoch glänzend schön: eine ungeheuerliche Arabeske. Die Schöne scheint mit Faust ein Freundschaftsbündnis zu schließen, doch das Pergament, das sie ihm vorhält, die furchtbare Verschreibung, will er noch nicht unterzeichnen. Er verlangt von ihr die übrigen höllischen Mächte zu sehen, und diese, die Fürsten der Finsternis, treten alsbald aus dem Boden hervor. Es sind Ungetüme mit Tierfratzen, fabelhafte Mischlinge des Skurrilen und Furchtbaren, die meisten mit Kronen auf den Köpfen und Szeptern in den Tatzen. Faust wird denselben von der Mephistophela vorgestellt, eine Präsentation, wobei die strengste Hofetikette vorwaltet. Zeremoniös einherwackelnd, beginnen die unterweltlichen Majestäten ihren plumpen Reigen, doch indem Mephistophela sie mit dem Zauberstabe berührt, fallen die häßlichen Hüllen plötzlich von ihnen, und sie verwandeln sich ebenfalls in lauter zierliche Ballettänzerinnen, die in Gaze und Trikot und mit Blumengirlanden dahinflattern. Faust ergötzt sich an dieser Metamorphose, doch scheint er unter allen jenen hübschen Teufelinnen keine zu finden, die seinen Geschmack gänzlich befriedige; dieses bemerkend, schwingt Mephistophela wieder ihren Stab, und in einem schon vorher an die Wand hingezauberten Spiegel erscheint das Bildnis eines wunderschönen Weibes in Hoftracht und mit einer Herzogskrone auf dem Haupte. Sobald Faust sie erblickt, ist er wie hingerissen von Bewunderung und Entzücken, und er naht dem holden Bildnis mit allen Zeichen der Sehnsucht und Zärtlichkeit. Doch das Weib im Spiegel, welches sich jetzt wie lebend bewegt, wehrt ihn von sich ab mit hochmütigstem Naserümpfen; er kniet flehend vor ihr nieder und sie wiederholt nur noch beleidigender ihre Gesten der Verachtung.

Der arme Doktor wendet sich hierauf mit bittenden Blicken an Mephistophela, doch diese erwidert sie mit schalkhaftem Achselzucken und sie bewegt ihren Zauberstab. Aus dem Boden taucht sogleich bis zur Hüfte ein häßlicher Affe hervor, der aber auf ein Zeichen der Mephistophela, die ärgerlich den Kopf schüttelt, schleunigst wieder hinabsinkt in den Boden, woraus im nächsten Augenblicke ein schöner, schlanker Ballettänzer hervorspringt, welcher die banalsten Pas exekutiert. Der Tänzer naht sich dem Spiegelbilde, und indem er demselben mit der fadesten Süffisance seine buhlerischen Huldigungen darbringt, lächelt ihm das schöne Weib aufs holdseligste entgegen, sie streckt die Arme nach ihm aus mit schmachtender Sehnsucht und erschöpft sich in den zärtlichsten Demonstrationen. Bei diesem Anblick gerät Faust in rasende Verzweiflung, doch Mephistophela erbarmt sich seiner und mit ihrem Zauberstab berührt sie den glücklichen Tänzer, der auf der Stelle in die Erde zurücksinkt, nachdem er sich zuvor in einen Affen verwandelt und seine abgestreifte Tänzerkleidung auf dem Boden zurückgelassen hat. Jetzt reicht Mephistophela wieder das Pergamentblatt dem Faust dar, und dieser, ohne langes Besinnen, öffnet sich eine Ader am Arme, und mit seinem Blute unterzeichnet er den Kontrakt, wodurch er, für zeitliche irdische Genüsse, seiner himmlischen Seligkeit entsagt. Er wirft die ernste ehrsame Doktortracht von sich und zieht den sündig bunten Flitterstaat an, den der verschwundene Tänzer am Boden zurückgelassen; bei dieser Umkleidung, die sehr ungeschickt vonstatten geht, hilft ihm das leichtfertige Corps-de-Ballet der Hölle.

Mephistophela gibt dem Faust jetzt Tanzunterricht, und zeigt ihm alle Kunststücke und Handgriffe, oder vielmehr Fußgriffe des Metiers. Die Unbeholfenheit und Steifheit des Gelehrten, der die zierlich leichten Pas nachahmen will, bilden die ergötzlichsten Effekte und Kontraste. Die teuflischen Tänzerinnen wollen auch hier nachhelfen, jede sucht auf eigene Weise die Lehre durch Beispiel zu erklären, eine wirft den armen Doktor in die Arme der andern, die mit ihm herumwirbelt; er wird hin und her gezerrt, doch durch die Macht der Liebe und des Zauberstabs, der die unfolgsamen Glieder allmählig gelenkig schlägt, erreicht der Lehrling der Choreographie zuletzt die höchste Fertigkeit: er tanzt ein brillantes Pas-de-deux mit Mephistophela, und zur Freude seiner Kunstgenossinnen fliegt er auch mit ihnen umher in den wunderlichsten Figuren. Nachdem er es zu dieser Virtuosität gebracht,

wagt er als Tänzer auch vor dem schönen Frauenbilde des Zauberspiegels zu erscheinen, und dieses beantwortet seine tanzende Leidenschaft mit den Gebärden der glühendsten Gegenliebe. Faust tanzt mit immer sich steigernder Seelentrunkenheit; Mephistophela aber reißt ihn fort von dem Spiegelbilde, das durch die Berührung des Zauberstabes wieder verschwindet, und fortgesetzt wird der höhere Tanzunterricht der altklassischen Schule.

NACHWORT

Ist das Zeitalter des Teufels endgültig abgelaufen? In der Kunst und in der Literatur unserer Tage jedenfalls hat dieses Urbild des Bösen so gut wie ausgespielt. Die Phantasie entzündet sich nicht so leicht an Themen, die dem Realitätsverständnis schon fremd geworden sind. Abgesehen von einem Nachspiel als Metapher für die Verführungen der Macht und die Abgründe des Irrationalen in der ersten Hälfte des 20. Jahrhunderts, überlebt der Teufel heute allenfalls in den Nischen einer volkstümlichen Religiosität, in der wissenschaftlichen Aufklärung über den Teufelswahn der Vergangenheit und in den Strömungen des Okkultismus.

Aus der Kultur, Kunst und Literatur Europas ist die Gestalt des Widersachers aber nicht wegzudenken. Hier hat der Teufel – oder Satan, Luzifer, Beelzebul, die Schlange oder wie immer die Inkarnationen des Bösen aus dem reichen Arsenal der Schöpfungsmythen und Religionen genannt werden – eine nachhaltige Resonanz gefunden und wichtige Aufgaben übernommen. In den theologischen Konzepten, aber auch im kollektiven Gedächtnis Alteuropas, diente der Teufel dazu, die Macht des Bösen zu verkörpern. Zugleich sollte die Sehnsucht nach dem Heil, nach dem christlichen Himmel und der Wille zur Ordnung in der Welt als Auftrag Gottes an den Menschen wachgehalten und angefeuert werden.

Aber jede Zeit macht sich ihr eigenes Bild vom Teufel. Im Mittelalter setzte der Teufel seinen Ehrgeiz darin, überall und immer dabeisein zu können. Seit dem Beginn des 19. Jahrhunderts änderte sich seine Strategie; er versuchte, so wenig als irgend möglich in Erscheinung zu treten. Im Jahre 1986 ließ Papst Johannes Paul II., von Amts wegen vertraut mit dem Wesen und den Strategien des Teufels, die katholische Christenheit wissen: »Satans geschickter Plan in der Welt besteht darin, die Menschen zu veranlassen, seine Existenz zu leugnen im Namen der Rationalität oder auch jeden anderen Denksystems, das zu allen nur möglichen Ausflüchten greift, um nur sein Wirken nicht eingestehen zu müssen.« Ganz neu ist diese Einsicht allerdings nicht, daß der Teufel der Neuzeit an der Leugnung seiner Existenz interessiert sei, um desto wirkungsvoller im Verborgenen sein Unwesen treiben zu können. Charles Baudelaire notierte in seinen *Petites Poèmes en Prose* bereits im Jahre 1857: »Die feinste List des Teufels ist, daß er uns überzeugt, er existiere nicht.«

Die Worte des Dichters Charles Baudelaire und auch die Lehrmeinung von Papst Johannes Paul II. über die List des Teufels, sich zu verflüchtigen und inexistent zu machen, warnen aber vielleicht nicht ganz unbegründet davor, daß mit der Entmythisierung des Bösen das letzte Wort über den Teufel noch nicht gesprochen ist: Gerade die unterschätzten, die totgesagten oder totgeschriebenen Gegner leben länger. So skeptisch man also der Erscheinung des Teufels gegenüber sein muß, denn der Teufel gaukelt den Menschen sowohl seine Existenz wie seine Nichtexistenz vor, noch weitaus gefährlicher scheinen naive Ignoranz und Unkenntnis über die Inkarnation des Bösen zu sein.

Die modernen Humanwissenschaften liefern sachhaltige und tragfähige Erklärungen für das Böse. Einer fiktiven Gestalt wie dem Teufel fällt es immer schwerer, mit diesen rationalen Erklärungsmodellen zu konkurrieren. Und dennoch – die Austreibung des Teufels aus der Literatur und der Kunst hat eine spürbare Lücke hinterlassen. Aufmerksam darauf machen uns – und zwar eindringlicher noch als die Literaturwissenschaftler – die professionellen Kenner des menschlichen Seelenlebens. Tiefenpsychologen und Psychoanalytiker entdecken das Diabolische in den inneren Bildern ihrer Patienten, in denen verdrängte und abgewehrte Gefühle Gestalt annehmen.

Auf der literarischen Ebene sind es vor allem die Märchen, die den Rückzug des Teufels kompensieren. Märchen geben noch unverblümt Antworten auf die ebenso wichtige wie naive Frage, wie stark das Böse wirklich sein kann, und sie zeigen sich alterprobt im Umgang mit seinen bedrohlichen Erscheinungsformen. Sie schulen die Phantasie, und sie lehren, Schrecken, Schaudern und Angst zu empfinden und hellsichtig und beherzt zu reagieren. Franz Werfel läßt in eine seiner letzten Erzählungen, *Die arge Legende vom gerissenen Galgenstrick* aus dem amerikanischen Exil, die weise Bemerkung einfließen, daß es »jener bedauerliche Mangel an Einbildungskraft für das Böse (ist), der wertvolle Menschen oft in Gefahr bringt.« Seine Legende zeigt, daß das Böse nicht aus eigener Kraft obsiegt, sondern daß seine naive Unterschätzung den Massenmördern unseres Zeitalters das blutige Geschäft erleichtert hat. So sehr diffuse Angst vor dem Bösen lähmen kann, so sehr vermag die »Einbildungskraft für das Böse« die Lebenskräfte zu stärken. Auch wenn der Teufel in den tausend Jahren, in denen er sich – wenn man von den frühen Heiligenlegenden einmal absieht – erfolgreich auf der Bühne der europäischen Literaturen bewegt hat, seine darstellerische und phantasieprägende Kraft allmählich verbraucht haben sollte, seine bewegte Geschichte bleibt doch zu wichtig, um in Vergessenheit zu geraten.

Diese Anthologie will dokumentieren, in welch vielfältiger und widersprüchlicher Weise der Teufel in Mittelalter und Neuzeit literarisch gegenwärtig war. In neun Kapiteln werden Texte der wichtigsten Autoren und die Grundzüge der historischen Entwicklung des literarischen Teufelsbildes vorgestellt. Die folgenden Seiten liefern einige Informationen über die weniger bekannten Autoren und folgen den Spuren des Teufels in der Literaturgeschichte.

Keine Frage, die Grenzen von Projektion und Realität verschwimmen, wenn man sich auf die Gestalt des Teufels und seine Rolle in der Kulturgeschichte einläßt. Aber auch die ausschweifendste Einbildungskraft setzt sich nicht willkürlich und unkontrolliert über die Grenzen des Wirklichen hinweg. In aller Regel tritt der Teufel nur in Ausnahmezuständen und in besonders kritischen Situationen in Erscheinung. Seine Auftritte unterliegen Regeln und sie bedürfen der Vermittlung durch Vision oder Traum. Lange Zeit sind es die außergewöhnlichen Menschen, die das zweifelhafte Privileg genießen, dem Teufel entgegenzutreten oder sich mit ihm einzulassen. Zu ihnen zählen in den ersten Jahrhunderten des Christentums die Eremiten in der Wüste, später dann auch die Heiligen und namentlich die gefährdeten oder besonders wagemutigen Mönche im Mittelalter. Diesen frommen Männern, später dann auch den Mystikerinnen, erscheint der Teufel in mancherlei Gestalt, mit ihnen pflegt er einen engen, einen manchmal geradezu vertraulichen Kontakt. Der Teufel verkörperte in der Literatur und im Volksglauben des Mittelalters eine Kraft, die stärker ist als die des Menschen mit seinen irdischen Schwächen. Des Teufels Stärke aber wird mehr als aufgewogen von einer anderen Macht, denn der Teufel ist seinerseits schwächer als der christliche Gott und seine herausragenden irdischen Repräsentanten.

Mönche und Priester in der Zeit kurz nach der ersten Jahrtausendwende beobachteten darum das Wirken des Teufels mit gespannter Aufmerksamkeit (Kap. I). Mochte er in der sündhaften Welt noch so wüten, innerhalb der geistlichen Gemeinschaft mit ihrer regelgeleiteten und Gott zugewandten Lebensform sollte der Widersacher keine Angriffsfläche finden. Und dennoch suchte er gerade hier jede Gelegenheit zur Tat. So wunderte sich der Bischof und Geschichtsschreiber Thietmar von Merseburg an der Wende vom 10. zum 11. Jahrhundert über die Dreistigkeit, mit welcher »der schlaue Bedränger« einem seiner glaubensstarken Mitbrüder nächtens zusetzte. Nicht die sexuellen Absichten des Teufels, die man ohnehin nur erraten kann, sondern List, Standhaftigkeit und die rückhaltlose Offenheit des Mönches, der dem versammelten Konvent von seinen Anfechtungen erzählt, erschienen Thietmar wichtig genug, um in sein Geschichtswerk aufgenommen zu werden.

Es ist kein Zufall, daß Teufelserzählungen aus dieser Epoche das Kloster favorisieren und daß sie besonderen Nachdruck auf die Erforschung und Schulung des individuellen Gewissens legen. Man sieht den Teufel im Kloster immer dann in Aktion, wenn er den einzelnen Mönch vom Dienst an Gott und an der Gemeinschaft ablenkt und ihn zur heimlichen Befriedigung egoistischer Gelüste verleitet. Das literarisch eindrucksvollste Zeugnis einer solchen Konfliktlage stammt aus der Feder des burgundischen Mönches Radulf Glaber (um 990–1046/47), dessen Beiname »der Kahle« bedeutet. Es wäre sicherlich verfehlt, die von ihm erlebten Teufelsbegegnungen aus dem überspannten Seelenleben eines Mönches abzuleiten, der seine Träume für berichtenswerter hält als die Ereignisse der äußeren Welt. Denn die von Radulf dokumentierte Erfahrung ist auch für seine Zeitgenossen exemplarisch. Die infernalische Häßlichkeit, in der ihm der Teufel erscheint, spiegelt Furcht, aber auch Weltverachtung. Man fühlt die heilsame Wirkung des Schreckens angesichts einer so gräßlichen Gestalt, von deren Einfluß man sich befreien muß.

Das Übernatürliche in seinen widerwärtigen und bösartigen Aspekten nimmt schon zu dieser Zeit allmählich menschenähnliche Züge an. Die Teufelsgestalt dient zunehmend als Medium für die Wahrnehmung des eigenen Inneren an der Grenze zwischen Traum und Wirklichkeit. Die Idee und die Erfahrung des Gewissens ergreifen mehr und mehr Besitz von den Menschen. Das Gewissen etabliert sich als diejenige Instanz, die das persönliche Schuldgefühl beherrscht. Der Teufel steht gleichsam auf der Schwelle zwischen dem Eigenwillen und der Gemeinschaftsgebundenheit des geistlichen Menschen, und seine Auftritte machen diesen Konflikt immer wieder sichtbar.

Die geistlichen Schriftsteller sehen im Diabolus meistens den eingeschworenen Feind der klösterlichen Disziplin. Aus dieser Perspektive gewinnt er nach und nach menschenähnliche Konturen, seine *forma homunculi*. Und das eröffnet seinerseits neue literarische Möglichkeiten, die Werte und die Gefährdungen der christlichen Lebensordnung zu verdeutlichen. Der Teufel macht sich bei diesem Balanceakt geradezu unentbehrlich, wenn er als verläßlicher Kundschafter immer wieder diese Schwachstellen aufdeckt.

Ekkehard IV. von St. Gallen erzählt zu Beginn des 11. Jahrhunderts zwei Anekdoten über Notker den Stammler, der im 9. Jahrhundert selbst Teufelsgeschichten verfaßt hat. Ekkehard bringt das Kunststück fertig, in der Erinnerung an den verehrten großen Gelehrten Notker die widersprüchlichen Seiten in dessen Charakter und Werk anzusprechen. In der einen Anekdote verfährt Notker mit dem Teufel wie mit einem verstockten Hund. Er prügelt so lange auf ihn ein, bis der Teufel, der in der Regel ein ebenso guter Lateiner wie Theologe ist, auf Deutsch in einen Klageruf ausbricht. Die Anekdoten über den wackeren Schulmeister und Teufelsbekämpfer schwanken zwischen tiefer Verehrung und gutmütigem Spott; sie lesen sich wie ein milder Nachruf, der Schwächen erwähnt, ohne das Denkmal des großen Verstorbenen zu beflecken, der Nachwelt zur Mahnung und zum Ergötzen.

Die Beziehung zwischen Mensch und Teufel trägt im beginnenden Hochmittelalter das Gepräge des Besonderen, ja des Ausgefallenen. Zu einer Zeit, da in der klösterlichen Welt das Überindividuelle und die Konformität aller Regungen des Lebens eingeübt und durchgesetzt wird, gehen von jeder individuellen Abweichung irritierende Signale aus. Der Kontakt mit der malefiziösen Macht vermittelt dem Einzelmenschen das Gefühl einer dunklen Gefahr und schürt die Furcht vor Isolation und Ausgrenzung.

Wie solche Anfechtungen zu bestehen sind und wie sie in einer bestärkten Gottes- und Gemeinschaftsbeziehung aufgehoben werden können, davon berichtet der schon greise Benediktiner Otloh von St. Emmeram in dem 1070 entstandenen *Buch von seinen Versuchungen, Schicksalen und Schriften*. Auch bei Otloh kommt das individuelle, das subjektive Erleben vorwiegend als quälende Beziehung zum Teuflischen und Dämonischen zum Ausdruck. Immer wenn Otloh über sich und seinen Lebenswandel reflektiert, dann stellt sich als ungebetener Gesprächspartner der Teufel ein. Ein dunkler und verzerrender Spiegel baut sich vor ihm auf; der Teufel agiert in der Rolle eines Gauklers, der Otloh dessen eigene Lebenskonflikte vorspielt; um dieses unheimlichen Partners Herr zu werden, schreibt Otloh. Der Historiker Wilhelm von Giesebrecht nannte ihn den »ersten deutschen Vielschreiber«. Alle Konflikte, Zweifel und Unentschiedenheiten, die inneren und äußeren Brüche seines Lebens nehmen in der Auseinandersetzung mit dieser Figur Kontur an. Otloh war der Teufel so vertraut wie später vielleicht nur noch Martin Luther. In Otlohs Geist kämpfen die intellektuellen Zweifel und die Rationalität eines Gelehrten gegen die Festigkeit und Unverrückbarkeit des Glaubens. Wie weit darf der zweifelnde, wägende Verstand des Menschen gehen?

Das persönliche Verhältnis zwischen Mensch und Teufel entwickelte sich in der Folgezeit zu einem sehr populären Erzählthema. Das Werkzeug, mit dem die frommen Männer und Frauen an der Festigkeit ihres Glaubens schmiedeten und das sie mitunter gegen jene Eindringlinge einsetzten, die sie in ihrer wohlgeordneten Welt aufstörten, erwies sich weit über die Klostermauern hinaus als nützlich für die kritische Auseinandersetzung mit dem Weltgeschehen. Bei der Lektüre der anschwellenden Exempelliteratur des 13. Jahrhunderts gewinnt man mitunter den Eindruck, daß ohne den Teufel womöglich kaum etwas Berichtenswertes vorgefallen oder jedenfalls nicht aufgezeichnet worden wäre.

Was auf irgendeine Weise mit dem Teufel in Verbindung steht oder gebracht werden kann, das war dem rheinischen Zisterzienser Caesarius von Heisterbach allemal eine knappe, häufig exzellent durchkonstruierte, Geschichte wert. Etwa um 1180 im Kölner Raum geboren, weitete der gebildete Novizenmeister, der bis in die vierziger Jahre des 13. Jahrhunderts gelebt hat, den Horizont seiner Berichterstattung aus auf die Welt von Klerus und Laien, Städten und Klöstern, Rittern und Bauern. Sein *Dialogus miraculorum* ist der äußeren Form nach als seelsorgerliche Erziehungsschrift konzipiert; im Anschluß an die Erzählungen findet gelegentlich ein klärendes Gespräch zwischen einem *Novicius interrogans* und einem *Monachus respondens* statt. Dieses Werk ist eine wahre Fundgrube für eine Literaturgeschichte des Teufels. Wie kaum eine andere Exempelsammlung der Zeit dokumentieren die Aufzeichnungen des Caesarius die beherrschende Rolle der Teufelsgestalt im Denken der Zeit.

Was bei einer ersten Lektüre naiv und wundergläubig anmuten mag, gibt in bewußter und gekonnter Simplizität Antwort auf zentrale dogmatische und moraltheologische Fragen. Die Teufelserzählungen des Caesarius verfolgen sowohl einen lehrhaften als auch einen welterschließenden Zweck. Sie sind der Ausdruck einer Frömmigkeit, die sich »ohne Haß und Eifer« vor dem Bösen in der Welt verschließt. Die Vielfalt der von Caesarius behandelten Themen bringt es mit sich, daß man seinen Namen in vielen Abteilungen dieser Anthologie findet. Er greift grundsätzliche und alltägliche Probleme auf, wie die Vereinbarkeit von Wissenschaft und Frömmigkeit, die Bekehrung vom Welt- zum Klosterleben, das Verhältnis von Diesseits und Jenseits usw. Er nimmt Stellung zur Wirksamkeit des Bußsakraments und er warnt vor Leichtfertigkeit, Sünde, Leidenschaft und Laster. Aber beinahe immer versteht er die Schwächen der Menschen, vertraut auf die noch so späte Einsicht der Sünder und weiß um Lösungen aus der Verstrickung. Und Caesarius von Heisterbach zeigt bei allem Eifer im Glauben einen Humor, der seine Einstellung zum Teufel über jeden Verdacht inquisitorischer Verblendung erhaben macht. Der Zisterzienser bleibt in seinen Erzählungen keineswegs nur einem letztlich scheiternden Teufel auf der Spur, der sich – insbesondere durch die Kraft der Beichte – in Schach halten ließe. Er kennt den Teufel als überaus gefährlichen Seelenfänger und gerissenen Verführer (Kap. II), der sich nimmt, was ihm gehört. Ihm verfallen nicht nur die verstockten Sünder und jene Zweifler und Verwegenen, die aus eigenem Antrieb Kontakt mit dem Reich der Dämonen suchen, sondern auch die Vertreter einer scheinheiligen Frömmigkeit. Ihnen wird der Spiegel vorgehalten.

So widerfährt es einem Priester, der seine Tochter vor den befürchteten sexuellen Nachstellungen der Bonner Domherren schützen will, daß diese sich trotz aller Vorsichtsmaßnahmen von einem Dämon zur Sünde verlokken läßt. Als der sündige Priester das Mädchen von dem Buhlteufel befreien will, schlägt dieser ihm kurzerhand das Leben aus dem Leib.

Wer immer den Beweis dafür fordert, daß der Mensch von den Mächten des Bösen umstellt ist, kann diese Erfahrung im Schutz eines Kreises machen, den er um sich zieht. Ob diese Erfahrung ihm dann durch heilsamen Schrecken zur Einsicht verhilft oder mit dem Verlust von Leben und Seelenheil endet, das hängt vom Geschick und der Standfestigkeit des einzelnen Menschen ab.

Es ist nicht zu verkennen, daß die Erzähler im Laufe des 13. Jahrhunderts dazu übergehen, den Sündern harte Strafen anzudrohen und die Pein in grellen Farben auszumalen, die sie im Jenseits erwartet. Der seelsorgerische Aspekt, nämlich den Novizen und den Laien zur Selbsterkenntnis und zur Selbsterforschung zu verhelfen, wird allmählich vom Ziel der Überwachung des Individuums und von einer Pädagogik der Strafe und des Schreckens überlagert.

Zwei Motive, die nur allzu leicht auch realistisch aufgefaßt werden können, treten in den Vordergrund. Einmal die Vorstellung, daß jemand den Teufel im Leibe habe.

Und dann die Überzeugung, daß man den Teufel durch Strafaktionen austreiben könne. Ein wichtiger Wegbereiter der Popularisierung dieser Vorstellung vom Teufel im Menschen war der französische Dominikaner Étienne (Stephan) von Bourbon. Die Erzählungen dieses Autors sind eingebunden in einen Traktat über die Predigt, der zwischen 1250 und 1261, dem Todesjahr Étiennes, niedergeschrieben und unvollendet hinterlassen wurde. Nach seiner Ausbildung in Mâcon und Paris lebte Étienne in Lyon und bereiste von dort aus Frankreich und die Alpenregionen. Für diese Praxis als Prediger und Inquisitor konzipierte er seine Teufelsgeschichten. Ihn interessierte vor allem die abschreckende Wirkung, die er mit seinen Beispielen in der Predigt erzielte. Darum fehlt seinen Erzählungen auch der Hintersinn und der augenzwinkernde Charme, dem man bei Caesarius öfter begegnet.

Étienne von Bourbon schreibt einerseits theologischer, andererseits politischer als Caesarius. Er benötigt den Teufel in erster Linie als Kontrastfigur, um das Böse im Menschen dingfest zu machen. Die spezielle Fähigkeit des Priesters besteht nunmehr auch darin, dem Delinquenten die teuflische Bosheit auszutreiben. Der Teufel streift damit seine alte Rolle des Versuchers, Verführers oder Gauklers ab. Er scheint zu einer berechenbaren Größe zu werden, denn nicht er, sondern der Mensch muß dazu gezwungen werden, die Wahrheit zu gestehen und seine Bosheit preiszugeben.

Unter der Rubrik ›Der Teufel und seine Gesellen in Menschengestalt‹ (Kap. III) zeigt sich die thematische Spannbreite, welche die Vermenschlichung des Teufels bzw. die Verteuflung des Menschlichen in der Erzählkunst eröffnet. Die Möglichkeiten der Erzähler sind hier viel weiter gesteckt, aber dies birgt auch das Risiko, in Fanatismus, Wahn und Obsession abzugleiten.

Von historischer Warte verdient neben der Vielfalt der Themen die zunehmende Einbürgerung des Teufels in die menschliche Gesellschaft Interesse. Der alte Feind, den man zuvor eher außerhalb der christlichen Gesellschaftsordnung lokalisieren konnte und der sich durch sein bizarres Erscheinungsbild verriet, schleicht sich im Lauf der Zeit in die Reihen der Gläubigen ein und paßt sich ihnen bis aufs Haar an.

Bei Notker dem Stammler, in einem sehr frühen Zeugnis aus dem 9. Jahrhundert, narrt ein solcher Teufel in Gestalt eines leichenblassen und schmutzstarrenden Aussätzigen einen frommen Bischof, der sich wegen des Bruchs seiner strengen Askese allzu sehr grämte. Aber die Übel verschlimmern sich im Lauf der Zeit, und der Kampf gegen sie gewinnt an Schärfe. Selbst der findige Caesarius von Heisterbach versteht keinen Spaß mehr, wenn Ketzer das Volk durch Wundertaten zum Abfall vom wahren Glauben zu bewegen drohen. Nur der Teufel kann sie dazu befähigt und beauftragt haben. Es ist darum statthaft, daß ein christlicher Bischof zur Abwehr einer solchen Gefahr sogar magische Künste einsetzt, denn die Ketzer müssen schließlich auf dem Scheiterhaufen brennen, so fordert es auch das von ihnen hintergangene und verleitete Volk.

Häufig bestraft der Widersacher seine Diener und Helfer auch mit eigener Hand. Dennoch ist in dieser Phase die Anpassungsfähigkeit des Teufels an den Menschen noch immer begrenzt: Zwar kann der Teufel seinem menschlichen Herrn treu und zuverlässig dienen, zumal wenn ihm das menschliche Los erträglicher erscheint als sein eigenes, vor Gott aber will und kann er sich nicht beugen. Darum bleibt selbst ein geständiger Teufel von dem kirchlichen Gnadenmittel der Absolution ausgeschlossen.

Zu den Widersprüchen der Teufelsgestalt in der mittelalterlichen Literatur gehört es, daß sie sowohl im Dienste der Ordnung als auch in Opposition zu ihr steht. Einerseits ruft der Teufel die gesellschaftlichen Ordnungskräfte auf den Plan – er legitimiert geradezu ihr hartes Einschreiten gegen Übeltäter und Ketzer –, andererseits beginnt man den Teufel auch in den Zentren der weltlichen und kirchlichen Macht zu enttarnen. So gesehen ist er der heimliche »Demokrat« der feudalen Gesellschaftsordnung, der ohne Rücksicht auf Person und Stand seinem eigenen Prinzip folgt wie sonst nur noch der Tod.

Eine demokratische Gesellschaftsordnung könnte sich freilich einen derart tyrannischen Verfechter ihrer Prinzipien nicht leisten. Denn jedermann kann als »Teufel« entlarvt, überführt und liquidiert werden, kein Mensch ist mehr vor dem anderen sicher. In einem solchen Klima lassen sich ordnungspolitische Instrumente der Unterdrückung und Ausgrenzung sowie Ansätze zu einer Kritik an Herrschaft und Obrigkeit gleichermaßen entwickeln.

Der Aspekt einer kritischen Reflexion von Macht und Machtgenuß findet sich schon in einer kleinen Erzählung des Predigers und Geschichtsschreibers Jacques von Vitry (1160–1240). Dieser frühe Meister der Exempelliteratur und Ketzerprediger warnt schon vor jenen Denunzianten, die aus ihnen bekannten Sünden und Vergehen ihrer Mitmenschen Kapital schlagen wollen und die kirchlichen Gnadenmittel nicht zur Anwendung kommen lassen.

Versierte volkssprachliche Dichter wie der Stricker in der ersten Hälfte des 13. und Geoffrey Chaucer in der zweiten Hälfte des 14. Jahrhunderts variieren dieses unerhört brisante Thema. Mißbrauch von Macht gilt ihnen nicht als Teufels-, sondern als Menschenwerk, das am Ende vom Teufel geahndet wird. Der Widersacher avanciert hier zum Wächter der Rechtschaffenheit und zum Garanten der Wahrheit in einer kaum noch berechenbaren Welt. Er übernimmt die Aufgabe, das moralisch Böse aufzuspüren und von den läßlichen Sünden zu unterscheiden. Die Dichter entdecken darüber eine neuartige Lust am Bösen, die dem erstarkenden Bewußtsein menschlicher Eigenmacht entspringt. E. T. A. Hoffmann spielt in einer historisierenden Erzählung mit diesem Bild vom rechtschaffenen Teufel, der bei ihm in die Behaglichkeit eines »ruhigen Bürgerlebens« abtaucht. Den frommen und freundlichen Mann drängt es jedoch, als »abscheuliche

Mißgeburt« wiedergeboren zu werden und die Menschen erneut zur Anerkennung seiner Macht zu zwingen.

Das Gegenstück zu dieser Tradition vom Teufel in Menschengestalt bildet jene Gruppe von Erzählungen, in deren Zentrum der Höllenfürst (Kap. IV) und sein Reich stehen. Der Ort der Verdammnis ist bevölkert von dämonischen Gottes- und menschlichen Glaubensfeinden. Die Kommunikation zwischen den Lebenden und den Höllenbewohnern gestaltet sich stets mühsam und gefahrvoll. So muß ein Kleriker seine Seele in die Hände eines Dämons geben, um einen Blick durch das Höllentor werfen zu können, und auch die Verdammten werden zunächst durch den Anblick der künftigen Qualen geblendet, bevor sie ihnen überantwortet werden. Die Seelen derer, die nur probeweise hinabsteigen in das Reich des Höllenfürsten, sind auf einen Führer angewiesen. Während ihrer Reise werden sie zu Zeugen der Qualen der Verdammten und der Kämpfe zwischen dämonischen und himmlischen Mächten um die Seelen der Verstorbenen. Gelegentlich begleitet der Führer die bereits verdammten Seelen auch wieder nach oben, wo sie den Lebenden erscheinen und berichten. Dante steigt im vierunddreißigsten Gesang des Inferno in dieses Reich hinunter, kann sich dann aber mit Hilfe seines Meisters Vergil aus dieser Region des Schreckens befreien. Um die Mitte des 16. Jahrhunderts, so der Schwankerzähler Martin Montanus, schließt die Hölle ihre Pforten vor den Landsknechten, denn die treiben es schlimmer als alle Teufel.

Die Karriere des Höllenfürsten setzt sich in der Neuzeit vorwiegend oberirdisch fort. Atmosphärisch dicht wird das Reich des Infernalischen noch einmal in der zweiten Nachtwache des Bonaventura beschworen. Das Geisterreich kann sich hier nur noch verstohlen und im Schutz der Nacht »ins Spiel mischen«; der Soldat am Sarge seines freigeistigen Bruders nimmt es – wie schon die Landsknechte bei Montanus – gerne mit dem Teufel persönlich auf, ja der »ganze höllische Apparat« scheint sich seiner

Existenz beinahe zu schämen. Die Geister lassen sich vom aufdringlichen Nachtwächter in Verlegenheit bringen und bei ihrer Arbeit stören. Der nächtliche Kampf um die Seele des Toten nimmt dann ein überraschendes, ein geradezu groteskes Ende: Einer der drei Teufel, die sich die Seele des verstorbenen Ungläubigen holen wollen, wird bei dieser Aktion geköpft.

Wenn der Teufel aber noch vom Menschen in seinem Reich aufgesucht wird, wie es etwa in dem bekannten Märchen *Des Teufels rußiger Bruder* geschieht, dann hat der grausame Strafort längst seinen alten Schrecken verloren. Die Märchen der Brüder Grimm entdecken einen neuen Typus, die armen Teufel unter den Menschen, und sie erzählen von der Hölle als einem Ort, an dem diese so lange ausharren und überleben können, bis die irdischen Verhältnisse sich für sie zum Besseren wenden.

Das ernsthafte und religiös fundierte Verhältnis von Mensch und Teufel, das mit dem Desaster der teuflischen Geister in Bonaventuras Nachtwache seine für die Neuzeit charakteristische Schwundstufe erreicht hat, findet allerdings schon im hohen Mittelalter ein ebenso traditionsreiches wie wirkungsmächtiges Korrektiv. Erzählungen über den Unheilstifter (Kapitel V) leisten einen entscheidenden Beitrag zur Entmythisierung des Bösen und zur Bagatellisierung der Furcht vor dem Leibhaftigen. Seine Hauptaufgabe in dieser Sparte besteht darin, den Störenfried und Sündenbock im sozialen Leben abzugeben.

Diese Rolle spielt er zeitweilig mit Erfolg. Aber häufig figuriert er eben als Störenfried ohne Fortune, denn die himmlischen Mächte, vor allem seine immer stärker werdende Gegenspielerin, die Gottesmutter und Heilige Jungfrau Maria, zwingen ihn, das angerichtete Chaos zu beheben und wieder für Ruhe und Ordnung zu sorgen. Er, der eben noch den Lockspitzel für vielerlei Übertretungen mimte, übernimmt jetzt den undankbaren Part des Unheilstifters und Entlastungszeugen. Wenn das individuelle Gewissen richtig funktioniert, kann man in manchen Fällen auch einmal auf Strafe und soziale Ächtung verzichten. So lautet die beruhigende Botschaft, die von diesem gezähmten Teufelsbild ausgeht. Aber den Rechtschaffenen und den Sünder trennt nur ein Schritt, und beinahe jede Rolle ist austauschbar. Dies muß ein Ritter erfahren, den die Teufel in vielerlei Gestalt von seiner ernstgemeinten Buße abbringen wollen, ebenso der Tyrann, der um ein Haar einen Jünger des Heiligen Franziskus hinrichten lassen will.

In der weitverzweigten historischen Sagenbildung hat der Teufel seine Hand bei jenen ungeheuerlichen Ereignissen im Spiel, für die man keine plausible Erklärung finden kann oder will. Dies war z. B. der Fall bei einem historisch bezeugten bewaffneten Kampf um die Rangordnung, den Bischof und Abt am geweihten Ort, mitten in der Goslarer Kirche, ausgetragen haben. Der große Reformator Martin Luther, von dem die Sage berichtet, daß er mit einem Tintenfaß nach dem Teufel geworfen habe, gibt in seinen von Ohrenzeugen aufgezeichneten und später veröffentlichten Tischreden dem aufrechten Christen klare Anweisungen, wie er dem Teufel entgegentreten und ihn aus seiner Nähe vertreiben kann.

Als weiteren thematisch eigenständigen Block kann man einen Typ von Erzählungen ansehen, der mit einer geistigen oder metaphorischen Verwandtschaft zwischen Mensch und Teufel operiert (Kapitel VI). Étienne de Bourbon eröffnet diesen Reigen mit der haarsträubenden Geschichte von einem dem Teufel geweihten Kind, das diese Lebenslast durch eigene Anstrengung und Entsagung schließlich abwerfen kann. Ihr folgt die »unglaubliche Geschichte« aus den *Gesta Romanorum*, einer um 1300 aufgezeichneten Sammlung der »Taten der Römer«, die von den Kindern handelt, die von ihren Angehörigen zum Teufel gewünscht worden sind. Ebenfalls in den *Gesta Romanorum* ist ein Vorspann zur Laurentiuslegende überliefert, demzufolge der Teufel sich an die Stelle eines neugeborenen Knaben setzt und dessen Eltern dazu bringt, ihre Taufe zu widerrufen und dem teuflischen Kind zu willfahren. Wie menschliche Teufelskinder aussehen und woran man sie erkennt, auf diese Fragen gibt dann wortgewaltig und bibeltreu eine Tischrede Martin Luthers Auskunft.

Der Pakt mit dem Teufel (Kap. VII) war in der Neuzeit das literarisch folgenreichste Element in der Geschichte des Teufels mit den Menschen. Ähnlich wie die religiöse Vorstellung von der Höllenfahrt hat es seine Wurzeln in den Abgrenzungsbemühungen der spätantiken Christen gegenüber Heidentum und Irrglauben. Der Kirchenlehrer Augustinus (354 bis 430 n. Chr.) schürte das Mißtrauen gegenüber den Betrügereien, Listen und Verführungen dämonischer Geister, die vom Menschen Besitz ergreifen können. Mit großem Scharfsinn errichtete er hohe Schutzwälle gegen ihren Einfluß. Denn nur wenn der Mensch sich bewußt und gezielt mit ihnen ins Benehmen setzt, können die dämonischen Kräfte Macht über ihn gewinnen. Wer sich aber überhaupt auf sie einläßt, geht, unbeschadet der Schwere der eingegangenen Pflichten und Verbindlichkeiten, ein Bündnis mit ihnen ein. Schon die Verabredung als solche, so die Doktrin, besiegelt den Abfall vom Glauben und den Ausschluß aus Gemeinde und Kirche.

Wie jede Bevormundung forderte auch dieses rigorose Sprech- und Kontaktverbot mit den Geistern die Wagemutigsten zu Übertretungen heraus. Stärker als alle Verbote erwies sich eine Palette überwiegend männlicher Leidenschaften. Um diese zu befriedigen, riskierten Papst, Bischof, Abt, Scholar, Ritter und Knecht das Äußerste – und konnten manchmal nicht, manchmal nur mit letzter Not gerettet werden. So wird nach Notker dem Stammler einem Bischof seine unbezwingbare Habsucht beinahe zum Verhängnis. Der »listige Feind« verwandelt sich in ein vortreffliches Maultier und verpflichtet einen armen Mann mit einem Pakt dazu, dem Bischof dieses Maultier zu verkaufen. Nur mit knapper Not kann der hohe Geistliche bei seinem ersten Ausritt aus dem Strudel des Flusses gerettet werden, in den sein teuflisches Reittier ihn stürzt.

Das volkssprachliche *Annolied*, um 1080 oder kurz nach 1100 verfaßt, erzählt in drei Strophen die Geschichte eines Teufelsbündnisses, das sich gegen die weltliche und gegen die geistliche Obrigkeit richtet. Ein Laie, ein Vogt, geriet in die Fänge des Teufels. Anders als Mönche und Kleriker zeigte dieser schwache und törichte Mensch sich den hinterhältigen Verführungskünsten nicht im geringsten gewachsen. Abseits der Menschen, auf dem Felde in der Nähe der Rösser, tritt der Teufel diesem Vogt entgegen. Der Vogt wählt den Teufel zu seinem Herren, und er begegnet in ihm einer mächtigen Inkarnation seiner eigenen Bosheit. Der Teufel im *Annolied* sorgt zuerst dafür, daß der Kontakt des Menschen zu ihm nicht bekannt wird, indem er droht, den Vogt sonst in Stücke zu reißen. Es handelt sich in diesem Fall um die heilspädagogische Belehrung eines Zweiflers und Verzweifelten, der nicht an die Macht der Heiligen und an die Heiligkeit des Kölner Bischofs Anno (1056–1075) glauben will. Ein göttliches Strafwunder beraubt den Teufelsbündler zunächst seiner Augen, mit denen er den Widersacher angeblickt hat. Anno erwirkt an dem vom Schlag getroffenen Vogt ein Heilungswunder, denn der Zweifler bereut seinen Pakt mit dem alten Feind und legt ein Sündenbekenntnis ab. Stets ist es der unbezähmbare Drang nach Macht, Geld, Karriere oder Wissen, der immer wieder die Männer dazu verleitet, wider alle Vernunft einen Pakt mit dem Teufel zu schließen. Einem Abt, dessen Leistungen als Zögling zu wünschen übrigließen, muß der Teufel den Stein der Wissenschaften noch geradezu aufzwingen, der fromme und ernste Mann kann trotzdem gerettet werden. Ebenso ergeht es jenem in Armut geratenen Jüngling, der in Versuchung steht, seinem Glauben im Gegenzug für großen Reichtum abzuschwören.

Vor den Gefahren der Teufelsknechtschaft sind selbst die höchsten Repräsentanten des Christentums nicht gefeit. So bezeugen es die Theophiluslegende und die Sagenbildung um Gerbert von Aurillac (940/50–1003), dem späteren Papst Silvester II. In den siebziger Jahren des 13. Jahrhunderts malt der Wiener Bürger Jans Enikel im Rahmen seiner *Weltchronik* das selbstinszenierte Martyrium dieses Teufelspapstes, der sich in der Jerusalemkirche in Rom zerstückeln läßt, in grellen Farben aus. Der Kontakt mit dem Satan geht im Zuge der Verschärfung der Teufelsangst mitunter böse aus. Für die Sünder und Teufelspaktierer der alten Zeit, für Theophilus und den Vogt Volprecht aus dem Annolied, die sich dem Teufel verschrieben hatten, um ihre Benachteiligung wettzumachen, gab es noch Rettung. Ihre Reue und Buße setzte sie wenigstens für eine knapp bemessene Frist körperlich und seelisch wieder instand.

Die Satansgenossen des strengen Jahrhunderts der Reformation hingegen, der Doktor Faustus vor allem und die unabsehbare Schar der Sünder und Narren, sie wurden von ihrer Schuld erbarmungslos in die Verdammnis gerissen. Viele Holzschnitte warnten eindringlich vor den Verstrickungen und prangerten schonungslos die Laster der Menschen an. Maler wie Hieronymus Bosch und Pieter Bruegel d. Ä. illustrierten in düsteren Bildern, wie sich das Böse in der Welt zuträgt. Aber wie stets bei dieser Art von Zuspitzung, schlägt das Pendel schnell nach der anderen Seite aus.

Ein gewisses Verständnis für innere Kämpfe und soziale Nöte zeigt sich schon bei Martin Montanus. In seinen Beispielen von den Menschen, die Geld vom Teufel genommen haben, halten sich Enthemmung und Vorsicht gegenüber solch zweifelhaften Geldgeschenken die Waage. Drückende soziale Not bringt eine Witwe dazu, den Schwarzen Mann zur Ehe und in ihr Bett zu nehmen. Bezeichnenderweise nimmt ihr sexuelles Verhältnis mit dem Teufel jedoch ein unwiderruflich schlimmes Ende, während die drei Soldaten in Grimms Märchen mit Hilfe der Großmutter des Teufels ihrem drohenden Untergang glücklich entkommen können. Ein Beispiel vom Teufel als Baumeister aus den *Deutschen Sagen* der Brüder Grimm illustriert, daß übertriebener Ehrgeiz und Teufelswetten sich rächen, zumal bei allzu hochfliegenden Projekten.

In engem Zusammenhang mit den Gefährdungen durch den Teufelspakt stehen die zumeist entlastenden und folkloristisch-humorvollen Erzählungen, in denen der Teufel um seinen verdienten Lohn geprellt wird (Kap. VIII). Ebenso wie die Landsknechte erweisen sich auch die Bauern bei Martin Montanus den Teufeln in bezug auf Hartherzigkeit und Habgier überlegen. In dem Maß, in dem die Menschen klüger und verschlagener werden, wandelt sich das Bild vom Teufel hin zum armen dummen Teufel und Prügelknaben. Gerade im 15. und 16. Jahrhundert wird der Teufel zu einer außerordentlich beliebten Schwankfigur. Kaum wagt er sich vor, ist er schon betrogen. Er durchläuft also eine Karriere vom bedrohlichen Außenseiter zum Bündnispartner und schließlich zum sozialen Verlierer. Mit anderen Worten: Je mehr er in den menschlichen Bereich gezogen und sozialisiert wird, um so mehr verliert er von seinem alten Schrecken.

Die wissenschaftliche Volkskunde weist darauf hin, daß sich das christliche Teufelsbild kulturgeschichtlich nur schwer in Kategorien einordnen und auf Entwicklungstendenzen festlegen läßt. Lutz Röhrich schreibt dazu: »Eine vielfältige Überlagerung und Überschneidung, Mythisierung und Entmythologisierung, Diabolisierung und Vermenschlichung verbindet sich tausendfältig zu einem fast nicht mehr entwirrbaren Durcheinander. Allein schon in christlicher Sicht ist der Satan außerordentlich vielschichtig; vom Verführer-Teufel bis zum dummen Verlierer der Teufelswette ist alles bei diesem christlichen Teufel möglich, und erst recht beim Sagen- und Märchenteufel. Daneben haben wir die volkstümliche Teufelsvorstellung als Sammelbecken praktisch allen Volksglaubens über jenseitige, göttliche und dämonische Wesen.« Für die Rollen und Funktionen des Teufels im engeren Rahmen einer Geschichte der Literatur gilt diese Einschätzung aber nur bedingt. Die Autoren kennen in aller Regel die einschlägigen Texte ihrer Vorgänger, mitunter setzten sie sich gezielt mit ihnen auseinander. In der Literatur war der Prozeß der Vermenschlichung des Bösen und der Abwehr des Teuflischen nicht mehr umkehrbar, wenngleich dem Teufel noch ein langes Nachspiel beschieden war. Seine letzten Auftritte auf der Bühne der Literatur absolvierte er nämlich nicht mehr als eigenständige Person, sondern als Larve, hinter der sich menschliche Bosheit oder Schwäche tarnt.

In der Maske des Teufels (Kap. IX) und unter ihrem Schutz suchen Übeltäter und zweifelhafte Heilige doch noch an das Ziel ihrer unterdrückten oder verbotenen Wünsche zu kommen. Eröffnet wird dieser letzte Akt mit Boccaccios wundervoller Novelle über den asketischen Einsiedler Rustico und seine Einsiedlerin Alibech. Dieser »fromme und gute Mensch« will seine »Standhaftigkeit« erproben, aber er verliert sie sowohl in geistigem wie in fleischlichem Sinne. Er verführt das Mädchen unter Vorspiegelung falscher Tatsachen. Aber sein Verstoß gegen das Gelübde der Keuschheit rächt sich, denn der Asket als Liebhaber wird zu einer lächerlichen Figur. Der deutsche Märendichter Hans Rosenplüt aus Nürnberg entwickelt die Komik seines derben Schwankes daraus, daß die Frau im Bett des Mönches sich versehentlich mit Tinte einreibt und – dem gefürchteten Schwarzen Mann zum Verwechseln ähnlich – Schrecken unter den Klosterbrüdern verbreitet.

Den Abschluß des Bandes bilden zwei eindrucksvolle Texte von Dichtern, die sich mit der Rolle eines Teufels auseinandersetzen, der es durch Goethes Faustdichtung zu neuer Größe und zu weltliterarischer Geltung gebracht hat: *Satans Besuch bei Herrn von Goethe* aus dem 1825 anonym erschienenen Erstlingswerk von Wilhelm Hauff und Heinrich Heines 1851 in deutsch erschienene eigenwillige Bearbeitung des Fauststoffes für das Ballett. –

Prognosen zu stellen ist nicht die Aufgabe der Literaturgeschichte. Aber die Frage nach der literarischen Zukunft
des Teufels reizt am Ende doch. Es spricht viel dafür, daß
es das zweite nachchristliche Jahrtausend war, in dem der
Widersacher eine Heimat in der Literatur und viel Aufmerksamkeit beim Publikum gefunden hat. In einem
Zeitraum von tausend Jahren hatte der Teufel in der Vorstellung der meisten Menschen des mitteleuropäischen
Kulturkreises eine metaphysisch begründete Autorität in
Glaubens- und Weltanschauungsfragen. Daraus leitete
sich eine nicht zu ersetzende Kompetenz in wichtigen Fragen der menschlichen Lebensführung und des Gemein-
schaftslebens ab. Er war der Souverän im Reich von
Sünde, Leidenschaft und Laster. Aber das Bilderarsenal
des Bösen, in dem der Teufel eine verläßliche Leitgestalt
war, gehört unwiderruflich der Vergangenheit an. Was
nach der Jahrtausendwende die wichtige Aufgabe erfüllen
wird, das menschlich und zivilisatorisch Böse zu bebil-
dern und zu vergegenwärtigen, bleibt vorerst abzuwarten.

Die Zeiten ohne Teufel müssen nicht gute Zeiten werden, nur weil sie ohne eine gültige Verkörperung des Bösen auskommen. Vielmehr könnte die Diffusion des Bösen und seine Unkenntlichkeit sich als ein Problem von
entschieden größerer Tragweite herausstellen als der Teufel und seine Schrecken es jemals gewesen sind.

Helmut Brall

QUELLENNACHWEIS

Kapitel I

Thietmar von Merseburg (975–1018): DER TEUFEL IM DORMITORIUM*.
Aus: Thietmar von Merseburg: Chronik. Neu übertragen und erläutert von Werner Trillmich, Darmstadt 1974, S. 183

Radulf Glaber (um 990–1046/47): DREIMAL ERSCHIEN MIR DER TEUFEL*.
Aus: Rodvlfi Glabri Historiarum libri quinque. Rodulfus Glaber. The Five Books of the Histories. Hg. und ins Englische übersetzt von John France, Oxford 1989, Buch V, 2–5, S. 218–222 (Deutsche Übersetzung vom Hg.)

Ekkehard IV. (um 980 bis um 1060): NOTKER DER STAMMLER VERPRÜGELT DEN TEUFEL*. Aus: Ekkehard IV.: St. Galler Klostergeschichten. Herausgegeben von Hans F. Haefele, 3. Aufl. Darmstadt 1991, Kap. 33, 41 und 42, S. 79 und S. 93–97. © 1991 Wissenschaftliche Buchgesellschaft, Darmstadt

Otloh von St. Emmeram (um 1010 bis um 1070): GAUKELSPIELE DES SATANS*. Aus: Otloh von St. Emmeram: Das Buch von seinen Versuchungen. Eingeleitet und übersetzt von Wilhelm Blum, Münster 1977, S. 30–37

Caesarius von Heisterbach (um 1180–1240): DER TEUFEL VERSUCHT EINE NONNE*. Aus: Caesarius von Heisterbach. Dialogus miraculorum. Deutsch von Ernst Müller-Holm, Berlin 1910, IV 56. Die Zählung erfolgt nach der lateinischen Ausgabe von J. Strange, Caesarii Heisterbacensis Monachi Ordinis Cisterciensis Dialogus Miraculorum, Köln, Bonn, Brüssel 1851

DER HERR DER TAUSEND LISTEN*. Aus: Dialogus miraculorum, III 14
VON DER HOCHMUT DES HERZENS*. Aus: Dialogus miraculorum, IV 6

Kapitel II

Caesarius von Heisterbach: DER GEIST DER UNZUCHT UND DIE KRAFT DER BEICHTE*. Aus: Dialogus miraculorum III 6
DER TEUFEL ALS INKUBUS*. Aus: Dialogus miraculorum III 7 und III 8
DAS GESETZ DES KREISES*. Aus: Dialogus miraculorum V 2
RITTER UND TEUFEL*. Aus: Dialogus miraculorum X 11

Étienne de Bourbon (um 1180 oder 1190/95 bis um 1261): MENSCHLICHE BOSHEIT ÜBERTRIFFT DIE DES TEUFELS*. Aus: Albert Wesselski: Mönchslatein. Erzählungen aus geistlichen Schriften des XIII. Jahrhunderts, Leipzig 1909, Nr. XXII, S. 27–30

* Die mit einem * gekennzeichneten Überschriften stammen vom Hg.

Bonaventura (= Ernst August Friedrich Klingemann, 1777–1831): ZWEITE NACHTWACHE. Aus: August Klingemann: Nachtwachen von Bonaventura. Herausgegeben und mit einem Nachwort versehen von Jost Schillemeit, Frankfurt am Main 1976, S. 17–25

Jacob und Wilhelm Grimm (1785–1863 und 1786–1859): DES TEUFELS RUSSIGER BRUDER. Aus: Brüder Grimm: Kinder- und Hausmärchen, Bd. 2, München 1984, S. 413–416

Kapitel V

Jacques de Vitry: DIE TEUFEL IM DIENST DER JUNGFRAU MARIA*. Aus: Mönchslatein Nr. XL, S. 47–49, nach Jacques de Vitry Nr. 282, S. 117

EINSIEDLER UND TEUFEL*. Aus: Mönchslatein LXIII, S. 72 f. Nach dem Speculum morale, 3,9,3, S. 1384 ff.

Étienne de Bourbon: KAMPF GEGEN DIE BUSSE*. Aus: Mönchslatein Nr. LXXXVI, S. 101–103

WIE BRUDER GINEPRO AUF DES TEUFELS BETREIBEN ZUM GALGEN VERURTEILT WURDE. Aus: Die Blümlein des heiligen Franziskus von Assisi. Aus dem Italienischen nach der Ausgabe der Tipografia Metastasioo, Assisi 1901, von Rudolf G. Binding, Frankfurt a. M. 1973, S. 217–222

Martin Luther (1483–1546): HISTORIA, WIE EIN POLTERGEIST EINEN PFARRHERRN GEPLAGT HABE, UND D. LUTHER RIET, WIE ER SOLLE VERTRIEBEN WERDEN. Aus: D. Martin Luthers Werke. Kritische Gesamtausgabe (Weimarer Ausgabe) Tischreden, Bd. 3, Weimar 1914, Nr. 3814, S. 635 f.

DEN TEUFEL KANN MAN MIT VERACHTUNG UND LÄCHERLICHEN POSSEN VERTREIBEN. Aus: Weimarer Ausgabe Bd. 6, Nr. 6817, S. 210 f.

Jacob und Wilhelm Grimm: DAS TEUFELSLOCH ZU GOSLAR. Aus: Deutsche Sagen. Herausgegeben von den Brüdern Grimm. Vollständige Ausgabe, nach dem Text der dritten Auflage von 1891, Darmstadt 1979, Nr. 183, S. 205 f.

Kapitel VI

Étienne de Bourbon: DAS DEM TEUFEL GEWEIHTE KIND*. Aus: Mönchslatein Nr. XI, S. 15–18

DER BERG DER VERWÜNSCHTEN*. Aus: Das älteste Märchen- und Legendenbuch des christlichen Mittelalters oder die Gesta Romanorum. Übersetzt und mit Anmerkungen versehen von Johann Georg Theodor Gräße, Dresden und Leipzig 1847, S. 81–85

DAS VERTAUSCHTE KIND*. Aus: Mönchslatein Nr. IL, S. 56–59, nach Hermann Oesterley (Hg.), Gesta Romanorum, Berlin 1872, Nr. 201, S. 612

Martin Luther: VOM TEUFEL UND SEINEN WERKEN. Aus: Weimarer Ausgabe, Bd. 1, Nr. 1010, S. 569 f.

Kapitel VII

Notker der Stammler: DER TEUFEL NUTZT HABGIER UND EITELKEIT*. Aus: Notker Taten Karls, S. 351–355

DER TEUFEL VERFÜHRT DEN VOGT VOLPRECHT*. Aus: Das Annolied. Mittelhochdeutsch und Neuhochdeutsch. Herausgegeben, übersetzt und kommentiert von Eberhard Nellmann, Stuttgart 1986, S. 61–65. © 1986 Philipp Reclam jun. GmbH & Co., Stuttgart

Caesarius von Heisterbach: DER TEUFEL UND DAS STUDIUM*. Aus: Dialogus miraculorum I 32

GEFAHREN DES REICHTUMS*. Aus: Dialogus miraculorum II 12

Jans Enikel (1230/40 bis um 1290): DES TEUFELS PAPST. Aus: Jansen Enikels Werke. Herausgegeben von Philipp Strauch, Dublin, Zürich 1972, S. 434–441 (Übersetzung vom Hg.)

Jakob von Voragine (1228/30–1298): DER TEUFELSKNECHT THEOPHILUS. Aus: Jacobus de Voragine: Legenda aurea. Deutsch von Richard Benz, Jena 1925, Sp. 137–140

Martin Montanus: GELD VOM TEUFEL*. Aus: Schwankbücher. Wegkürzer cap. 34, S. 86f.

DER TEUFEL ALS EHEMANN*. Aus: Schwankbücher. Gartengesellschaft cap. 85, S. 345f.

Jacob und Wilhelm Grimm: DER TEUFEL UND SEINE GROSSMUTTER: Aus: Kinder- und Hausmärchen, Bd. 2, München 1984, S. 495–498

DER DOM ZU KÖLN: Aus: Deutsche Sagen, Nr. 205, S. 217f.

Kapitel VIII

Martin Montanus: DER BETROGENE TEUFEL*. Aus: Schwankbücher. Gartengesellschaft cap. 49, S. 300f.

VIRGIL UND DER TEUFEL*. Aus: Schwankbücher. Gartengesellschaft cap. 74, S. 331–333

Jacob und Wilhelm Grimm: DER TEUFEL MIT DEN DREI GOLDENEN HAAREN. Aus: Kinder- und Hausmärchen, Bd. 1, S. 187–195

DER BAUER UND DER TEUFEL. Aus: Kinder- und Hausmärchen, Bd. 3, S. 205f.

Kapitel IX

Giovanni di Boccaccio (1313–1375): WIE MAN DEN TEUFEL IN DIE HÖLLE SCHICKT*. Aus: Giovanni di Boccaccio: Das Dekameron. Deutsch von Albert Wesselski, Frankfurt a. M. 1972, Bd. 1, S. 327–333

Hans Rosenplüt (um 1400–1460): DER TEUFEL IM KLOSTER. Aus: Altdeutsches Decamerone. Herausgegeben und übersetzt von Wolfgang Spiewok, Berlin o. J., S. 120–122

Hans Folz (um 1435/40–1513): DER SCHINKENDIEB ALS TEUFEL. Aus: Alt-deutsches Decamerone, S. 723–726

Wilhelm Hauff (1802–1827): SATANS BESUCH BEI HERRN VON GOETHE. Aus: Wilhelm Hauffs Werke. Zweiter Teil. Erste Abteilung. Mitteilungen aus den Memoiren des Satans, Phantasien im Bremer Ratskeller, Skizzen. Herausgegeben und erläutert von Felix Bobertag, Stuttgart o.J., S. 102–109

Heinrich Heine (1797–1856): DER DOKTOR FAUST. Aus: Heinrich Heine. Sämtliche Schriften. Herausgegeben von Klaus Briegleb, Bd. 6.1, München 1997, 1. Akt, S. 357–361

BILDNACHWEIS

INHALTSVERZEICHNIS

I. DER TEUFEL IM KLOSTER

II. DER SEELENFÄNGER UND VERFÜHRER

III. DER TEUFEL UND SEINE GESELLEN
IN MENSCHENGESTALT

IV. Der Höllenfürst

V. Der Unheilstifter

VI. Teufelskinder

VII. Der Pakt mit dem Teufel

VIII. Der geprellte Teufel

IX. In der Maske des Teufels

ANHANG

Klassische Autoren
in dtv-Gesamtausgaben

Georg Büchner
Werke und Briefe
Münchner Ausgabe
Herausgegeben von
Karl Pörnbacher, Gerhard
Schaub, Hans-Joachim
Simm und Edda Ziegler
dtv 2202

Annette von
Droste-Hülshoff
Sämtliche Briefe
Historisch-kritische
Ausgabe
Herausgegeben von
Winfried Woesler
dtv 2416

Johann Wolfgang von
Goethe
Werke
Hamburger Ausgabe in
14 Bänden · dtv 5986

**Goethes Briefe und
Briefe an Goethe**
Hamburger Ausgabe in
6 Bänden
dtv 5917

Ferdinand Gregorovius
**Geschichte der Stadt
Rom im Mittelalter
Vom V. bis XVI. Jahr-
hundert**

Vollständige Ausgabe in
7 Bänden
Mit 243 Abbildungen
dtv 5960

Sören Kierkegaard
Entweder – Oder
Deutsche Übersetzung
von Heinrich Fauteck
dtv 2194

Heinrich von Kleist
**Sämtliche Werke und
Briefe in zwei Bänden**
Herausgegeben von
Helmut Sembdner
dtv 5925

Jean de La Fontaine
Sämtliche Fabeln
Mit 255 Illustrationen
von Grandville
dtv 2353

Jakob Michael Reinhold
Lenz
Werke
Dramen, Prosa, Gedichte
dtv 2296

Stéphane Mallarmé
Sämtliche Dichtungen
Französisch und deutsch
dtv 2374

Klassische Autoren
in dtv-Gesamtausgaben

Sophie Mereau-Brentano
Liebe und allenthalben Liebe
Werke und autobiographische Schriften
Herausgegeben, ausgewählt und kommentiert
von Katharina von Hammerstein
3 Bände im Schuber
dtv 59032

Theodor Mommsen
Römische Geschichte
Vollständige Ausgabe in 8 Bänden
dtv 5955

Friedrich Nietzsche
Sämtliche Werke
Kritische Studienausgabe in 15 Bänden
Herausgegeben von Giorgio Colli und Mazzino Montinari
dtv/de Gruyter 5977

Sämtliche Briefe
Kritische Studienausgabe in 8 Bänden
Herausgegeben von Giorgio Colli und Mazzino Montinari
dtv/de Gruyter 5922

Frühe Schriften 1854–1869
BAW 1-5
Reprint in 5 Bänden
Kassettenausgabe
Nachdruck der Ausgabe Friedrich Nietzsche: Werke und Briefe
Historisch-kritische Gesamtausgabe
Aus dem Französischen übersetzt und mit einem Nachwort versehen von Thomas Eichhorn
dtv 59022

Arthur Rimbaud
Sämtliche Dichtungen
Zweisprachige Ausgabe
dtv 2399

Georg Trakl
Das dichterische Werk
Auf Grund der historisch-kritischen Ausgabe von Walther Killy und Hans Szklenar
dtv 2163

François Villon
Sämtliche Werke
Französisch und deutsch
Herausgegeben und übersetzt von Carl Fischer
dtv 2304

Klassiker der
französischen Literatur im dtv

Klassiker der
französischen Literatur im dtv

Marcel Proust
Der gewendete Tag
Aus der ›Suche nach der
verlorenen Zeit‹
dtv 2386

Arthur Rimbaud
Sämtliche Dichtungen
Zweisprachige Ausgabe
dtv 2399

Jean-Jacques Rousseau
**Julie oder
Die Neue Héloïse**
dtv 2191

George Sand
**Ein Winter auf
Mallorca**
dtv 2157

**Sie sind ja eine Fee,
Madame!**
Märchen aus Schloß
Nohant
Mit Zeichnungen von
George Sand
dtv 2197

**Nimm Deinen Mut in
beide Hände**
Briefe
dtv 2238

Nanon
Roman
dtv 2282

Sie und Er
Roman
dtv 2295

Mauprat
Geschichte einer Liebe
dtv 2300

Lelia
Roman
dtv 2311

Jeanne
Roman
dtv 2319

Flavie
Roman
dtv 2327

**Der Müller von
Angibault**
Roman
dtv 2379

Eugéne Sue
**Die Geheimnisse von
Paris**
dtv 20000

François Villon
Sämtliche Werke
Zweisprachige Ausgabe
dtv 2304

Émile Zola
Nana
dtv 2008

Klassiker der
russischen Literatur im dtv

Klassische Autorinnen der englischen und amerikanischen Literatur im dtv

Jane Austen
Sanditon
Vollendet von M. Dobbs
Übersetzt von
Elizabeth Gilbert
Roman · dtv 2337

Stolz und Vorurteil
Neu übersetzt von
Helga Schulz
Roman · dtv 12350

Aphra Behn
Oroonoko
oder der königliche Sklave
Neu übersetzt von Susanne
Althoetmar-Smarczyk
dtv 2354

Harriet Beecher Stowe
Onkel Toms Hütte
Neu erarbeitete
Übersetzung von Susanne
Althoetmar-Smarczyk
dtv 2330

Charlotte Brontë
Jane Eyre
Roman · dtv 8403

Emily Brontë
Sturmhöhe
Neu übersetzt von
Michaela Meßner
Roman · dtv 12348

Maria Edgeworth
Castle Rackrent
Übersetzt von
Helga Schulz
Roman · dtv 12275

Elizabeth Gaskell
**Das Leben der
Charlotte Brontë
Eine Biographie**
Aus dem Englischen von
Irmgard und Peter Schmitt
unter Mitwirkung von
Gottfried Röckelein
dtv 20048

Helen Hunt Jackson
Ramona
Ein kalifornischer Roman
Neu überarbeitet und
ergänzt von Susanne
Althoetmar-Smarczyk
dtv 12198

dtv

Klassiker der
italienischen Literatur

Dante Alighieri
Die Göttliche Komödie
Aus dem Italienischen
übertragen von
W. G. Hertz
Nachwort von
Hans Rheinfelder und
Anmerkungen von
Peter Amelung
dtv 12457

**La Divina Commedia –
Die Göttliche Komödie**
Italienisch und deutsch
Herausgegeben, übersetzt
und kommentiert von
Hermann Gmelin
6 Bände
dtv 5916

Alessandro Manzoni
Die Verlobten
Mit 440 Illustrationen
Mit einem Essay von
Umberto Eco
Übersetzt und mit einem
Nachwort versehen von
Ernst Wiegand-Junker
Dünndruck-Ausgabe
dtv 2124

Francesco Petrarca
Canzoniere
Zweisprachige Gesamt-
ausgabe
Nach einer Interlinear-
übersetzung von
G. Gabor
dtv 2321

dtv

Klassische Anthologien
in dtv-Originalausgaben

**Deutsche Erzählungen
des 19. Jahrhunderts**
Von Kleist bis Hauptmann
Hrsg. von Joachim Horn,
Johann Jokl, Albert Meier,
Sibylle von Steinsdorff
dtv 2099

**Deutsche Lyrik
vom Barock bis zur
Gegenwart**
Hrsg. von Gerhard Hay
und Sibylle von Steinsdorff
dtv 2312

**Ich wollt' ein Sträußlein
binden**
Blumengedichte von
Hans Arp bis Walther
von der Vogelweide
Hrsg. von Gudrun Bull
dtv 2314

Jüdisches Erzählen
Herausgegeben von
Peter Schünemann
dtv 11767

**Vom Glück des Reisens
zu Lande, zu Wasser und
in der Luft**
Hrsg. von Ulf Diederichs
Mit Illustrationen von
Lucia Obi
dtv 11802

**Schilf-Lieder &
Binsenweisheiten**
Hrsg. von Gudrun Bull
Mit Illustrationen von
Lucia Obi
dtv 2344

**Ein Rot, ein Grün, ein
Grau vorbeigesendet...**
Farben in der deutschen
Lyrik von der Romantik
bis zur Gegenwart
Hrsg.von Joachim Schultz
dtv 2331

Ich fahr so gerne Rad...
Geschichten von der Lust,
auf dem eisernen Rosse
dahinzujagen.
Hrsg. von Hans-Erhard
Lessing
dtv 12017

Ostern
Ein Spaziergang rund um
die Welt
Hrsg. von Ulf Diederichs
dtv 12325

Die Kunst des Wanderns
Ein literarisches Lesebuch
Herausgegeben von
Alexander Knecht und
Günter Stolzenberger
dtv 20030

Klassiker der Weltliteratur
in vollständigen Ausgaben und Neuübersetzungen

Harriet Beecher Stowe
Onkel Toms Hütte
Roman
Auf der Grundlage einer
anonymen Übersetzung
von 1853
Am Original überprüft
und neu erarbeitet von
Susanne Althoetmar-
Smarczyk
dtv 2330

Wilkie Collins
Die Frau in Weiß
Criminal-Roman
Neu übersetzt von
Ingeborg Bayr, durchgese-
hen von Hanna Neves
dtv 11793

Der Monddiamant
Criminal-Roman
Aus dem Englischen
übertragen von Inge Lindt
dtv 12182

Jezebels Tochter
Criminal-Roman
Aus dem Englischen von
Thomas Eichhorn
dtv 20003

Maria Edgeworth
Castle Rackrent
Roman
Aus dem Englischen von
Helga Schulz
dtv 12275

Victor Hugo
**Der Glöckner von
Notre-Dame**
Roman
Auf der Grundlage der
Übertragung von
Friedrich Bremer
Am Original überprüft
und neu erarbeitet von
Michaela Meßner
dtv 2329

Henryk Sienkiewicz
Quo vadis?
Roman
Auf der Grundlage der
Übertragung von
J. Bolinski
Am Original überprüft
und neu erarbeitet von
Marga und Roland Erb
dtv 2334

dtv